세계 시민이 알아야 할 글로벌 매너

Global Manners for Global Citizen

세계 시민이 알아야 할 글로벌 매너

Global Manners for Global Citizen

김선주 · 김우정 공저

어가 語歌

머리말 Global Manners for Global Citizen

"Excuse me", "Sorry" 등의 말이 주변 여기저기서 들려올 때면, '아~, 내가 외국에 와 있구나!' 라는 생각이 들곤 한다. 우리나라에서는 특별히 미안하다거나 실례한다거나 하는 말이 필요할 상황이 아닌데도 사소한 상황에서의 사려 깊은 인사말을 들을 때면, 우리나라 사람들이 자칫 외국인들에게는 무례하게 보일 수도 있겠구나 싶어 걱정이 되는 것이 사실이다. 우리가 잘 몰라서 하는 행동이 외국인들에게는 눈살을 찌푸리게 하고, 무례한 코리안으로 인식되는 것을 볼 때마다 참 안타깝게 느껴지곤 했었다.

한국인들은 이성적이고 사무적인 만남보다는 마음을 주고받는 따뜻한 관계를 중요하게 생각한다. 다만, 겉으로 표현하는 능력이 부족할 뿐이다. 그러나 세계가 긴밀하게 연결되어 교류하는 21세기를 현명하게 살아가기 위해서는 우리도 변해야만 한다. 마음으로만 가지고 있던 따뜻한 배려를 겉으로 표현해야 하고, 타 문화권의 사람들과 소통하기 위한 행동 방식을 배워야만 한다. 그것이 곧 세계 시민으로서 살아가기 위한 지혜이자 무기이다.

지난 삶을 되돌아보니 20여 년을 대학생들과 함께 보냈다. 그 긴 세월 동안 교수로서 가르친 것보다 오히려 학생들로부터 배운 점이 참 많았던 것 같다. 부족한 나에게 교수라는 직업이 주는 감사함은 매우 많지만, 그 중에서도 학생들을 통해 얻게 된 깨달음과 지혜가 가장 크게 감사해야 할 점이다. 이젠 학생들로부터 받은 감사함을 되돌려주어야 할 때인 것 같다.

삶의 오랜 경험을 통해 혜안(慧眼)을 가지고 계신 분들, 학문적 경험과 삶의 지혜를 쌓은 훌륭한 분들은 우리 주변에 매우 많다. 그분들에 비하면 부족하지만 내가 이제껏 살아온 삶을 통해 깨달은 것이 있다면 인간은 더불어 살아야 할 존재이고, 타인과 함께 어울릴 때 행복하고 발전할 수 있다는 점이다. 이러한 이유에서 매너는 인간을 행복하게 하고 발전하게 하는 데 필수적인 요소라고 할 수 있다. 이는 시대가 변하여도 바뀌지 않는 진리가 아닐까 싶다. 이러한 매너의 가치와 중요성을 20대의 젊은 시기에 깨닫기란 보통 어려운 일이 아니다. 남과 경쟁하여 학교에 들어가야 하고 취업을 해야 하는 청년들에게 타인과의 협력이나 배려보다는 타인과의 경쟁에서 이기는 것이 중요한 가치로 여겨지기 때문이다. 그러나 나이가 들수록, 세상의 많은 것들을 경험할수록 타인과 함께하는 데 필요한 매너의 가치에 대해 더욱 크고 절실하게 느끼게 된다.

이 책은 앞서 언급한 두 가지의 이유로 만들어졌다. 하나는 우리나라 사람들이 외국인과의 만남에서 실수를 하거나 오해를 받는 일이 없었으면 하는 바람이고, 또 다른 하나는 우리 젊은이들이 세계의 많은 사람과 소통하며 국제무대에서 활약할 수 있도록 돕고 싶은 마음이다.

이 책은 총 4개의 장으로 구성되어 있다. 1장은 세계 시민의 매너, 2장은 세계 여러 나라의 매너, 3장은 글로벌 비즈니스 매너, 4장은 테이블 매너와 파티 매너이다.

1장에서는 세계 시민으로서 매너의 필요성에 대해 서술하였고, 2장에서는 아시아/대양주, 유럽, 북미, 중동, 아프리카, 중남미, 러시아/CIS의 세계 여러 국가의 문화와 매너에 관해 서술하였다. 3장에서는 자기관리 매너, 복장 매너, 인사와 소개 매너, 커뮤니케이션 매너, 직장 매너, 공공 시민 매너, 경조사 매너, 여행 매너 등을 다루어 직장생활, 사회생활, 대인관계에 활용될 수 있도록 하였다. 마지막 4장에서는 테이블 매너와 파티 매너를 통해 사교 및 비즈니스에 도움이 될 수 있도록 하였다.

이 책은 해외 출장이 잦은 비즈니스 맨, 해외여행을 다니는 사람들, 서비스, 경영, 무역 등을 전공하는 학생들과 외국인과의 교류가 필요한 학부생들의 수업 교재로 활용될 수 있을 것이다. 또한 취업을 앞두고 있는 예비 졸업생들의 성공적인 사회생활을 위한 준비서, 사회생활을 하는 직장인들을 위한 실용서, 매너에 관심 있는 사람들을 위한 교양서로서 의미가 있을 것으로 생각한다.

이 책의 내용은 지극히 작고 사소하지만, 우리의 젊은이들과 국민들이 세계무대에서 크고 의미 있는 일을 수행하는 데 밑거름이 되며, 큰 열매를 위한 작은 씨앗으로 뿌려지기를 기대해 본다.

돈암동 수정 캠퍼스 연구실에서

저자 씀

차례 Global Manners for Global Citizen

Chapter 01
세계 시민의 매너

Chapter 02
세계 여러 나라의 매너

Chapter 03 글로벌 비즈니스 매너

Chapter 04
테이블 매너와 파티 매너

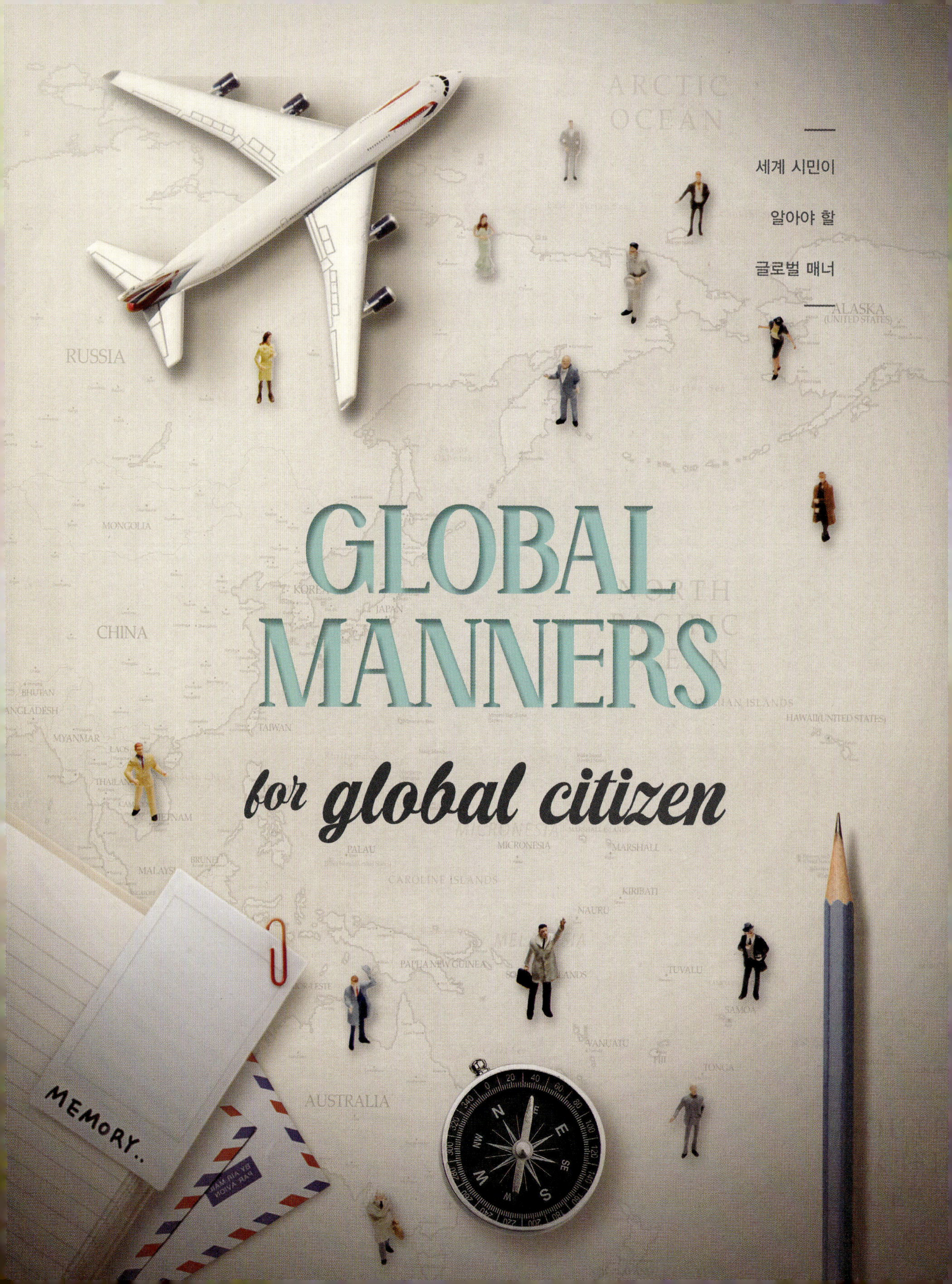
세계 시민이
알아야 할
글로벌 매너
GLOBAL
MANNERS
for global citizen

Chapter

01

세계 시민의 매너

세계 시민이

알아야 할

글로벌 매너

1 세계 시민의 자질

세계 시민으로서의 자질이 무엇인지 설명하기 위해서는 앞으로 세계가 나아갈 방향과 흐름에 대해 이해해야 한다. 앞으로 우리가 살아갈 세계는 크게 3가지 특징으로 요약될 수 있다.

첫째, 세계는 정치, 경제, 사회, 문화 등 다양한 측면의 국가 간 장벽이 없어지는 초연결적 사회로 나아가고 있다. 다보스 포럼 창시자인 클라우스 슈밥(Klaus Schwab)은 우리 미래 사회에 필요한 것은 편협한 이익을 넘어선 인류 전체를 위하는 새로운 협력 모델이라고 말한 바 있다. 즉, 우리가 앞으로 살아가야 할 세계는 개인, 조직, 사회, 국가 등 모든 주체의 협력을 필요로 하고 있음을 알 수 있다.

앞으로 인공지능을 통해 전 세계인의 연결성은 더욱 긴밀해질 것이고 이러한 시대적 흐름 속에서 협력과 공존의 마인드는 국가의 지도자를 비롯한 모든 구성원이 반드시 가져야 할 자질이다. 현 세대의 구성원과 미래 세대의 구성원들은 한 국가의 시민이 아닌 세계 시민으로서의 자질을 가지고 살아가야 하는 것이다. 따라서 세계 시민으로서 우리는 작고 편협한 이해관계를 따지기보다 인류 공동의 더 나은 미래를 위해 함께 협력하고 노력해야만 한다.

둘째, 전 세계의 대다수 국가가 다양한 문화적 배경을 가진 사람들이 함께 공존하며 살아가고 있다. 현재 우리가 살아가는 세계는 급속한 세계화로 국가 간 이동이 수월해졌고 빈번해졌다. 국제결혼, 해외취업, 유학, 여행 등의 다양한 이유로 세계는 다문화 사회로 급속하게 전환되어 가고 있다. 사회조직 내에서 문화적 다양성과 민족적 다양성이 확대되면서 새로운 사회적 갈등이 심화될 우려가 커지고 있는 것이 현실이다. 즉, 우리가 살아가고 있는 현 세대와 미래 세대는 타 문화에 대한 이해나 타 문화권의 사람들에 대한 존중 없이 살아가기 어려운 시대라고 말할 수 있다. 따라서 세계 시민으로 살아가기 위해서는 문화 다양성에 대한 이해와 소수자들에 대한 정의, 인권 등에 관심을 두는 보편적 인류애가 필요하다. 더불어 다양한 문화적 배경을 가진 사람들과 상호작용하고 공감할 수 있는 능력이 필수적이다.

셋째, 인간이 담당했던 많은 영역이 기계로 대체되고 있다. 앞으로 펼쳐질 4차 산업혁명 시대에는 인간이 하던 많은 일을 기계가 대신할 것으로 예측되고 있다. 첨단 과학기술의 발달로 과거 인간의 영역으로 여겨지던 여러 분야가 기계의 영역으로 바뀌고 있는 것이다. 그러나 자동화, 인공지능과 같은 기술 및 기계의 발전으로 인간의 노동력이 대체되더라도 절대 기계가 넘볼 수 없는 영역이 있다. 바로 인간만이 가지고 있는 '인간 고유의 능력'이다. 기계는 인간보다 훨씬 스마트하기 때문에 우리가 기계와 경쟁할 수는 없다. 4차 산업혁명 시대를 경쟁력 있게 살아가기 위해서는 인간이 가지고 있는 차별화된 능력, 인간만의 고유한 능력을 기르는 것이 중요하다.

기계와 차별화된 능력, 인간만의 고유한 능력은 타인을 배려하고 소통하는 역량, 따뜻한 감성으로 타인과 관계를 맺는 능력 등이다. 세계적 베스트셀러《사피엔스: 유인원에서 사이보그까지》의 저자 유발 하라리(Yuval Noah Harari) 교수는 타인과 교류하고 협력할 수 있는 능력과 자질인 '정서지능(Emotional intelligence)'을 미래 일자리에 꼭 필요한 역량이라고 말한 바 있다. 학자들이 예견하는 대로 4차 산업혁명 시대를 살아가야 할 우리에게는 팀워크, 공감, 협력, 배려 등의 지식으로 습득할 수 없는 스킬이 필요하다.

2017년 세계경제포럼(World Economic Forum, WEF)의 핵심 의제는 소통과 책임의 리더십(Responsive and Responsible Leadership)이었다. 이처럼 의사소통 능력, 협업 능력과 같은 인성 역량은 세계 시민인 우리에게 꼭 필요한 자질이자 역량이다.

시민 역량을 정의하면, 시민으로서 갖추어야 하는 지식, 기능, 가치와 태도를 바탕으로 공공선을 실현하고 공동체가 안고 있는 문제를 해결하는 실천적인 참여 능력이라고 할 수 있다(김영인, 2010). 코간(Cogan, 2000)도 글로벌 시민 역량으로 타인과의 협동과 사회적 역할과 의무를 수행할 수 있는 능력, 타 문화에 대한 이해와 수용 능력 등이 필요함을 강조한 바 있다.

이와 같은 시민 역량을 강화하기 위해서는 시민 역량의 4가지 요소인 지식, 기능, 가치, 태도가 참여·행동 능력을 중심으로 균형 있게 병렬적으로 함양되어야 한다

(김영인, 2010). 즉, 세계 시민으로서 갖추어야 할 역량에 대한 폭넓은 지식과 올바른 태도를 가져야 할 뿐 아니라 이것이 곧 참여와 행동으로 표현되어야 할 것이다.

아리스토텔레스는 "한 마리의 제비가 봄을 만드는 것이 아니며 좋은 날 하루가 봄을 만드는 것이 아니다."라고 하였다. 이처럼 우리가 살아갈 미래는 어느 한 국가의 지도자나 국민이 아름답게 만들 수 있는 것이 아니다. 전 세계를 살아가는 개인 하나하나가 세계 시민으로서의 책임과 의무를 가지고 만들어 나가야 할 것이다.

REVIEW

1. 앞으로 우리가 살아갈 세계는 어떠한 특징이 있는지 3가지로 정리해 보세요.
2. 4차 산업혁명 시대에 세계 시민에게 꼭 필요한 자질이자 역량은 무엇이라고 생각하는지 설명해 보세요.
3. 세계 시민으로서 자신이 갖춘 역량과 부족한 역량에 대해 말해 보세요.

2 세계 시민과 매너

세계 시민에게 필요한 자질은 타인과 관계를 맺는 데 필요한 협력, 공감, 소통 등의 역량이다. 이는 곧 매너의 의미와도 직결되는데 매너는 타인과의 관계 맺음에 필요한 기본적 마음가짐과 태도, 행동 등을 말하는 것이기 때문이다.

'Manners'는 라틴어의 'Manuarius'에서 유래된 말로 'Manus'는 '행동'을 'Arius'는 '방식'을 나타낸다. 즉, 다른 사람을 향한 태도나 행동 방식 등을 의미한다.

옥스퍼드 사전(Oxford Dictionary)에서는 매너를 다음과 같이 설명하고 있다.

1. 어떤 일이 이루어지거나 일어나는 방식(A way in which a thing is done or happens)
2. 사람의 외적인 태도 또는 다른 사람을 향한 행동 방식(A person's outward bearing or way of behaving towards others)
3. 겸손하거나 잘 형성된 사회적 행동(Polite or well-bred social behaviour)

요컨대, 매너라는 것은 외적인 행동으로 표현되는 것이며 다른 사람에게 나타내는 행동 방식이다. 또한 매너는 타고나는 것이 아니라 학습을 통해 사회적 행동으로 만들어지는 타인에 대한 겸손한 행동 방식을 의미한다.

이상과 같은 내용을 토대로 볼 때, 매너는 4가지 요소를 포함하고 있음을 알 수 있다.

첫째, 매너는 사람을 대하는 태도, 행동 방식을 의미한다. 즉, 매너란 상대를 향한 마음가짐이 외적인 태도와 행동으로 표현되어야 하는 것이므로 형식도 매너의 중요한 부분이라고 말할 수 있다. 우리가 관계하는 모든 사람이 독심술사가 아니듯 상대가 자신의 모든 마음을 읽을 수 있는 것이 아니다. 따라서 상대에 대한 행동으로 오해가 생기지 않도록 해야 하며 예의 바른 행동을 통해 상대를 대하는 마음가짐을 알 수 있도록 해야 한다.

둘째, 매너는 타인에 대한 배려의 마음가짐을 기본으로 한다. 타인을 배려하는 마음가짐이 결여된 격식 차린 행동은 언젠가는 상대가 알아차리게 된다. 이는 곧 상대에게 가식적인 사람으로 비치게 하고 진실성이 없는 인간관계이므로 오래 지속하기가 힘들다. 따라서 매너는 타인에 대한 배려의 마음가짐을 가장 중요하게 생각해야 한다. 또한 매너의 형식은 시간, 장소, 상황에 따라 달라질 수 있다. 이러한 변화 속에서 달라지지 않는 것은 바로 상대를 향한 배려의 마음가짐이다. 배려의 마음가짐이 바탕이 된다면 겉으로 드러나는 행동은 유연하게 달라질 수 있는 것이다.

셋째, 매너는 지역적으로 합의된 일련의 행동 방식이므로 다름과 차이에 대한 인정과 존중이 필요하다. 매너는 문화권마다 차이가 있다. 문화권에 따라 인사하는 방식, 제스처를 쓰는 방식, 대화하는 방식 등이 다르고 해석하는 방식이 다르다. 매너는 오랜 세월 그 문화권에서 허용되고 이해되는 방식으로 만들어져 온 것이기 때문이다. 따라서 자신의 문화권에서 이해가 되고 예의 바른 행동으로 여겨지는 것일지라도 타 문화권에서는 예의 바르지 않거나 이해되지 않는 행동으로 여겨지는 문화충격(culture shock)을 경험하게 된다. 따라서 매너를 이해할 때는 자신의 기준과 학습된 생활 방식이 판단의 근거가 되어서는 안 되고 각 문화권의 행동 방식을 그대로 인정하고 존중하는 열린 마음가짐이 필요하다.

넷째, 매너는 철저한 자기관리가 우선되어야 한다. 매너는 타인과의 관계나 사회적 상황에서 필요한 것이므로 대인관계에서의 마음가짐이나 행동을 말하는 것으로 생각하기 쉽다. 그러나 타인을 향한 배려와 겸손의 마음가짐과 예의 바른 행동은 철저한 자기관리와 습관화의 노력 없이는 만들어질 수가 없는 것이다. 따라서 자신의 마음가짐과 행동에 대한 반성과 노력 등의 자기관리가 우선시되어야 한다.

이상에서 설명한 바와 같이 매너는 타인을 향한 사려 깊고 열린 마음을 기본으로 하기 때문에 상대를 편안하고 기쁘게 할 수 있다. 이러한 긍정적인 현상은 또 다른 타인에게 전달되고 서로 간의 신뢰감을 형성하게 하므로 집단의 응집력과 협력을 제공하는 수단이 될 수 있다. 또한 매너는 자기관리를 필요로 하므로 성공을 향한 밑거름의 역할을 하기도 한다.

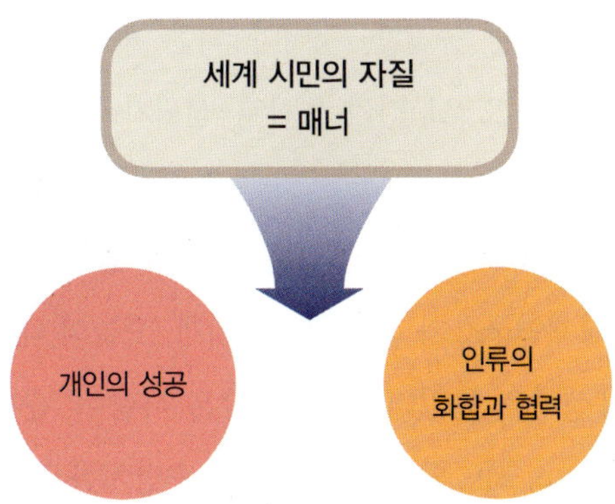

REVIEW

1. 매너란 무엇인지 4가지로 설명해 보세요.
2. 매너에서 마음가짐만 있으면 무엇이 문제인지, 행동으로 표현하는 것이 왜 중요한지 자신의 생각을 말해 보세요.

Quiz

Q1 매너는 라틴어의 'Manuarius'에서 유래된 말로 'Manus'는 (　　　)을 'Arius'는 (　　　)을 의미한다.

3 성공하는 사람들의 매너

미국 경제 웹진 비즈니스 인사이더(Business Insider)에 따르면 성공한 CEO의 상징이자 세계인에게 가장 영향력 있는 사람으로 여겨지는 빌 게이츠(Bill Gates)와 워런 버핏(Warren Buffett)은 인생의 성공 척도는 돈이 아닌 '인간관계'라고 했다고 한다. 이들이 성공의 척도로 여기는 '인간관계'는 타인에 대한 배려와 존중을 기본으로 하는 '매너' 없이는 절대로 형성될 수 없는 것이다. 다른 사람과의 관계를 폭넓고 돈독하게 유지하기 위해서는 타인으로부터의 호감과 신뢰가 필요한데 이것이 곧 대인관계의 기본인 매너이기 때문이다.

한편 국내 최고 경영자(CEO) 5명 중 1명은 '관계와 협력'을 가장 중요한 성공의 덕목으로 꼽았다. 삼성경제연구소가 최고경영자에게 '오늘의 내가 있기까지 가장 힘이 되어 준 습관'을 사자성어로 물었더니, 가장 많은 사람이 '순망치한(脣亡齒寒)'을 택했다고 한다(경향신문, 2007. 08. 26). 중국 고사성어인 순망치한은 '입술이 없으면 이가 시리다'는 뜻으로 '서로 도움으로써 성립되는 밀접한 관계'를 비유할 때 쓰는 말이다. 이는 사회생활에서 성공하기 위해서는 서로를 의지하고 협력하는 태도가 매우 중요함을 나타낸다고 볼 수 있다.

카네기멜런 대학의 심리학자 비키 헬지슨(Vicki Helgeson)은 성공하는 사람들은 일을 함에 있어 자신이 가진 에너지를 모두 소진하기 전에 도움을 요청할 줄 알고, 타인의 조언과 지원을 얻어 마음가짐을 새롭게 하고 에너지를 유지한다고 하였다. 즉, 사람들은 자신이 하는 일의 영향력을 타인을 통해 느끼고 경험할 때 더 많이 기여할 힘을 얻고 꾸준히 일을 추진할 원동력을 얻는 것이다.

이와 같은 사례들을 볼 때, 인간은 결코 혼자서 살아갈 수도, 혼자서 성공할 수도 없는 존재이다. 인간의 성공과 행복에 있어 타인과의 '관계'가 가장 중요하듯, 관계의 기본 바탕이 되는 매너는 성공과 행복의 바탕이자 핵심 키워드라 말할 수 있다. 최연소 최고 경영자로 제너럴일렉트릭(GE)을 세계 최고 기업으로 성장시켰던 잭 웰치(John Frances Welch Jr)의 "오늘날 독자적으로 무언가 할 수 있다고 생각하는 건 큰 실수다."라는 말은 앞으로 성공하는 세계 시민으로서 살아가야 할 우리에게 꼭 필요한 말인 듯하다.

REVIEW

1. 성공하는 사람들이 공통적으로 강조하고 있는 요소는 무엇인가요?
2. 자신이 이루고자 하는 꿈이 무엇인지, 그 꿈을 이루는 데 매너가 어떤 영향을 미칠 것이라고 생각하는지 설명해 보세요.

4 문화 충격(Culture Shock)

인류는 오랜 세월 동안 타인과 더불어 살아가기 위해 필요한 공통된 생활 방식과 행동 양식을 만들어 왔다. 나와 다른 많은 사람들과 함께 어울려 살기 위해서는 상대방을 불편하게 하거나 상대로부터 오해를 사는 등의 행동을 피해야 했다. 즉, 타인과 화합하며 편안하게 잘 살기 위한 공통된 행동 방식에 대한 약속이 필요했는데, 이것이 곧 매너라고 할 수 있다.

매너란 각 나라 문화권에서 오랜 시간 동안 사용된 생활 방식이며 행동 양식이므로 문화권에 따라 행동하는 방식과 의미 해석에 있어서도 그 차이가 있다. 예를 들면, 어느 나라에서는 상대와 눈을 맞추지 않고 조용히 아래를 보며 이야기하는 것을 공손하다고 해석하는 반면, 어느 나라에서는 자신을 무시한다거나 자신감이 없는 것으로 이해를 한다. 혹은 어느 나라에서는 이쪽으로 오라는 제스처가 어느 나라에서는 저쪽으로 가라는 의미로 해석되기도 한다. 또한 식사 초대를 받았을 경우, 어느 나라는 배불리 먹고도 남았다는 의미로 음식을 약간 남기는 것이 매너 있는 행동인 반면, 어느 나라는 음식을 싹싹 비우고 남기지 않는 것이 매너이다. 이렇듯 매너는 각 나라마다 약간의 차이가 있으며 어떠한 경우에는 정반대의 의미로 해석될 만큼 큰 차이가 있어 인간관계 형성에 큰 장애물로 작용할 우려가 있다.

이처럼 어느 문화권에서는 예의 바르게 여겨지는 행동이나 태도가 타 문화권에서는 달리 해석되어, 낯선 문화나 환경을 접했을 때 감정의 불안을 느끼거나 판단의 부재 상태에 놓이는 것을 문화 충격(culture shock)이라고 한다. 문화 충격은 1954년 인류학자 칼베로 오베르그(Kalvero Oberg)가 소개한 것으로, 의사소통의 한 부분이다. 문화 충격은 개개인에게 정신적 스트레스를 유발하고 대인관계나 공적인 상황을 기피하게 하는 원인이 된다. 그뿐만 아니라 상대방을 불편하게 하고 오해를 불러일으킬 수 있어 대인관계에 큰 장애가 된다.

문화 충격을 예방하기 위해서는 타 문화권의 매너를 배워 실수하는 일이 없도록 해야 한다. 세계가 하나로 연결되어 다양한 방식으로 소통하고 있는 글로벌 사회에서 세계 시민으로 살아가는 지혜는 바로 '글로벌 매너'의 습득이라고 할 수 있다.

REVIEW

1. 문화 충격이란 무엇인지 설명해 보세요.
2. 해외여행이나 출장, 외국인과의 만남 등에서 문화 충격을 겪었던 사례에 대해 말해 보세요.

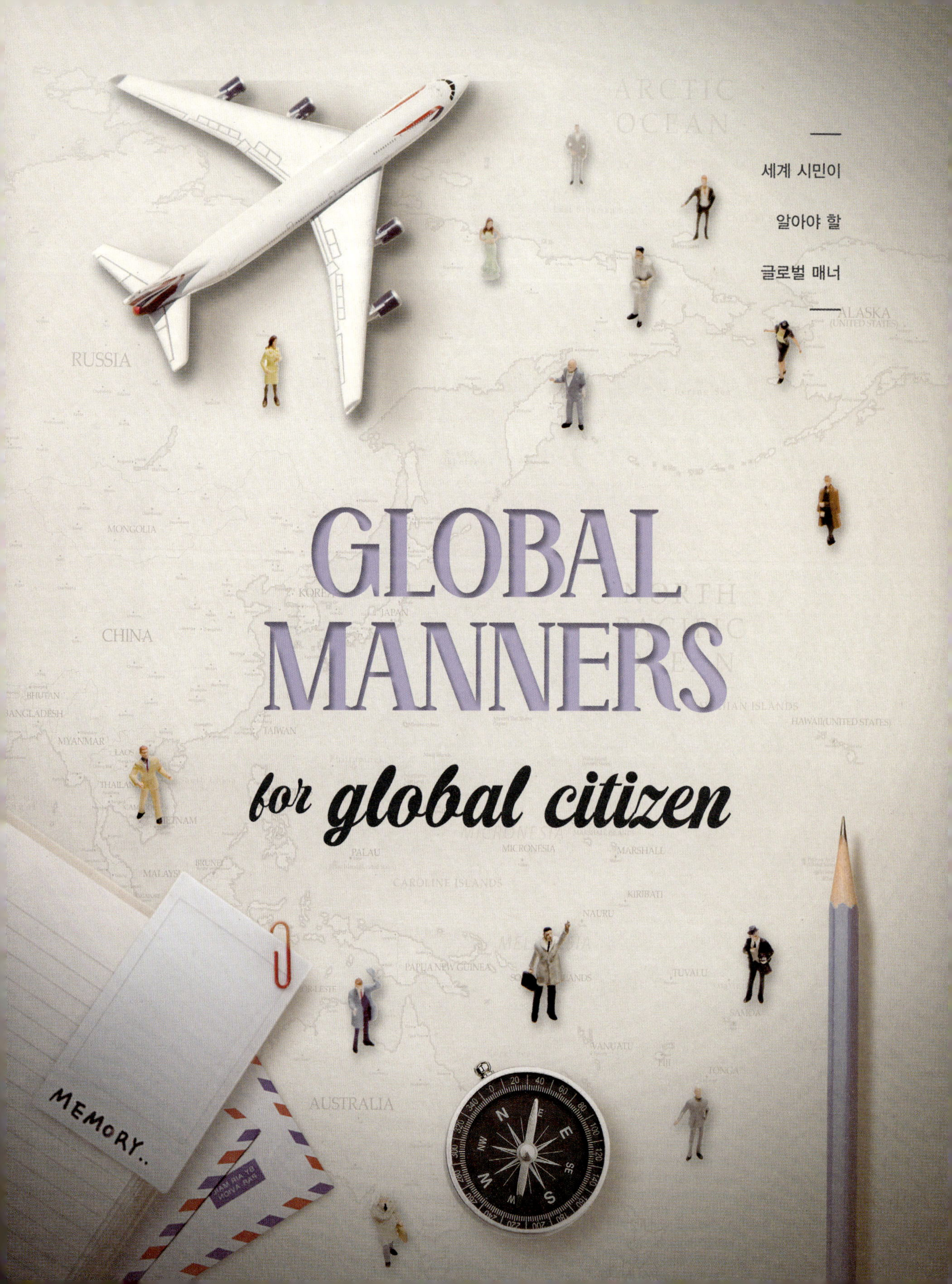
세계 시민이
알아야 할
글로벌 매너
GLOBAL
MANNERS
for global citizen
MEMORY..

Chapter

02

세계 여러 나라의 매너

세계 시민이

알아야 할

글로벌 매너

1 아시아/대양주

1) 말레이시아

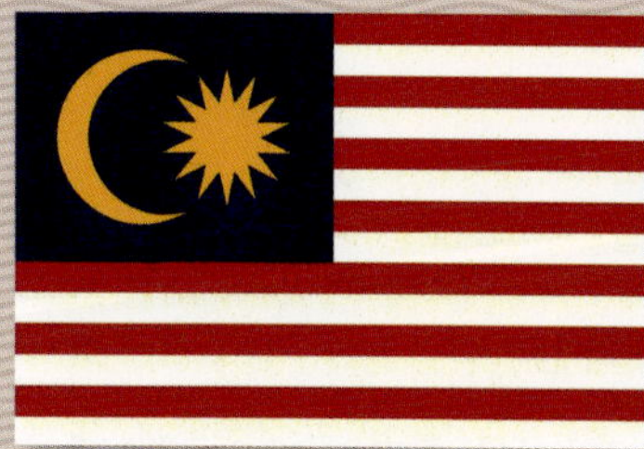

인구 32,454,455명(2019년 1월 기준)
면적 329,847㎢
수도 쿠알라룸푸르
언어 말레이어
화폐 링깃(MYR, RM)

(1) 문화 및 관습

- 말레이계, 중국계, 인도계 등 다인종으로 구성된 국가로 민족, 종교에 따라 생활 습관이 다양하다.
- 국교는 이슬람교이나 불교, 기독교, 힌두교 등 타 종교의 자유가 보장되어 있다.
- 이슬람교에서는 돼지고기는 물론, 돼지고기 함유 식품을 금지한다.
- 이슬람교도들과 식사할 때는 할랄(Halal, 이슬람 율법에 따라 요리한 음식만 제공하며 할랄 인증 마크가 음식점 앞에 붙어 있음) 음식점으로 예약하는 것이 좋다.
- 이슬람교에서는 음주 및 도박이 금지되어 있으므로 비즈니스상에서는 식사 접대나 선물 증정이 좋다.

할랄 인증 마크

- 흡연은 개인 취향이므로 비교적 자유롭다.
- 현지인들은 식사할 때 숟가락, 젓가락을 쓰지 않고 오른손을 사용해 식사한다.
- 이슬람교도들에게 왼손은 청결하지 못한 일을 처리하는 것으로 생각하기 때문에 상대에게 무엇을 전달할 때는 왼손을 사용하지 않는다.
- 검지로 사물이나 사람을 가리키는 것은 정중하지 않게 여기므로 엄지를 사용한다.

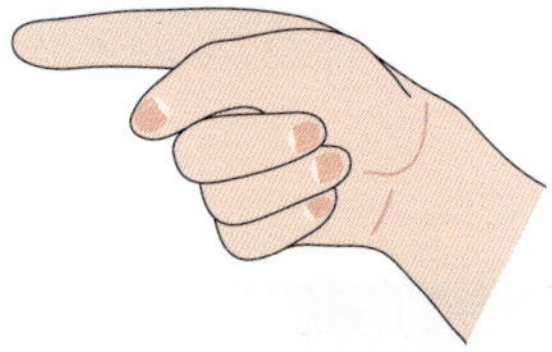

×

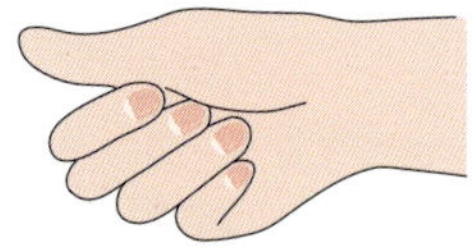

○

(2) 복장

- 일반적인 출근 정장은 긴소매 드레스셔츠에 넥타이 차림이다.
- 비즈니스 상담, 미팅 시에는 정장 차림을 한다.
- 중요한 행사 때에는 바틱(batik)으로 만든 전통 의상을 즐겨 입는다.

(3) 인사

- 악수는 가장 일반적인 인사법이지만 일부 보수적인 회교도나 여성은 이성과 악수하지 않는다.
- 말레이시아식 악수는 두 손을 펴서 상대방의 한 손을 두 손으로 감싸는 것이다. 그런 다음 두 손을 자신의 가슴에 가볍게 닿게 한다. 이는 가슴으로부터의 환영과 존중의 뜻을 담고 있다
- 타 문화의 영향으로 최근에는 현대식 일반적인 악수를 한 후, 한 손을 가슴에 닿게 하기도 한다.
- 말레이시아 사람들은 여러 가지 칭호를 이름 앞에 붙이는 것을 좋아하므로 이름 앞에 Dato, Datuk, Tan Sri 등의 작위나 Dr, Ph 등의 학위를 붙여 함께 불러 주는 것이 좋다.
- 정치, 종교 관련 이야기보다는 문화, 역사, 요리 등에 관한 화제로 대화하는 것이 좋다.

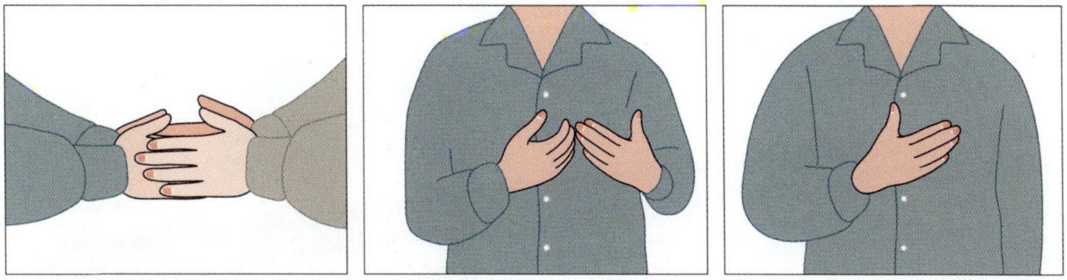

말레이시아식 악수

(4) 선물

- 이슬람에서는 교리상 사람이나 사물 형체를 본떠서 만든 물건을 거부하므로 유의한다.
- 종교적 금기 성분이 들어간 식품을 선물하는 것은 큰 실례이다.
- 필기구, 장신구 등 인종 및 종교와 관계없는 선물이 좋다.

(5) 약속

- 관공서의 경우, 공식적인 레터를 통해 최소 2주 이전에 통보하는 것이 좋다.
- 회사, 기관의 담당자와의 인터뷰도 절차를 통해 상부의 공식 승인 후 해야 하므로 시간적 여유를 가지고 미리 요청한다.
- 약속 시간에 대한 개념이 정확하지 않은 경우도 있으나 체면을 중시하기 때문에 그들을 기다리게 하는 것은 좋아하지 않는다.
- 비즈니스 미팅에서 미리 도착하여 기다려 주는 것이 좋다.

(6) 식사

- 식사 초대 전에 상대방의 종교가 무엇인지를 확인하는 것이 좋다.
- 이슬람교도라면 돼지고기, 힌두교도라면 쇠고기를 금해야 한다.
- 닭 요리는 인종 및 종교에 관계없는 무난한 요리다.

2) 몽골

인구 3,166,244명(2019년 1월 기준)
면적 1,564,116㎢
수도 울란바토르
언어 몽골어
화폐 투그릭(Tugrik)

(1) 문화 및 관습

- 국민 대다수가 라마교로 다른 종교에 대해 배타적인 성향이 강하다.
- 우유를 엎지르거나 난로에 물을 붓는 행동은 금기이므로 주의한다.
- 검지로 사람을 가리키는 것은 '상대를 죽이겠다'는 뜻이므로, 무언가를 가리킬 때는 손바닥을 펴서 가리킨다.
- 지나가다 사람의 신발을 밟으면 가벼운 악수를 청해 적대감이 없음을 표현해야 한다.
- 중국, 러시아와 관련된 정치 이야기는 피하는 것이 좋다.
- 소비량, 음용률에 있어 세계 최고 수준을 자랑할 만큼 술을 좋아하므로 술자리에 적극적으로 참여하는 것이 매너이다.
- 몽골의 전통 가옥은 나무로 기둥과 틀을 세운 뒤, 압축된 양털과 천으로 덧씌운 천막집인 '게르(ger)'이다. 게르에 들어갈 때는 문지방을 밟지 않고 나무 기둥에 손을 대거나 기대지 않는다. 또한 오른쪽은 주인이 머무는 공간으로 여기므로 반드시 왼쪽으로 들어가야 한다. 게르의 중앙에 놓여 있는 난로는 몽골인들이 매우 신성하게 여기므로 난로에 쓰레기를 버리거나 날카로운 물건을 놓는 행동, 난로를 넘어가는 행동 등은 금기이다.

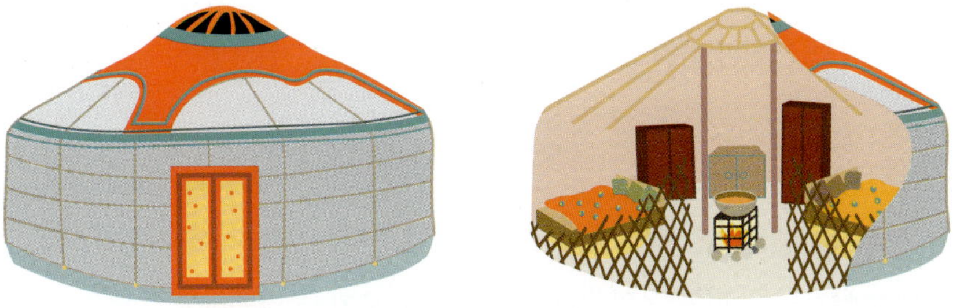

게르의 외부와 내부 구조

- 손님에게 사적인 질문을 직접적으로 하지 않는다. 날씨, 가축 등 전통적인 질문이 이어진 후나 대화 중 손님 자신이 직접 말하도록 한다.
- 왼손으로 물건을 받거나 건네는 것은 예의에 어긋나는 행동으로 받아들여지므로 물건을 받을 때는 양손으로 받는다.
- 여주인은 작은 사발에 차를 따라 양손으로 들거나, 왼쪽 팔로 오른쪽 팔꿈치를 받친 후 오른손을 이용해 손님에게 대접하고 손님도 같은 방식으로 사발을 받는다.
- 팔목을 드러내는 것을 매우 무례하게 생각하므로 소맷자락이 드러나지 않도록 하여 물건을 받는 것이 예의 바른 행동이다.
- 집주인은 차를 따라서 손님에게 건네는데, 손님이 차를 조금 마신 후 주인에게 잔을 돌려주면 주인은 다시 차를 따라서 다른 손님에게 건넨다. 모든 손님이 그 찻잔으로 차를 마신 후에 주인이 차를 마신다.
- 뼈가 있는 고기를 먹을 때는 고기를 남기지 않고 뼈가 하얗게 드러날 때까지 먹는 것이 예의이다.
- 몽골에서는 친구 사이에 헤어질 때 서로의 허리끈을 교환해 가지는데 다음에 다시 만날 때 돌려받는다.
- 갓난아기에게는 '귀엽지 않아'처럼 반대로 말을 한다. 이는 귀여운 아이로 잘 자라길 바라는 마음을 겉으로 드러내지 않는 액막이의 의미를 가지고 있다.

- 몽골인들은 국가와 민족에 대한 자부심이 강하고 자존심이 세다. 따라서 무시당한다는 느낌이 들지 않도록 조심해야 한다.

(2) 복장

- 비즈니스 정장은 양복과 흰색 긴소매 드레스셔츠, 넥타이를 착용한다.
- 명절에는 몽골 전통 옷인 '델(deel)'을 입고 모자를 착용하고 손님을 맞는 것이 예의이고 손님도 모자를 쓰고 게르에 들어가도 무방하다. 인사를 할 때는 모자를 약간 들어 올려 인사한다.
- 몽골인과 밖에서 만날 때는 절대로 반바지를 입지 않는다.

(3) 인사

- 유목민들에게는 사람보다 가축의 안부를 먼저 묻는 것이 좋다. 가축의 안부를 묻고 가족의 안부를 물은 후, 양팔을 'ㄴ'자로 내밀어 상대방의 양팔에 포개어 놓고, 허리를 살짝 굽혀 인사를 한다. 상대방의 나이에 따라 팔을 포개는 위치가 달라지는데, 연장자의 팔이 위에 오게 하고 어린 사람이 그 아래를 받친다.
- 러시아의 영향으로 도시에서는 서구식 인사가 보편적이다. 남녀 구별 없이 만나면 악수를 한 후 가벼운 포옹을 한다. 포옹 후에는 양쪽 뺨을 번갈아 맞대며 친근함을 표시한다.
- 몽골에선 노인이 어린아이의 이마에 코를 대고 냄새를 맡듯 몇 번 킁킁거리는 인사를 하는데 이는 친근감의 표시이다.

(4) 약속

- 몽골인들은 시간관념이 없으므로 약속 시간에 늦는 것에 별로 미안해하지 않으며, 사전 통지 없이 불참하기도 한다.
- 몽골인들의 느긋한 성향을 이해하되 비즈니스상 약속에는 미리 참석하는 매너를 갖추는 것이 좋다.

(5) 식사

- 식사 초대를 받았을 때는 작은 선물이나 적은 현금을 놓고 와도 무방하다.
- 게르 안에서는 시계 방향으로 이동하고, 음식은 조금씩 뜯어 먹고, 차는 조금씩 나누어 마신다.

3) 베트남

인구 97,429,061명(2019년 1월 기준)
면적 330,966㎢
수도 하노이
언어 베트남어
화폐 베트남 동(VND)

(1) 문화 및 관습

- 베트남 사람들은 중국, 프랑스, 미국 등 강대국과의 전쟁에서 승리했다는 것에 대단한 자부심을 가지고 있다.
- 베트남 사람들에게 베트남전 참전 경력을 이야기하는 것은 금물이다.
- 베트남과 중국의 관계는 전통적으로 좋은 편이 아니며 정치, 사회, 경제 전반에서 양국의 긴장관계가 영향을 미치고 있다. 따라서 베트남인들의 반중(反中) 감정에 주의한다.
- 자존심이 강한 민족이므로 베트남인들이 무시당한다는 느낌이 들지 않도록 유의해야 한다.
- 베트남어의 경어법은 상대적으로 복잡해서 주의를 요하는데, 일반적으로 4~5개의 존칭이 주로 쓰인다.

호칭	대상
쭈(Chú)	사회적 지위나 연령이 높은 남자
꼬(Cô)	사회적 지위나 연령이 높은 여자
안(Anh)	사회적 지위나 연령이 상대적으로 높은 남자
찌(Chị)	사회적 지위나 연령이 상대적으로 높은 여자
엠(Em)	사회적 지위와 연령이 낮은 남자 또는 여자

- 존칭으로 인한 오해나 실수를 피하고 싶다면, Mr. ○○○, Ms ○○○과 같이 불러 주는 것도 방법이다.
- 검지와 중지를 꼬아 만든 손가락 제스처는 베트남에서는 성에 관련한 아주 모욕적인 의미를 담고 있다.
- 베트남인들에게 숫자 8과 9는 행운의 숫자이다.

(2) 복장

- 비즈니스상에서 양복이 보편화되어 있고 공식적인 행사에서는 되도록 넥타이와 재킷을 입는 것이 예의이다.
- 기후가 무더운 호치민 등 남부지역에서는 일상적인 업무 복장으로 넥타이와 재킷을 입지 않는 경우가 많다.
- 공공 기관의 행사, 기타 주요 기관의 공식적인 행사에서는 여성들이 베트남 전통 의상인 아오자이를 입기도 한다.

(3) 인사

- 베트남의 인사말은 '신짜오(Xin Chào)'로, 만남, 헤어짐, 때를 구분하지 않고 항상 사용한다.
- 팔짱을 낀 듯한 자세로 고개를 숙이는 것은, 아랫사람이 윗사람을 공경하는 마음을 담아 건네는 예의 바른 인사이다.

(4) 선물

- 베트남인들은 과시형 소비 성향을 가지고 있어 선물은 가급적 비싸고 고급스러운 것을 주는 것을 좋아한다.
- 베트남인들이 특히 좋아하는 선물로는 한국산 홍삼, 인삼류, 고급 화장품, 건강식품 등이다.
- 베트남인들은 주변 사람, 동료들에게 선물하는 문화가 보편화되어 있고 선물을 주고받는 것을 즐긴다.

(5) 약속

- 베트남 사람들은 시간 약속을 잘 지키지 않는 경우가 많으나 베트남 사람들의 생활 방식이 많이 변하여 과거의 시간 개념 없는 것이 많이 사라지고 있는 추세이다.
- 기업인, 정부 고위 공무원의 경우 상대적으로 약속 시간을 잘 지키는 편이다.
- 베트남인들은 직설적으로 'No!'라고 말하는 것을 예의에 어긋난다고 생각하는 경향이 있다.
- 구두 약속을 100% 신뢰해서는 안 되며 중요한 사항의 경우 반드시 '서명이 담긴' 문서로 남기는 것이 좋다.

(6) 식사

- 베트남은 음식에 대한 특별한 제약 사항은 없다.
- 베트남 인구 중 12% 이상이 불교 신자이므로 불교에서 파생된 사상을 보편적으로 따르거나 불교의 교리를 따라 매월 음력 15일 또는 그 외 특정일에 채식하는 이들이 종종 있다.
- 우리와 비슷하게 음식과 함께 반주를 곁들어 즐겨 먹는 편이다. 단, 한국은 상대방이 잔을 다 비운 다음에 술을 따라 주는 것이 예의이지만, 베트남은 상대방이 술을 마실 때마다 첨잔을 하여 잔을 꽉 찬 상태로 만들어 주는 것이 좋다.

- 베트남의 맥주 문화도 한국과 차이가 있는데, 개인 잔 옆에 각자 맥주를 한 병씩 준비해 놓고 잔에 얼음을 넣은 후 자신이 직접 맥주를 따라 마신다. 혹 다른 사람의 잔을 채워 줄 경우에는 반드시 그 사람의 맥주로 따라 주어야지 자신의 병으로 따라 주어서는 안 된다.
- 베트남 사람들은 안주가 없으면 더 이상 술을 마시지 않으므로 배가 부르다고 안주 시키는 것을 거절하면 더 이상 상대와 술을 마시고 싶지 않다는 제스처로 전달될 수 있으므로 주의한다.
- 양식, 일식, 한식 모두 비즈니스 식사로 적절하다.

4) 싱가포르

인구 5,868,104명(2019년 1월 기준)
면적 719.1㎢
수도 싱가포르
언어 말레이어, 영어, 타밀어, 중국어
화폐 싱가포르 달러(S$)

(1) 문화 및 관습

- 싱가포르는 크게 중국계 74.3%, 말레이계 13.4%, 인도계 9.1%, 기타 3.2%로 구성된 다민족 국가이며, 외국인 거주 비율이 전체 인구의 30%에 이른다.
- 다양한 민족과 종교, 문화가 융화되어 있는 사회이다.
- 오랫동안 영국의 지배를 받아 국민의 의식 구조가 서구화되어 있고, 여성의 지위도 높은 편이며 사회 진출도 매우 활발하다.
- 동양적인 사고방식이 존재하여 나이가 많은 사람에 대해 존경심을 보인다.
- 뇌물수수에 대해서는 엄격한 법률이 시행되고 있고 선물을 주고받는 관행이 보편적이지 않다.

- 선물을 전달할 때는 과다한 것은 피하고 간단한 기념품 등을 하는 것이 바람직하다.
- 상대방의 말을 끝까지 들어주고 정중하고 예의 바르게 대하는 것이 비즈니스 매너이다.
- 중국계 싱가포르인들은 체면을 매우 중시하기 때문에 상대방의 체면을 살려주는 것이 중요하다.
- 싱가포르인들은 다른 사람 앞에서 행동이나 감정을 절제하는 편이고 부드러운 화법을 사용하기 때문에 자신의 이야기에 긍정적인 반응으로 응한다 해도 결과를 속단하지 않는다.

(2) 복장

- 연중 고온 다습하므로 간편한 여름 복장이 일반적이며 양복바지에 드레스셔츠와 넥타이를 매면 비즈니스 정장으로 무난하다.
- 일반적인 출근 복장으로는 넥타이를 매지 않는 경우도 흔하다.

(3) 인사와 선물

- 싱가포르는 국제적인 비즈니스 도시로 일반적인 글로벌 에티켓을 따르면 큰 무리가 없다. 단, 다민족 국가이므로 민족적 특성과 금기 사항 등을 고려하여 선물하면 좋다.

(4) 약속

- 비즈니스상 방문은 미리 사유, 일정 등을 조율하고 상대로부터 답을 받은 후 방문한다.
- 비즈니스에서 시간 엄수는 필수적이다.
- 비즈니스상 미팅은 업무에 관한 본론을 바로 말하며 깔끔한 업무 진행을 선호한다.

(5) 식사

- 개인 사생활을 중시하므로 비즈니스를 위한 저녁 약속은 피하는 것이 좋다.
- 식사 제안은 어느 정도 친분을 쌓은 후 하는 것이 좋다.

5) 인도

인구 1,368,737,513명(2019년 1월 기준)
면적 3,287,260㎢
수도 뉴델리
언어 힌두어, 영어
화폐 루피(Rupee, Re)

(1) 문화 및 관습

- 인도인들은 약속을 잘 지키지 않으므로 언제든지 약속이 바뀔 가능성이 있다는 것을 염두에 두어야 한다.
- 비즈니스상 약속은 오전 11시에서 오후 4시 사이에 잡는 것을 선호한다.
- 지역별 다양한 공휴일이 존재하는데, 종교적 공휴일에는 비즈니스가 이루어지지 않음을 기억해야 한다.
- 비즈니스 복장으로는 정장이 기본이나 더운 날씨 탓에 양복 상의와 넥타이는 생략하는 경우가 많다.
- IT 분야의 경우 스니커즈를 신는 등 캐주얼한 복장도 보편화되어 있다.
- 인도는 힌두교 문화이므로 가죽으로 된 의상은 피하는 것이 좋다.
- 외국 여성이라 할지라도 짧은 치마나 반바지 등은 피해야 한다.
- 인도 여성은 보통 전통 의상이나 바지 정장(pantsuit)을 선호하는 편이다.
- 인도인들은 다양한 주제로 대화를 하는 것을 즐기며 비즈니스 미팅에서도 가벼

운 잡담으로 회의를 시작하는 것이 일반적이다.

- 인도인들은 대체적으로 개방적이고 우호적이다.
- 인도인들은 가족과 개인의 생활에 대해 이야기하는 것은 일반적인 것이며 우호의 표시로 해석하기도 한다. 따라서 인도인들에게 사적인 질문을 받았을 때는 우호의 의미로 해석하되, 질문을 하는 입장이라면 되도록 사적인 질문은 피하고 상황과 분위기에 따라 적절히 대처하는 것이 좋다.
- 인도인들은 직접적으로 반대 표시를 하지 않기 때문에 직접적인 반대 의사 표시는 적대적인 태도로 보일 수 있으므로 주의한다.
- 대화 도중 양옆으로 고개를 흔들거나 8자형으로 빠르게 고개를 움직이는 것은 부정의 표현이 아니라 '당신의 말을 이해한다'는 뜻이므로 유의한다.
- 인도인들에게 인기 있는 대화의 주제는 정치, 크리켓, 영화, 경제 등이므로 대화를 위한 사전 준비를 하고 비즈니스에 임하는 것도 좋은 방법이다.
- 인도는 힌두교가 가장 많은 비중을 차지하지만 이슬람을 비롯한 다양한 종교를 포용한다.
- 파키스탄에 대해 좋지 않은 감정을 가지고 있는 국민이 대부분이므로 이와 관련된 주제는 피하는 것이 좋다.
- 자신들의 경제 발전을 매우 자랑스러워하므로 빈곤 문제를 대화 주제로 꺼내는 것을 무례하게 생각한다.
- 인도인들은 카스트 제도에 대해 언급하는 것을 좋아하지 않으므로 주의한다.
- 대부분의 인도인은 힌두교도이고, 힌두교는 남녀의 공공연한 접촉을 금지하고 있다는 점을 유의해야 한다. 시크교도와 크리스천, 이슬람교도들도 남녀 간 행동을 금하는 경우가 많으므로 남녀 사이의 예의에 주의해야 한다.

나마스떼 인사

출처: https://commons.wikimedia.org

(2) 인사

- 인구의 대부분을 차지하는 힌두교도들의 전통적인 인사말은 "namaste(나마스떼)"이다. 인사법은 턱 아래에 두 손을 모으고 고개를 숙이는 것이다. 악수도 보편화됐으나, 여성의 경우 먼저 악수를 청할 시에만 악수한다.

(3) 선물

- 선물을 받자마자 열어 보는 것은 예의가 아니다.
- 비즈니스 시에는 가장 높은 직책의 임원에게 두 손으로 전달하는 것이 좋다.
- 선물 포장은 흰색, 검정색은 피하고 녹색, 빨간색, 노란색을 쓰는 것이 좋다.
- 초대를 받았을 경우에는 초콜릿, 꽃 등의 작은 선물을 준비하는 것도 좋고, 수입 위스키도 아주 좋은 선물이다.

(4) 협상

- 인도는 계급 사회적 특성이 있으므로 비즈니스에서는 상위 직책을 가진 사람이 결정권이 있다.
- 비즈니스 미팅에서는 언제나 명함을 건네야 하며, 자신의 이름, 지위, 역할, 미팅 목적 등을 명확하고 구체적으로 밝힌다.
- 인도인들은 뛰어난 언변과 협상력을 갖춘 편이다.
- 인도인들과의 비즈니스에서는 지적이나 비판에 신중해야 하고 인내심과 침착함이 필요하다. 공격적 협상 태도는 무례한 것으로 받아들인다.
- 인도인은 체면을 중요하게 생각하므로 직접적인 거절이나 충돌을 피하려 한다. 'No'의 의사 표시를 명확하게 하지 않는다는 것을 명심해야 한다.
- 인도인과의 협상 시 스케줄을 강조하는 것을 싫어하므로 여유 있게 계획해야 한다.

일반적 서구식 스케줄 개념(연역적 접근)	인도식 스케줄 사고방식(귀납적 접근)
•큰 틀을 짜놓고 구체적 사항에 접근 •계약 체결 시 스케줄 사전 확정 •스케줄 이행을 위한 장애 요소 제거 •스케줄에 맞춰 계약 이행	•구체적 사항을 모아 큰 틀에 접근 •느슨한 스케줄, 이행 변수를 강조 •의사결정 지연, 시장 상황 변경 등 장애 요인 발생 시 인과관계로 인식 •스케줄 조정 및 협의 사항 변경 제안
인도인 관점: 변수와 융통성을 무시함	서구식 관점: 계약 불이행

- 계약서 작성 시 사소한 사항까지 모두 계약서에 포함시켜야 한다.
- 인도인들이 구두로 "No problem"이라고 대답했을지라도 이는 확실한 동의가 아니므로 계약서를 꼼꼼히 확인해야 한다.

(5) 제스처

- 힌두교도들이 대화 시 편안함을 느끼는 거리는 1~1.2m 정도이므로 너무 가깝게 다가가지 않는 것이 좋다.
- 손짓으로 사람을 부르거나 손가락으로 가리키는 것을 무례하다고 생각하며, 보통 턱으로 가리킨다.
- 손바닥으로 무엇인가를 가리킬 경우 손바닥을 아래로 해서 손가락을 움직인다. 손바닥을 위로 할 경우 모욕으로 받아들여질 수 있다.
- 손을 엉덩이 근처에 올린 채 서 있는 것은 화가 났다는 의사 표시이다.
- 발은 청결하지 못한 것으로 생각하므로 다른 사람에게 닿지 않도록 주의하고 만약 닿았다면 정중하게 사과해야 한다.

(6) 식사

- 인도에서 접대는 비즈니스에서 매우 중요한 요소이다.
- 비즈니스 미팅 시에는 차를 마시며 가벼운 잡담으로 시작한다.
- 위계질서가 엄격하므로 식사 접대 시에도 상석을 판단하여 자리 배치를 해야 한다.

- 인도 사람들은 손님 접대를 중요시하며 집으로 초대하는 경우도 있다.
- 집으로 식사 초대를 받았다면 가벼운 다과류 등을 선물로 들고 가는 것이 예의이다.
- 무슬림의 경우나 힌두교인들은 금주를 생활화하므로 술을 권하지 않는 것이 바람직하다.

6) 일본

인구 126,854,745명(2019년 1월 기준)
면적 377,950㎢
수도 도쿄
언어 일본어
화폐 엔(¥)

(1) 문화 및 관습

- 과거 일본은 왼쪽 좌석이 상석으로 인식되어 왔다. 그러나 서양 문화의 유입으로 오른쪽 좌석이 상석이라는 인식이 일반화되어 있다. 오른쪽이 상석이므로 손윗사람이 엘리베이터 안쪽의 오른편(바깥에서 봤을 때 왼편)에 서고 택시를 탈 경우, 운전석 뒷좌석인 뒷줄 가장 오른쪽 좌석에 손윗사람이 착석하게 된다.
- 일본에서는 약속을 잘 지키는 것을 철칙으로 생각하므로 약속 장소에 적어도 10분 전에는 도착하는 것이 좋다.
- 과장된 약속을 하지 않으며 자신이 지킬 수 있는 범위를 성실하게 전달하고, 약속을 이행할 수 없을 경우에는 사죄의 의사표명을 명확하게 해야 한다.
- 비즈니스상 면담 약속은 보통 2주 전까지는 잡는 것이 상식이며 약속 날짜를 잡으면 함부로 변경하지 않는 것이 좋다.

(2) 복장

- 비즈니스 복장으로는 회색이나 감색 정장에 하얀 셔츠, 그리고 어두운 색의 넥타이를 착용하는 것이 기본이다.
- 최근 자신의 이미지에 맞는 개성 있는 복장을 착용하는 경향이 크나 대기업이나 특정 업계, 공공 기관에서는 전통적인 스타일의 정장을 입는 것이 일반적이다.
- 색상이나 무늬가 요란한 복장은 점잖지 못하다는 인상을 줄 수 있으므로 비즈니스상에서는 피하는 것이 좋다.
- 여성의 복장은 치마 및 바지 정장 등이 좋으며, 화장이나 액세서리, 향수 등은 과하지 않은 것이 좋다.

(3) 인사

- 일본에서 가장 중요한 인사는 '오지기(お辞儀)'라는 인사이다. 오지기는 감사나 경의를 표할 때나 사과나 부탁 등을 할 때 허리를 구부려 하는 인사를 말한다.

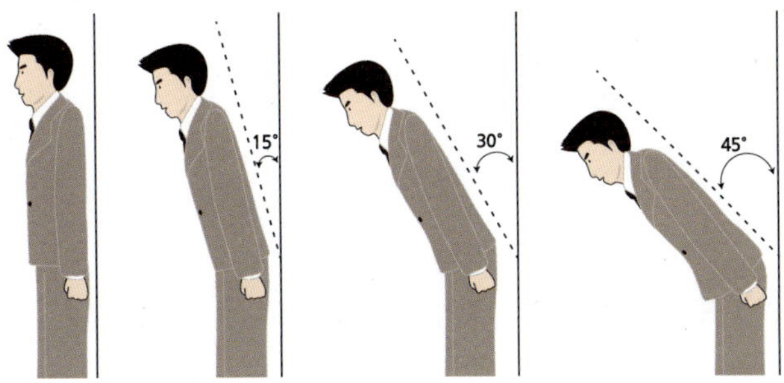

오지기(お辞儀)

- 일본인들은 아무리 친한 관계라 하더라도 스킨십을 요하는 인사는 하지 않는다. 따라서 악수, 포옹, 볼 비비기 등의 인사는 일반적이지 않다.
- 일본의 비즈니스 문화에서 명함 교환은 매우 중요한 의미를 가지며 신뢰감 구축에 꼭 필요하다.

- 비즈니스 상담 시 명함 교환이 반드시 이루어져야 하므로 명함은 충분히 준비해서 다녀야 한다.
- 일본에서는 거래 관계에 있어 개인의 신용을 중요시한다. 거래 성립 후에도 계속적인 신뢰 관계를 유지, 심화시킬 필요가 있다.

(4) 선물

- 일본 비즈니스 문화에 있어서 선물을 주고받는 것은 중요한 풍습이다.
- 거래처끼리 여름에는 '오츄우겐(お中元)', 연말에는 '오세이보(お歳暮)'라는 선물을 주고받는 문화가 있다.
- 일본인들은 선물을 주는 행위를 중요하게 생각하므로 간소한 선물이라도 의미를 담아 전달하는 것이 좋다. 고가의 선물은 상대에게 부담을 함께 준다고 생각하기 때문에 비즈니스를 시작할 때에는 작은 선물을 하는 것이 좋다.
- 일본인들이 선호하는 한국 선물로는 김치, 김, 차(tea), 과자, 화장품 등이다.
- 일본에서는 선물을 준 사람이 돌아간 후에 포장을 여는 풍습이 있다.
- 일본인들은 선물을 받을 때 2번 가량 사양하기도 하므로 상대가 사양을 하더라도 권하는 것이 좋다.

(5) 식사

- 일본인들은 무교인 사람들이 많기 때문에 종교적 이유로 인한 음식, 음주 관련한 금기 사항은 거의 없다.
- 일본인들은 일식을 좋아하나 다양한 문화의 음식을 잘 받아들이는 편이므로 접대 시 일식만을 고집할 필요는 없다.
- 일본의 식사 예절은 엄격한 편으로 식사를 할 경우, 상대방에게 불쾌감을 주지 않도록 식사 매너를 익혀 조심할 필요가 있다.
- 일본인들은 상석을 중요하게 여기므로, 식사 자리에서 상석을 잘 판단하여 결례를 범하는 일이 없도록 해야 한다.

- 식사 중 비즈니스에 관련한 이야기를 바로 꺼내기보다는 일본 경제에 대한 칭찬, 스포츠, 음식, 온천, 관광 등의 소재로 친밀감을 도모하는 것이 좋다.
- 일반적으로 일본인들의 식사비 지급은 더치페이식으로 하지만 식사에 초대받는 경우 초대한 측이 지급한다.
- 식사 초대를 받은 경우 식사 후 감사의 뜻으로 과자 같은 간단한 선물을 준비하는 것도 좋은 방법이다.
- 손수건은 일본말로 '테기레(手切れ)'라고도 하며, 테기레는 '절연'을 의미하는 말로 선물하지 않는다.
- 관계의 단절을 의미하는 칼, 불과 관계 있는 라이터, 재떨이 등도 선물하지 않는다.
- 4와 9(4=시='死', 9=구='苦'를 연상)의 숫자를 싫어하므로 선물할 때 주의가 필요하다.

7) 중국

인구 1,420,062,022명(2019년 1월 기준)
면적 9,596,961㎢
수도 베이징
언어 중국어
화폐 위안(¥)

(1) 문화 및 관습

- 중국 공산당원을 제외하고는 종교의 자유가 있으나 종교 선전이나 대형 종교 모임은 불가능하다.
- 외국인이 중국 내에서 선교 활동을 할 경우 당국의 허가를 받아야 하며, 무단으로 선교 활동을 하는 것은 금지되어 있다.
- 중국에서 정치문제, 국제관계 등에 대한 이야기는 하지 않는 것이 좋다.

- 중국인들은 자국과 자국 문화에 대한 자부심이 강하므로 역사, 음식, 국제적 위상 등의 대화 주제가 좋다.
- 중국 국가주석의 이름을 바로 말하지 않고 주석이라는 칭호를 꼭 붙여서 말한다.
- 사적인 질문을 하기도 하는데 이는 중국인들에게는 친근함의 표시이다.
- 중국인들은 체면을 중시하므로 보는 앞에서 '아니오'라고 말하는 것을 좋아하지 않는다. '고려 중이다' 등의 표현으로 완곡하게 표현하는 것이 좋다.
- 비즈니스상의 미팅에서 금방이라도 계약이 체결될 것처럼 호의적일지라도 이는 상대방의 체면을 살려 주기 위함임을 알아야 한다.

(2) 복장

- 중국 남성들은 정장을 입을 때 대부분 넥타이를 하지 않는다.
- 대부분의 중국인들은 복장의 브랜드를 크게 중시하는 편이다.
- 녹색 모자 착용은 '아내가 바람났다'라는 것을 의미하므로 주의해야 한다.

(3) 인사

- 중국인들은 첫 만남 때 고개를 숙여서 "니하오(妳好)/닌하오(您好)"라고 인사한다.
- 감사를 표시할 때는 살짝 고개를 끄덕여 "쎄쎄(謝謝)"라고 인사한다.
- 악수를 할 경우에는 윗사람이 먼저 청할 때까지 기다려야 한다.

(4) 선물

- 중국인에게 선물을 할 경우 유의할 품목이 있으므로 주의를 기울인다.

관계	적절한 선물	부적절한 선물
일반적인 관계	• 성의를 담은 과일·꽃·특산물 등	• 손수건·우산·시계·하얀 꽃은 눈물 혹은 죽음을 의미하므로 부적절함
비즈니스 관계	• 구하기 힘든 문화 관련 티켓 • 보기 드문 특산품	• 초면에 너무 고가의 선물을 하면 상대방에게 부담감을 줄 수 있고, 뇌물로 오해하는 경우도 있으므로 주의해야 함

- 선물을 받은 후에는 그 자리에서 바로 열어 보지 않는 것이 일반적이다.

(5) 식사

- 중국에서 대부분 비즈니스는 사교적인 식사 모임에서 이루어질 만큼 식사 모임은 매우 중요하다. 따라서 중국의 식사 예절을 숙지하여 결례를 범하는 일이 없어야 한다.
- 손님을 접대할 때는 반드시 술을 준비할 만큼 중국인에게 술 문화는 중요하다.
- 중국인들은 대화로 인한 친밀한 관계 형성을 중요하게 생각하므로 비즈니스의 본론으로 바로 들어가는 것은 바람직하지 않다. 따라서 식사나 술자리 등으로 좋은 관계를 형성하는 것이 좋다.

(6) 방문

- 춘절(음력 1월 1일), 노동절(5월 1일), 국경절(10월 1일)은 대부분의 업체가 장기 연휴에 들어가므로 중국 방문 시기로 적절치 않다.
- 우리나라의 구정에 해당하는 춘절 연휴부터 정월 대보름 사이에는 중국 국유기업 및 정부 기관의 업무가 정상적으로 이루어지지 않는 경우가 많다.
- 원단(1월 1일), 청명, 단오(음력 5월 5일), 노동절, 중추절 등의 법정 공휴일에는 3일 이상 휴무하는 곳이 많으므로 방문에 주의해야 한다.

8) 태국

인구 69,306,160명(2019년 1월 기준)
면적 513,120㎢
수도 방콕
언어 태국어
화폐 밧(Baht)

(1) 문화 및 관습

- 태국 국기의 세 가지 색(청색, 흰색, 붉은색)이 각각 왕, 불교, 그리고 국민을 의미할 만큼 왕과 불교를 중시하는 나라이다.
- 왕과 왕실에 대한 불경죄는 엄벌로 다스리도록 규정하고 있으므로 함부로 험담을 하지 않는다.
- 태국 왕과 왕비, 공주 등의 왕실 사진을 향해 손가락질하거나 모욕적인 행동을 하지 않는다.
- 태국의 영화관에서는 영화 상영 전에 국왕에 대한 찬가와 영상이 나오므로 자리에서 일어나 국왕에 대한 존경심을 표하는 것이 예의이다.
- 태국은 불교 국가로 불교 행사 기간 중 금주이므로 현지의 문화를 존중하고 따르는 것이 좋다.
- 불상을 신성시하므로 불상과 같은 상징물에 대해 공경을 표시해야 하고 함부로 만지지 않는다.
- 여성의 경우 지하철, 버스 등의 공공장소에서 승려 옆에 앉지 않고 엘리베이터에 동승하지 않는다.
- 민소매 상의, 짧은 반바지나 치마 등을 입고는 사원에 들어갈 수가 없으며, 법당에 들어갈 때는 신발을 벗는 것이 예의이다.
- 머리는 하늘을 향하므로 신성하게 여기고, 발은 땅을 딛고 있으므로 불결한 부위라는 인식을 가지고 있다. 따라서 사람의 머리를 만지거나 머리 위로 물건

을 건네는 행위는 금물이며, 발로 가리키거나 문을 닫는 등의 행위는 대단한 결례이다.

- 필요 이상으로 상대방을 오래 쳐다보는 것은 무례하게 여겨지고 싸움을 거는 것으로 받아들여질 수 있으므로 주의한다.
- 태국 사람의 집에 들어갈 때는 신발을 벗고 들어가되 문턱을 밟지 않도록 주의한다.
- 공공장소에서의 남녀 간 애정 표현에 대해 거부감을 가지고 있으므로 주의한다.
- 태국인들은 체면을 중시하고 다툼을 회피하려는 경향이 강하므로 큰 소리를 지르거나 화를 내는 행위, 과장된 손짓 등은 태국인의 정서에 맞지 않는다.
- 태국인들은 마찰이 생길 때 미소로 해결하며 분쟁하지 않는 것을 미덕으로 여긴다.
- 비즈니스 첫 만남에 있어 개인적인 사생활에 대해 물어보거나 이야기하는 것은 실례이다.
- 태국인들은 시간 개념에 있어 여유로운 마음을 가지고 있으나 비즈니스상에서는 정확한 것을 좋아함을 기억해야 한다.
- 상담 약속은 최소 1주일~1달 전에 서면으로 요청하는 것이 일반화되어 있다.
- 태국인들은 인맥을 매우 중요하게 생각하고 상대방을 존경하는 마음을 가지고 있다.

(2) 복장

- 비즈니스 시 복장으로 대부분 양복 상의를 착용하지 않는다. 주로 긴소매 드레스셔츠에 넥타이 차림을 한다.
- 공식적인 행사나 격식을 갖추어야 하는 자리에서는 양복 상의를 반드시 착용해야 한다.
- 비즈니스맨들이 출장 올 때 반소매의 드레스셔츠를 입고 오는 경우가 많은데, 긴소매의 드레스셔츠가 격식에 맞는다.

(3) 인사

- 태국인들은 첫 만남에서 정중한 대화와 많은 유머를 주고받는다.
- 두 번째 미팅은 식사에 초대하는 것이 좋다. 식사를 대접하는 경우는 점심이나 저녁이 좋다.
- 식사는 사적인 대화로 시작하는 것이 좋은데, 바로 사업 이야기를 꺼내는 것은 결례로 여긴다.
- 태국 사람들은 기도하는 자세와 같이 양 손바닥을 합장한 자세로 "싸왓디캅/싸왓디카"(안녕하세요)라는 말을 하며 목례를 한다. 일반적으로 손아랫사람이 먼저 하고, 손윗사람은 같은 자세로 이에 응답한다.

(4) 선물

- 관대함과 후함은 태국인들이 중요하게 생각하는 가치 중 하나이다. 따라서 태국인들은 서로 선물을 주고받는 일이 많다.
- 일상생활에서의 작은 다과류 선물, 비즈니스 미팅 시의 간단한 선물은 서로의 우호를 돈독히 하는 데 유용하다.
- 선물을 받았을 때, 그 자리에서 바로 뜯어보거나 선물의 가치에 대해 언급하는 것은 좋지 않다. 태국인들에게는 선물을 주고받는 그 자체가 의미 있고 고귀한 것이지, 내용물은 중요한 것이 아니기 때문이다.
- 어떠한 이유에서든 선물을 거절하거나 받은 선물을 되돌려주는 것은 큰 결례이다.
- 비즈니스상에서는 고급 술, 화장품, 문구류, 액세서리, 한국산 차(tea), 한국 전통 기념품 등이 적합하다.

(5) 식사

- 태국인들은 하루 세 끼 식사 중 저녁 식사를 중요시한다.
- 식사량이 적은 반면, 음료수, 과일, 과자, 떡 등 간식을 즐기는 편이다.

- 서로에게 간식을 권하는 것을 좋아하고, 음식점에서 여러 가지를 주문하여 같이 나누어 먹는다.
- 식사 초대를 받았을 경우 함께 계산하겠다는 의사 표시는 주최자에게 실례가 될 수 있으므로 주의한다.

9) 필리핀

인구 108,106,310명(2019년 1월 기준)
면적 300,800㎢
수도 마닐라
언어 타갈로그어, 영어
화폐 필리핀 페소((Philippine Peso)

(1) 문화 및 관습

- 비즈니스용 복장으로는 양복바지에 드레스셔츠, 넥타이가 정장으로 통용된다.
- 일반적으로 정장 상의는 입지 않아도 무방하다.
- 필리핀 전통 의상인 바롱 따갈로그(Barong Tagalog)를 입고 현지인과의 상담에 응한다면 친밀감을 전할 수 있다.
- 필리핀 사람들은 자존심이 센 편이므로 상대를 존중하는 자세를 보여야 한다.
- 가톨릭 국가로서 종교상 이유로 특별히 금기시되는 사항은 없다.

필리핀 남성 전통 의상(Barong Tagalog)

출처: https://www.kotra.or.kr

- 상대에게 화를 내거나 언성을 높이는 것은 매우 모욕적이며 자존심에 상처를 주는 일로 간주되므로 주의해야 한다.
- 손가락이나 손으로 탁자를 두드리는 것은 여성에 대한 모욕의 의미가 될 수 있

으므로 삼간다.

- 필리핀의 경우 통상 4월(부활절), 12월(크리스마스, 연말 모임)에는 의사 결정권을 지닌 기업주들이 해외 휴가를 즐기기 때문에 비즈니스상 미팅을 잡을 때 유의해야 한다.

(2) 인사

- 영어 인사가 무방하나 친밀감을 위해 간단한 인사 정도는 현지어를 사용하는 것도 좋다.
- 상담자의 나이가 많거나 여성인 경우 먼저 악수를 청할 때까지 기다린다.
- 친한 여성들끼리는 가벼운 포옹과 함께 양 볼에 가볍게 입을 맞추는 인사를 하기도 한다.
- 필리핀 전통에는 웃어른을 공경하는 의미로 마노 뽀(Mano Po)라는 인사를 하는데, 이는 아랫사람이 웃어른의 손등을 자신의 이마에 갖다 대는 것이다. 이는 비즈니스상에서는 적합하지 않으나 일상에서 할 수 있는 친근하고 정중한 인사이다.
- 필리핀인들은 사회적 지위에 예민하기 때문에 상대가 의사 또는 변호사 등인 경우 공식적인 호칭을 사용하여 불러 주는 것이 좋다. 예를 들면 Doctor Aquino(아키노 의사), Attorney Rodriquez(로드리게즈 변호사) 등으로 부른다.

(3) 선물

- 신뢰 관계가 구축되기 전에 고가의 선물을 주는 것은 뇌물로 여기므로 주의한다.
- 한국 전통차, 인삼 관련 제품, 전통 기념품 등 가격이 높지 않은 한국의 기념품 등을 선물하는 것이 좋다.
- 크리스마스와 연말에는 거래처나 관계자에게 선물하는 것이 관례이다.
- 선물을 받았을 경우 바로 열지 않고 선물을 준 사람이 없는 자리에서 확인하는 것이 예의이다.

(4) 약속

- 미팅 약속을 한 달 전에 잡기도 하므로 미팅 2~3일 전에 상대와 일정을 다시 한번 확인하는 것이 좋다.
- 필리핀 사람들은 약속 시간에 늦는 것을 큰 결례로 여기지 않으나 비즈니스맨들은 시간 엄수의 중요성을 알고 있으므로 비즈니스 미팅 시 정확한 시간 약속을 지켜 주는 것이 좋다.
- 필리핀의 근무 시간은 보통 오전 8~9시에서 오후 5~6시이나 늦게 출근하거나 일찍 퇴근하는 일, 점심시간에 자리를 오래 비우는 일 등이 잦으므로 약속 시간을 정할 때 유의한다.

10) 호주

인구 25,088,636명(2019년 1월 기준)
면적 7,680,000㎢
수도 캔버라
언어 영어
화폐 호주 달러(AUD, A$)

(1) 문화 및 관습

- 호주는 개인주의 사회이므로 비즈니스상에서도 개인주의 원칙을 철저하게 지킨다. 따라서 자신의 개인 생활을 보호받는 것을 당연한 권리와 의무로 생각한다.
- 모든 업무는 월요일부터 금요일, 일반적인 근무 시간에 이뤄지며, 특별한 경우를 제외하고는 오후 5시가 되면 어김없이 퇴근한다.
- 누구도 타인의 자유 시간을 침해하려 하지 않기 때문에 근무 시간이 끝난 후 거래처를 따로 접대하거나 향응을 제공하는 것을 좋아하지 않는다.

- 같은 동료들 간에도 개인적인 질문은 일체 하지 않는다. 따라서 초면에 개인적 질문을 하는 것은 대단한 실례가 될 수 있다.

(2) 선물

- 호주인들은 고가의 선물이나 상품권 등을 주고받는 일은 없다.
- 와인, 차(tea), 초콜릿 등의 가벼운 선물이 적합하다.

(3) 약속

- 면담이나 협상은 반드시 최소 2주 전 사전 약속을 하는 것이 좋다.
- 주중 저녁 시간, 금요일 오후, 주말 약속은 피한다.

REVIEW

1. 아시아/대양주의 여러 나라들 중 비즈니스적으로나 개인적으로 방문할 혹은 방문하고 싶은 나라의 문화와 매너에 대해 설명해 보세요.

Quiz

Q1 말레이시아의 전통 의상은 무엇인가요?

Q2 압축된 양털과 천으로 덧씌운 천막집인 몽골의 전통 가옥을 무엇이라고 하나요?

Q3 인도에서 사용하는 전통적인 인사말은 무엇인가요?

2 유럽

1) 독일

인구 82,438,639명(2019년 1월 기준)
면적 357,376㎢
수도 베를린
언어 독일어
화폐 유로(EUR)

(1) 문화 및 관습

- 독일인들은 과거 역사에 대한 올바른 인식과 비판적 사고 교육으로 인해 나치 상징 표시는 터부의 대상이며 법적으로 사용을 금지하고 있다. 따라서 독일인이 민감하게 반응할 수 있는 독일의 과거사, 나치 관련 이야기, 정치 문제 등은 꺼내지 않는 것이 좋다.
- 독일의 경우 종교적 관습이 매우 엄격한 문화권에 비해 금기시하는 문화적인 관습이 많지 않은 편이다.
- 독일은 종교, 정치, 인종, 성별에 따른 관용과 존중을 중요하게 생각하는 나라이므로, 타인의 성향에 대해 비하하지 않는다.
- 독일인들은 돈, 나이, 결혼 여부, 체중, 신장 등과 같은 개인 신상에 관한 질문을 큰 실례라고 생각하므로 대화 시 주의하는 것이 좋다. 이에 벗어나는 행동을 할 경우 상대에게 불쾌감을 줄 수 있다.
- 비즈니스 파트너와 상당히 거래가 진전되었다 할지라도 개인적인 질문이나 농담은 자제하는 것이 좋다.
- 독일인은 지나치게 감정 표현을 하는 것을 좋지 않게 생각하므로 지나친 감정 표현은 자제하는 것이 좋다.

- 저녁 8시 이후나 휴일에는 청소기 돌리기, 슬리퍼 끌기 등 이웃집에 소음을 유발하는 행위는 부정적으로 비춰지므로 주의한다.
- 독일인들은 만취한 모습을 상대에게 보이는 것을 대단한 실례로 생각하므로 음주 매너를 지키는 것이 좋다.
- 독일인들은 사생활과 공적인 생활을 분명하게 구분하는 것을 좋아한다. 퇴근 후 일을 하지 않는 것, 휴가 중 일을 하지 않는 것 등을 엄격히 지킨다. 따라서 업무 외 시간에 업무적인 통화를 하지 않도록 주의한다.

독일 문화에서 손짓-몸짓의 의미

- 한국과 비교해서 차이를 보이는 독일의 제스처는 중지를 위로 세우는 것, 검지로 머리 윗부분 옆쪽을 톡톡 치는 것, 손바닥을 얼굴 앞에 두고 흔드는 것 등을 상대방에게 모욕감을 주는 행위로 여기므로 사용하면 안 된다.
- 검지를 관자놀이 부분에 대는 제스처는 한국에서는 골똘히 생각하는 의미이지만 독일에서는 '멍청하다' 내지 '너 제 정신이냐'는 뜻이므로 무례한 행동으로 받아들여진다.
- 독일인들은 손바닥을 위로 해서 손짓하는 방법으로 사람을 부른다. 한국인들은 이를 불쾌하게 여길 수 있으나 오해하지 말아야 한다.
- 손가락으로 사람을 가리키는 것도 무례한 행동으로 간주되므로, 반드시 손을 펴서 손바닥을 위로 가게 해야 한다.
- 독일인들은 감정을 절제하는 편이므로 성급한 제스처나 큰 동작은 불안하고 과장된 사람으로 보일 수 있다. 따라서 지나친 손동작보다는 차분하고 온화한 모습으로 대화하는 것이 좋다.
- 대화 중 머리카락을 만지는 행동, 코를 만지는 행동, 웃을 때 손으로 가리는 행동, 대화 중 상대의 손을 살짝 치거나 상대를 건드리는 행동 등은 무례하게 보일 수 있다.
- 독일인들은 신체적 접촉을 꺼리는 편이기 때문에 상대의 어깨를 가볍게 치는 등의 친근감을 표시하는 행동도 자제하는 것이 좋다.

(2) 복장

- 독일에서는 비즈니스상 첫 미팅이나 공식적인 자리에서는 정장 차림이 꼭 필요하다.
- 안면이 있는 사이인 경우나 공식적인 자리가 아니라면 편안한 평상복 차림도 상관없으며, 캐주얼 정장 차림이 더 적합하다.

(3) 인사

- 공식적인 만남에서의 인사는 남녀를 불문하고 악수이다.
- 악수를 할 때, 다른 손을 호주머니에 넣고 있어서는 안 되며, 서로 시선을 마주치며 몇 초간 손을 꽉 잡는다. 약한 악수는 자신감이 없다고 생각하므로 첫인상에 부정적 영향을 미칠 수 있다. 따라서 간결하고 자신감 있는 모습으로 손을 꽉 잡는 것이 좋다.
- 엘리베이터를 탈 때에도 이미 타고 있는 사람에게 가볍게 인사하는 것이 예의이며, 실내의 좁은 공간을 지날 때에도 만나는 사람들과 "Hallo(할로)" 내지 "Guten Tag(구텐 탁)"이라고 가볍게 인사를 나눈다.
- 모르는 사람의 인사에 응대하지 않는 것은 상대를 무시하는 것으로 받아들여지므로 만나는 사람들의 인사에 응대하는 것이 좋다.
- 독일에서는 인사할 때 고개를 숙이지 않으며, 상대가 어디를 가는지, 식사를 했는지 여부를 묻지 않는다.
- 독일에서는 상대방이 허락하지 않은 경우, 이름을 부르지 않는 것이 예의이다. 보통 성 앞에 Herr(Mr.) 또는 Frau(Miss, Ms, Mrs.)를 붙이는 것이 예의이며, 직함이나 학위가 있는 경우에는 Herr, Frau 뒤에 직함이나 학위 칭호를 넣어 부른다.
- 개인의 직함을 사용하지 않거나, 잘못 칭하는 것은 큰 실례로 여기므로 명함을 참고하여 상대의 직함을 명확히 불러 주는 것이 좋다.
- 사소한 일에도 "당케(Danke)"라고 고맙다는 인사를 하고, 가볍게 부딪쳤을 때에도 "엔슐디궁(Entschuldigung)"이라는 말을 하는 것이 관례이다.

(4) 선물

- 독일에서는 일반적으로 비즈니스상 선물을 주고받는 것이 보편화되어 있지 않다.
- 값비싼 선물은 역효과를 가져올 수 있으므로 한국 차(tea), 전통 기념품, 부채, 열쇠고리 등의 부담이 없는 선물을 사전에 준비해 전달하는 것이 좋다.
- 만약 한국에서 선물을 미리 준비하지 못했다면 10유로 이하인 레드와인 한 병

정도가 적당하다.

- 꽃 선물은 포장하지 않고 홀수로 하되, 13송이는 13일의 금요일처럼 불길한 징조로 여기므로 삼가는 것이 좋다.
- 독일인들은 붉은 장미를 사랑하는 사람에게만 선물하는 것이 관습이므로 함부로 선물하지 않는다.
- 흰색, 검정색, 갈색은 장례식을 연상케 하므로 선물 포장지로 적합지 않다.
- 선물은 상대방이 보는 앞에서 푸는 것이 예의로 여겨진다. 따라서 상대방이 보는 앞에서 선물을 풀어 기쁨과 감사를 표현하는 것이 좋다.

(5) 약속

- 독일인은 약속을 매우 중요시한다. 협의된 사항이나 상담 약속 등을 소중히 생각하고 지키는 편이다. 따라서 독일인과의 약속은 특별한 경우가 아닌 한 가급적 변경하지 않는 것이 좋다.
- 피치 못할 사정으로 약속을 변경할 경우에는 사전에 충분한 설명으로 양해를 구해야 하며, 마지막 순간에 약속을 취소하는 행위는 매우 무례한 행위로 간주된다.
- 독일은 출퇴근 시간이 일괄적이지 않고 탄력 근무를 하는 사람이 많으므로 비즈니스상 미팅일 경우 근무 시간을 잘 확인하는 것이 좋다.
- 7~8월, 연말 연초, 부활절 및 방학 시즌에는 비즈니스상 미팅이 어려울 가능성이 매우 크므로, 이 기간은 되도록 피하는 것이 좋다.
- 비즈니스상 미팅 시에는 사적인 대화의 비중이 매우 적은 편이며 업무 협의만 하고 빨리 일을 매듭지으려는 성향이 강하다.
- 독일인들은 직접적이고 진솔하기 때문에 원하는 바가 무엇인지 정확하게 이야기하는 것이 좋다. 직설적으로 말하는 것은 독일인들에게 실례가 아니며 침묵하는 것이 오히려 부정적인 인상을 줄 수 있다.

(6) 식사

- 독일인들은 저녁 시간을 대부분 가족과 보내고 싶어 하기 때문에 업무상 식사 약속이라면 가능한 한 점심시간을 이용하는 것이 좋다.
- 독일인들은 억지로 음식이나 술을 권하지 않는다.
- 상대방의 술잔을 채워 주는 것도 상대를 어린아이 취급하는 것으로 여기므로 하지 않는 것이 좋다.
- 독일의 테이블 매너는 일반적인 서양의 테이블 매너와 같다.
- 술이나 물을 따를 때 병이 잔에 닿지 않도록 해야 한다.
- 독일인들은 즐겁게 식사하는 것을 즐기므로 휴가 계획, 날씨, 스포츠(특히 축구), 취미, 관심사 등의 가벼운 주제를 가지고 대화하며 식사하는 것이 좋다.
- 독일인들은 다양한 국가의 음식을 선호하므로 특별히 금기할 것은 없으나 채식주의자가 많기 때문에 초대를 한다면 식당을 정하기 전 미리 확인하는 것도 좋은 방법이다.
- 웨이터 등 식당 종사자를 부를 때 손가락을 튕기거나 큰 소리로 부르는 것은 기본 에티켓을 지키지 않는 것으로 간주되므로 조용히 눈을 맞추며 기다렸다가 도움을 청하는 것이 좋다.
- 팁은 통상적으로 음식 가격의 5~10%를 지불하며, 거스름돈을 종업원에게 주는 정도가 보통이다. 카드로 음식값을 지불했다면 팁은 따로 주는 경우가 보통이다.
- 독일인들이 비즈니스 파트너를 집에 초대하는 경우는 드물다. 만약 초대를 하였다면 호의와 친밀감의 표시이므로 응하도록 한다. 집에 방문할 때는 꽃, 초콜릿과 같은 작은 선물을 가져가는 것이 예의이다.

2) 스웨덴

인구 10,053,135명(2019년 1월 기준)
면적 449,964㎢
수도 스톡홀름
언어 스웨덴어
화폐 스웨덴크로나(SEK)

(1) 문화 및 관습

- 스웨덴 사람들은 신용과 진실, 약속 등을 중요하게 생각한다.
- 남녀, 노소 간 우대나 차별은 없다.
- 비즈니스상 방문한 손님이라도 커피나 음료는 각자가 원하는 음료를 선택해서 회의 테이블로 가져가는 것이 일반적인 관례이다.
- 스웨덴 사람은 일반적으로 차분하며 논리적이므로 조용하게 대화하는 것이 좋다.
- 스웨덴 사람들은 의사결정을 신중하게 하는 편이므로 일처리가 오래 걸리거나 회신이 늦더라도 기다리는 여유가 필요하다.
- 스웨덴은 높은 무역의존도로 국제화에 개방적이므로 열린 마음으로 타국의 문화를 잘 받아들이며 다른 유럽 국가에 비해 격식이 없는 편이다.
- 스웨덴 사람들은 인사를 할 때 악수를 하며 서로의 이름을 부르는 것이 일반적이다. 성이 아닌 이름만을 사용해도 무례하게 생각하지 않는다.
- 스웨덴어에는 Mr., Ms 등과 같은 호칭이 없기 때문에 호칭은 거의 사용하지 않는다.
- 비즈니스상 만남의 경우, 개인적인 관계보다는 비즈니스에 더 관심이 있으므로 업무 이외의 대화는 기대하지 않는 것이 좋다.
- 상대방에게 너무 가까이 다가서거나 신체 접촉을 하는 것을 피한다.

(2) 복장

- 스웨덴 사람들은 복장에 크게 구애받지 않으므로 예의에 어긋나지 않는 단정한 복장이면 충분하다.
- 공식 석상과 같은 중요한 자리는 반드시 정장 차림이 요구된다.

(3) 인사

- 인사는 보통 밝게 웃으며 악수를 하며 인사말을 건네는 방식이 보편적이다.
- 친한 사이의 경우, 포옹(스웨덴어로 크람, kram)을 하며 반가움을 표시하기도 한다.

(4) 약속

- 스웨덴 사람들은 대체적으로 약속을 잘 지키므로 상대방의 시간 엄수도 매우 중요하게 생각함을 기억해야 한다.
- 스웨덴 기업은 구성원 각각이 매우 바쁜 편이므로 상담 약속을 위해서는 최소한 2주 전에 하는 것이 좋다.
- 스웨덴 사람들은 방문 목적이 명확하지 않은 의례적인 미팅은 사전에 철저하게 거절하는 관행이 있다.

3) 스페인

인구 46,441,049명(2019년 1월 기준)
면적 505,963㎢
수도 마드리드
언어 스페인어
화폐 유로(Euro)

(1) 문화 및 관습

- 스페인 정부, 정치, 역사, 분쟁 이야기 등은 대화 소재로 적합지 않다.
- 프라이버시를 중시하므로 친밀감을 높이겠다는 의도로 사적인 질문을 하는 것은 절대 삼가야 한다.
- 스페인 사람들은 대화 시 눈을 마주치며 몸짓과 손짓을 활발하게 하며 대화하는 편이다. 따라서 호주머니에 손을 집어넣고 상대의 이야기를 듣는 것은 무례하게 보일 수 있으므로 주의한다.
- 스페인 사람들은 뭔가 강조할 필요가 있을 때는 손으로 테이블을 탕탕 내리치는 등의 손동작으로 감정을 표현한다.
- 'OK'라는 의미로 많이 쓰이는 집게손가락과 엄지손가락의 끝을 합쳐 원을 만드는 행동은 스페인에서는 음란한 표현이기 때문에 삼가야 한다.
- 사람을 부를 때는 반드시 손바닥을 아래로 하고 손 전체를 흔들어 사람을 불러야 한다.
- 스페인에서는 누군가를 부를 때, 직함 없이 상대의 이름을 부른다.
- 보통 사람의 이름 앞에 남성은 Señor(쎄뇨르), 여성은 Señora(쎄뇨라), Señorita(쎄뇨리따)를 붙인다.

(2) 복장

- 스페인 사람들은 격식을 중요하게 여기므로 처음 만나는 자리이거나 중요한 미팅인 경우에는 반드시 정장 차림을 하는 것이 좋다.
- 유럽 사교 모임에서의 정장에는 다양한 드레스 코드가 있으므로 사전에 드레스 코드를 확인해서 의상을 준비해야 한다.
- 여성의 경우 한국식 정장 차림으로 저녁 모임에 가는 것은 낯설게 느껴질 수 있으므로 정장 원피스나 칵테일 드레스 등을 사전에 준비하는 것이 좋다.

(3) 인사

- 스페인의 인사는 악수, 포옹, 도스 베소스(dos besos) 등의 인사법이 있다.
- 비즈니스 만남이나 첫 만남에서 가장 일반적인 인사법은 악수이다. 악수를 할 때는 서로의 눈을 마주치는 것이 좋다.
- 포옹은 친밀한 사이에서 행하는 인사법으로 막역한 사이인 경우 남성들 사이에서도 사용한다.
- 두 번의 키스라는 의미의 '도스 베소스(dos besos)'는 양쪽 뺨을 번갈아 맞대면서 가볍게 '쪽' 소리를 내는 인사법이다. 상대방이 도스 베소스로 인사할 경우 당황하거나 거부의 표현을 하지 않는 것이 좋다.

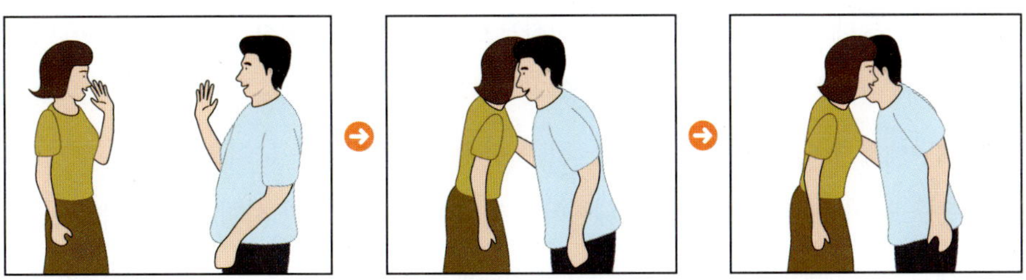

상대방과 눈을 마주치고 알은체한다. → 서로 오른쪽 볼을 맞대며 가볍게 '쪽' 소리를 낸다. → 맞은편에도 똑같이 한다.

스페인 인사(dos besos) 순서

(4) 선물

- 스페인에서는 비즈니스와 관련해 일반적으로 선물을 주고받지 않는다.
- 비싼 선물은 상대에게 부담을 주어 오히려 역효과를 낼 수 있으므로 한국의 기념품, 중저가 와인, 꽃, 초콜릿 등의 작은 선물이 좋다.
- 크리스마스와 신년에 마음을 담은 카드를 보내는 것도 효과적이다.
- 비즈니스 파트너의 집으로 식사 초대를 받은 경우에는 반드시 선물을 준비한다.

(5) 약속

- 기업, 공공 기관을 방문하기 위해서는 사전 약속이 필수이다.
- 스페인은 통상적인 근무 시간을 지키지 않고 탄력 근무를 하는 경우가 있으므로 비즈니스 약속을 잡을 때는 미리 확인을 하는 것이 좋다.
- 스페인 사람들은 시간 개념이 철저한 편이므로 한번 정해진 약속은 가급적 지키는 것이 바람직하다.

(6) 식사

- 스페인 사람들은 식사 시간을 매우 중요하게 생각하며, 하루 2~3시간씩 긴 시간을 갖는다.
- 통상적인 점심은 2~4시, 저녁은 9~11시에 이루어진다.
- 식사 중 대화하는 것을 매우 중시하므로 음식에만 집중하지 말고 적절한 대화 소재를 미리 준비해 가는 것이 좋다.
- 식당에서 웨이터를 크게 부르는 것은 실례이며 웨이터와 눈이 마주쳤을 때 살짝 손을 들어 의사를 표시한 후 웨이터가 가까이 오면 필요한 사항을 얘기해야 한다.
- 계산을 할 때에는 자리에 앉아서 웨이터에게 물어보고 그 자리에서 계산한다.
- 스페인은 팁 문화가 발달되지 않아 대략 남는 동전만 놓고 나와도 된다.
- 스페인 사람들은 우리나라 사람들처럼 술을 많이 마시지는 않으므로, 와인 한두 잔 정도가 적당하다.
- 나이와 관계없이 와인, 물, 음료는 한 손으로 따르고 한 손으로 받는다.

4) 영국

인구 66,959,016명(2019년 1월 기준)
면적 243,610㎢
수도 런던
언어 영어
화폐 파운드(Pound)

(1) 문화 및 관습

영국 문화에서 매우 중요한 5가지는 다음과 같다.

영국 문화에서 매우 중요한 것

1 queueing
줄서기(queueing)를 지키는 일은 영국에서 중요한 문화 중의 하나이다. 단, 줄을 설 때는 앞 사람과 지나치게 붙지 않아 사적인 공간을 유지할 수 있도록 배려하는 것이 필요하다.

2 P.B.A.B.
P.B.A.B.는 'Please Bring A Bottle'을 가리키는 약자이다. 파티 초대장에 PBAB라고 쓰여 있으면 자기가 마실 술은 직접 준비해 오라는 뜻이므로 자신의 주량에 따라 적당히 준비해 가면 된다.

3 R.S.V.P.
R.S.V.P.는 불어 'Repondes s'il vous plait(답장해 주십시오)'의 줄임말이다. 'please reply'라는 뜻이므로 초대장에 R.S.V.P.라고 쓰여 있다면 참석 여부를 일찍 회신해 주는 것이 좋다.

4 be on time
영국인들은 약속 시간을 아주 잘 지키는 편이다. 따라서 정해진 약속은 반드시 지키는 것이 상대에게 호감을 줄 수 있다.

5 Sorry/Excuse me/Thank you/Please
영국인들은 사소한 일에도 Sorry/Excuse me/Thank you/Please라고 말한다. 영국인들과의 관계에서 자주 사용하는 것이 좋다.

https://www.engvid.com 참고

(2) 복장

- 복장은 보수적인 편으로 검정, 진한 감색, 진한 회색과 같은 어두운 색상의 옷을 주로 입으며, 전통적인 세로의 가는 줄무늬도 자주 착용한다.
- 금요일에는 스마트 캐주얼(smart casual)을 허락하는 회사들도 있으나, 비즈니스 미팅에는 반드시 전통적인 정장 착용이 좋다.
- 고급 호텔이나 음식점에서는 정장을 착용해야 하는 경우가 있으므로, 예약 후 드레스 코드에 대해 기본적으로 문의를 하는 것이 좋다.

(3) 인사

- 영국인들은 제3자를 통해서 소개받는 것을 좋아하나 만약 상황상 어렵다면 스스로 자신을 소개하는 것이 좋다.
- 보통 남성끼리는 자연스럽게 악수하며 상대 여성과는 주로 유럽식 인사(양쪽 뺨을 번갈아 가며 대고 '쪽' 하고 소리를 내는 인사)나 가벼운 악수를 건넨다.
- 영국 사회는 무슬림, 유대인 등 종교적·민족적으로 다양한 사람들이 존재하므로 비즈니스 석상에서도 악수 등을 청하기 전, 상대에게 괜찮은지 먼저 물어보는 것이 예의이다.
- 인사를 할 때에는 날씨와 같은 흔한 주제에 대해 짧은 담소를 나누는 것이 좋고, 개인적인 질문은 피하는 것이 바람직하다.
- 영국에서는 신분에 따른 호칭을 제대로 부르는 것이 매우 중요하다. 친한 사이에는 주로 이름을 부르지만 처음부터 이름을 부르면 큰 실례이므로, 상대방이 이름을 부르자는 제안을 할 때까지 기다리도록 한다.
- 일반적으로 성 앞에 남성의 경우는 Mr. 여성의 경우는 결혼 관계가 확실치 않을 시 Ms라는 호칭을 붙인다.

(4) 선물

- 영국인들은 보통 사업상 파트너나 동료들과는 선물을 주고받지 않는다.
- 비즈니스상 계약 체결 등 기념할 일이 있다면 선물을 하는 것도 좋다. 이 경우에는 기념 문구를 담은 펜, 책, 와인, 샴페인, 공연 티켓 등이 좋은 아이템이 될 수 있다.
- 크리스마스, 연말연시의 경우 카드를 보내는 것이 좋다.
- 만약 영국인으로부터 선물, 식사 초대 등을 받았다면 감사 카드를 보내거나 상대를 초대하여 답례하는 것이 바람직하다.
- 영국 가정에 초대받았을 경우 와인, 꽃, 초콜릿 등을 선물한다.
- 꽃의 경우 빨간 장미, 하얀 백합 또는 국화는 피하도록 한다.

(5) 약속

- 반드시 사전 약속을 한 후 회사를 방문하는 것이 매너이다.
- 비즈니스상 방문 약속은 보통 오전 11시~오후 4시 사이에 하는 것이 좋다.
- 약속 시간은 반드시 지켜야 하며, 만찬이나 리셉션과 같은 초대는 너무 일찍 도착하는 것보다는 정시나 약간 늦게 도착하는 것이 좋다.

(6) 식사

- 펍(Pub)에서는 선 채로 이야기하며 맥주를 마시는 것을 좋아하며 푸짐한 안주보다는 땅콩, 칩스 등과 같은 간단한 안주를 선호한다.
- 상대방을 식사에 초대할 때에는 비슷한 환경과 직급의 사람들을 초대한다. 식사 초대 자리에서 사업과 관계된 이야기는 가급적 하지 않는다.

5) 이탈리아

인구 59,216,525명(2019년 1월 기준)
면적 301,333㎢
수도 로마
언어 이탈리아어
화폐 유로(Euro)

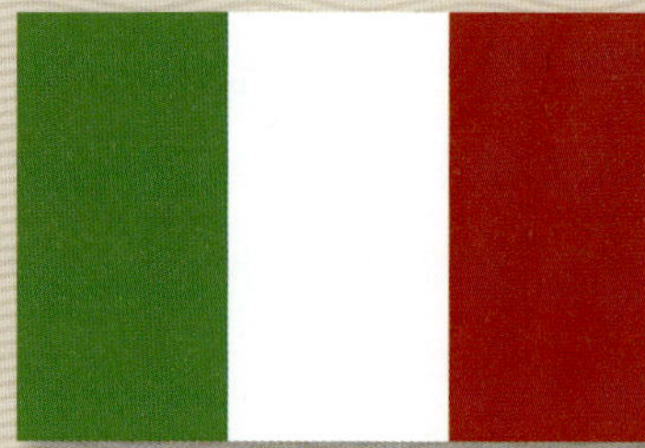

(1) 문화 및 관습

- 특별한 금기 사항은 없으나 정치, 종교와 같은 소재보다는 이탈리아 문화, 역사, 요리 등에 관한 대화 소재가 좋다.

(2) 복장

- 이탈리아는 장소와 용무에 적합한 의복 착용을 매우 중시한다.
- 비즈니스 미팅 시에는 반드시 정장 차림으로 참석하는 것이 상대에 대한 예의이다.

(3) 인사

- 비즈니스 관련 만남 시 상대방의 눈을 응시하고 손은 자신 있게 잡아 확신과 자신감을 보여 주는 것이 중요하다.
- 악수를 할 때, 본인의 이름을 말하며 간단한 자기소개를 하는 것이 일반적이다.

(4) 선물

- 고가의 선물보다는 실용적이고 의미가 있는 선물을 선호한다.
- 업무와 연관이 있는 제품, 기념품, 공예품, 특산물 등과 같은 아이템이 좋다.

(5) 약속

- 이탈리아인들은 낙천적인 기질의 소유자이지만 비즈니스 상담 시 정확한 시간 약속을 선호한다.
- 약속은 사전에 미리 해야 하며, 약속 시간보다 일찍 도착하여 상대방에게 신뢰감을 주는 것이 좋다.

(6) 식사

- 자국 요리 문화에 대한 자부심이 높은 만큼 현지 요리에 대한 소재로 대화를 하는 것도 좋은 방법이다.
- 식사 매너는 일반적인 서양식 테이블 매너를 따른다.
- 일반적으로 점심은 오후 1~2시, 저녁은 오후 8~10시에 한다. 저녁 식사 자리는 길어질 수 있으므로 피곤한 내색을 보이지 않는다.

6) 프랑스

인구 65,480,710명(2019년 1월 기준)
면적 657,417㎢
수도 파리
언어 프랑스어
화폐 유로(Euro)

(1) 문화 및 관습

- 프랑스 사람은 상대방에게 무엇인가를 가르쳐 주기를 좋아하고 문제에 대한 해결책을 찾는 데 매우 적극적이다.
- 프랑스 사람들은 있는 그대로의 사실과 본질을 중시한다.
- 프랑스 사람들은 체면보다는 정확하고 솔직하게 말하는 것을 좋아한다.

- 프랑스 사람들은 의문 사항이 있으면 꼼꼼히 메모했다가 질문하기를 주저하지 않는다.
- 업무에 대한 준비를 철저히 하며 하나씩 일을 꼼꼼히 처리하며 장기적으로 판단하는 성향이 있다.
- 비즈니스 미팅을 친근한 분위기보다는 문서로 남기고 정확하게 처리하려 한다.
- 업무상 서류 등도 느긋하게 꼼꼼히 검토하고 회사 내부의 의견 조율 과정을 거치므로 시간이 오래 걸린다.
- 프랑스인은 약속을 매우 중요시한다. 회의 및 상담 약속은 사전에 잡고 반드시 지켜야 한다.
- 프랑스인들은 직접적이고 진솔하며, 원하는 바가 있으면 명확하게 이야기한다.
- 프랑스인을 설득하려면 감성에 호소하기보다는 객관적인 데이터나 그래프 또는 자료 등을 제시하는 것이 더 효과적이다. 프랑스인들은 논리적·분석적 사고방식을 갖고 있기 때문이다.
- 프랑스인들은 신체적 접촉을 싫어한다. 악수 외의 신체 접촉은 피해야 한다.

(2) 복장

- 프랑스인들은 보수적인 편이므로 비즈니스 미팅 시에는 정장 차림이 바람직하다.
- 복장에 관심이 많으므로 편안한 자리일지라도 청결하고 깔끔한 의상을 준비하는 것이 좋다.

(3) 인사

- 공식적인 만남에서 일반적으로 인사는 남녀를 불문하고 악수를 한다.
- 남녀 간에 인사하는 경우, 서로 잘 아는 친숙한 관계이면 양 볼을 한 번씩 교대하는 프랑스식 인사인 비주(bisous)를 한다.
- 안면은 있으나 아주 친숙하지 않은 경우에는 악수를 하면서 양 볼을 맞대는 것이 일반적이다.

- 초면인 경우에는 악수만으로 끝내는 것이 예의이다.
- 식사 자리에서나 여럿이 모인 자리에서 말없이 묵묵히 있으면 불만을 가졌거나 상대방을 무시한다고 오해받을 소지가 많으므로 대화에 잘 참여하는 것이 좋은 인상을 줄 수 있다.

(4) 선물

- 프랑스에서는 비즈니스와 관련해 일반적으로 선물을 주지 않는 것이 관례이다.
- 값비싼 선물은 뇌물로 오인되어 역효과를 가져올 수 있으나 부담 없는 선물은 예의에 어긋나지 않는다.
- 한국의 기념품, 전통 공예품, 초콜릿 등이 적당하다.
- 프랑스 사람들은 상대방 국가의 회사 로고가 박힌 선물을 생각보다 좋아하지 않는다.

(5) 식사

- 프랑스식으로 식사를 하는 경우 식당에 사전 예약, 식당 수준에 맞는 복장은 필수적이다.
- 특별한 경우를 제외하고 비즈니스 조찬은 흔치 않으며 영미권에 비해 부부 동반 모임은 적은 편이다.
- 프랑스인들의 식사 매너는 까다로운 편이므로 식사 매너를 잘 익혀 결례가 되지 않도록 주의한다.
- 식사 장소에서는 남녀가 옆자리에 앉도록 배치하는데, 남자가 옆자리의 여자를 배려하면서 대화도 엮어 나가고 음료수 및 음식 등을 서빙해 주는 것을 매너로 여긴다.
- 집으로 초대되었을 때에는 음식을 돌려 가며 각자가 적당한 양을 덜어 먹는 것이 전통이다.
- 서빙을 할 때는 옆자리의 여성을 먼저 서빙하는 것이 예의이다.

- 주인이 더 먹으라고 권유할 때 처음에는 사양하는 것이 예의이고, 두 번째 권유할 때는 사양하지 말고 받아서 조금만 덜어 먹는다.
- 음식은 접시에 남기지 않는다. 이는 초대한 여주인에 대한 예의에 어긋나는 행위로 여겨지므로 양을 잘 조절해서 남기지 않도록 조심해야 한다.
- 프랑스의 미식(美食) 문화(gastronomic meal of the French)는 유네스코 인류 무형 문화유산으로 등재될 만큼 유명하다.

프랑스의 미식(美食) 문화

- 프랑스의 미식(美食) 문화는 단체나 개인의 중요한 순간을 축하하기 위한 사회적 관습이다.
- 프랑스의 미식은 사람들이 함께 모여 맛있게 먹고 마시는 기회를 갖는 잔치 같은 식사로서, 단란함과 맛의 즐거움, 인간과 자연 산물의 조화를 강조한다.
- 미식 문화의 중요한 요소로는 신중하게 요리 고르기, 어울리는 풍미를 가진 좋은 재료 구입하기, 음식에 어울리는 와인 고르기, 식탁 아름답게 차리기, 음식을 먹는 동안의 행동 등이 포함된다.
- 미식 문화는 '아페리티프(반주, 본 식사 전의 음료)'로 시작해 리큐어로 끝을 내며, 그 사이에 적어도 4가지 코스(전채 요리, 야채를 곁들인 생선 및 육류, 치즈와 디저트)가 이어진다.
- 프랑스인들은 미식 식사를 할 때 가족과 친구들이 둥글게 원을 이루어 가까이 앉아 음식을 먹으며 대화를 나누면서 사회적 유대를 강화한다.

출처: www.unesco.org

REVIEW

1. 유럽의 여러 나라들 중 비즈니스적으로나 개인적으로 방문할 혹은 방문하고 싶은 나라의 문화와 매너에 대해 설명해 보세요.

Quiz

Q1 검지를 관자놀이 부분에 대는 제스처는 한국에서는 골똘히 생각하는 의미이지만 (　　　)에서는 '멍청하다' 내지 '너 제 정신이냐'는 뜻이다.

Q2 스페인에서 양쪽 뺨을 번갈아 맞대면서 가볍게 '쪽' 소리를 내는 인사를 (　　)라고 한다.

3 북미

영어권 문화의 일반적인 매너는 다음과 같다.

Good Manners What to Say and Do	Bad Manners What NOT to Say or Do
• Please	• Loud voice
• Thank you	• topics
• Sorry	• money
• Excuse me	• personal
• Good morning	• yourself
• How are you?	• interrupt
• Smile	• mouth full
• Shake hands	• stare
• Cover your mouth	• spit, scratch, burp
• Stand in line	• walk between people
• Hold the door	• be impatient
• Keep your distance	• wear cologne/perfume

출처: https://www.engvid.com

1) 미국

인구 329,093,110명(2019년 1월 기준)
면적 9,372,610㎢
수도 워싱턴 D.C.
언어 영어
화폐 미 달러(US$)

(1) 문화 및 관습

- 미국은 다인종 다종교 국가이므로, 인종, 신분, 종교에 관한 비판이나 차별하는

모습을 보이지 않는 것이 좋다.

- 여성의 외모, 나이, 결혼 여부 등에 대해 언급하는 것은 금물이다.
- 프라이버시를 매우 중요하게 생각하므로 나이, 종교, 인종, 연봉 등을 묻지 않는다.
- 뉴욕, LA, 보스턴, 시카고, 샌프란시스코 등과 같은 대도시 지역에는 여러 인종이 모여 살고 있는데, 각 인종의 문화와 관습이 다르므로 손짓이나 몸짓에 주의한다.
- 최근에 성 소수자들이 많이 증가하고 있으므로 해당 주제에 대한 대화는 조심하는 것이 좋다.
- 사적인 공간을 지켜 주는 것을 중요하게 생각하므로 운전자의 옆자리에도 앉지 않는다.
- 선물을 받으면 거절하지 않고 그 자리에서 바로 뜯어보고 감사의 마음을 전한다.
- 코를 풀지 않고 훌쩍거리는 것을 불결하다고 여기므로, 식사 시에라도 코를 푸는 것이 좋다.
- 화장실에 사람이 있는지 확인하기 위해 노크를 하는 것은 빨리 나오라고 재촉하는 것으로 여겨져 상대에게 실례가 된다.
- 미국인에게 백합은 죽음을 의미하기 때문에 절대 선물하지 않는다.
- 택시 기사들은 '땡큐'라고만 하고 거스름돈을 주지 않는 경우가 있으므로, 요금에 팁을 더한 금액이 얼마인지 정확하게 말하는 것이 좋다.
- 미국에서는 동성끼리 손을 잡거나 어깨동무 등의 스킨십을 하는 행동은 동성애자로 오해받을 수 있다.

(2) 복장

- 미국인들은 비즈니스 미팅에서도 간편하고 실용적인 옷차림을 선호한다. 직종과 상황에 따라 정장을 갖추어 입기도 하기 때문에 공식적인 미팅에서는 격식을 차린 정장을 하는 것이 좋다. 복장은 검정, 회색, 감색 정장이 무난하며, 흰색, 푸른색 계열의 드레스셔츠가 많이 애용된다.

- 연령이나 격식에 얽매이지 않고 손님을 접대하는 경향이 있다.
- 저녁 식사 초대를 받았다면 초대장에 명기된 복장을 하되, 특별한 언급이 없을 경우에는 사전에 문의를 하여 결례를 범하는 일이 없도록 해야 한다.
- 개인적인 초대라 할지라도 최소한 캐주얼 정장을 하는 것이 바람직하다.
- 미국인들은 집에서도 신발을 신기 때문에 집으로 초대를 받을 경우 특히 신발의 청결에 신경을 쓰는 것이 좋다.

(3) 인사

- 인사를 하거나 악수, 대화 등을 할 때 상대방과 눈을 마주치고 미소를 짓는 것이 중요하다.
- 비즈니스상에서는 주로 악수를 하는데 악수할 때 손잡는 강도는 너무 세거나 약하지 않은 적절한 강도로 한다.
- 미국인들은 이름을 자주 불러 주므로 악수를 하며 상대방의 이름을 기억하는 것이 좋다.

(4) 선물

- 대체적으로 비즈니스 상황에서 고가의 선물이나 현금을 건네지 않는 것이 상례이다.
- 의미 있는 작은 선물을 좋아하기 때문에 첫 대면에서의 작은 선물은 친밀감 형성에 유용하게 쓰일 수 있다.
- 집으로 초대받았을 경우에는 꽃이나 화분, 과일 바구니, 책, 와인 등이 일반적인 선물이다.
- 상대방에게 선물을 받았을 경우, 답례로 카드를 보내는 것이 예의이다. 비즈니스 미팅 후에 감사 편지를 보내는 것도 좋은 인상을 남길 수 있는 방법이다.
- 다민족 국가로 여러 종교가 존재하므로 상대방에게 선물을 할 때는 상대방의 종교적 신념과 특성을 고려하여 선물하는 것이 좋다.

(5) 약속

- 비즈니스 약속은 근무 시간 중에 하는 것이 보편적이며, 최소 1주일 정도 전에 전화나 이메일로 잡는다.
- 약속 하루 전날 약속에 대한 간단한 확인 이메일을 보내는 것도 좋다.
- 미국인들의 시간관념은 철저하므로 최소 10분 전에 약속 장소에 도착해서 상대를 기다리는 것이 좋다.
- 약속을 매우 중요하게 생각하므로 약속을 지키지 못할 상황이 발생하면 가급적 일찍 상대방에게 전화, 이메일 등으로 알리는 성의를 보여야 한다.

(6) 식사

- 개인적인 식사 초대를 받은 경우에는 나중에 초대해 준 상대방에게 감사의 서신을 보내는 것이 좋다.
- 미국인들은 저녁 식사를 개인적인 관계를 위해 사용하는 편이므로 비즈니스상의 식사 약속은 주로 점심 식사 시간에 이루어진다.
- 일반적으로 식사 비용은 초대한 측에서 부담한다.
- 식사하며 미팅을 할 경우 식사에만 초점을 맞추지 말고 여유 있게 대화를 나누는 것이 예의이다.
- 풀코스 식사의 경우 2시간가량이 소요되므로 미국인들이 좋아하는 스포츠, 상식, 날씨, 헤드라인 이슈 등을 미리 준비해서 대화를 이끌어 가는 것 또한 중요한 식사 예절이다.
- 미국인들에게는 팁 문화가 보편화되어 있으며, 팁을 너무 적게 주는 것은 초대를 받은 사람에 대한 예의가 아니다.
- 통상 점심의 경우에는 18~20%, 저녁은 20~25%의 팁을 준다.
- 웨이터는 자기가 맡은 테이블의 고객의 상황을 수시로 체크하므로 비즈니스 대화 중이라도 가볍게 응대를 해 주는 것이 매너이다.

- 비즈니스 미팅 시 전화를 받는 것은 예의가 아니므로 휴대폰은 끄거나 진동으로 전환한다. 반드시 받아야 할 전화가 있을 때에는 양해(Excuse me)를 구하고 잠깐 자리를 피해서 받는 것이 좋다.
- 저녁 식사나 파티에 초대를 받으면 참석 여부에 대해 바로 답장을 해야 한다. 보통 RSVP(Repondez, S' il vous Plait; 르퐁데 실 부 플레)라고 초대장에 기재되어 있는데, 이는 답장을 달라는 의미이다.

2) 캐나다

인구 37,279,811명(2019년 1월 기준)
면적 9,984,670㎢
수도 오타와
언어 영어, 프랑스어
화폐 캐나다 달러

(1) 문화 및 관습

- 특별한 문화적 금기 사항은 없으나 다민족 이민 사회인 만큼 인종, 민족, 성, 종교, 신체적 조건 등에 대한 농담이나 차별은 하지 말아야 한다.
- 캐나다 국민들은 국가에 대한 자부심이 매우 강하므로 미국과의 관계에 대해 언급하거나 미국과의 비교 등을 하지 않는 것이 좋다.
- 상대에게 설명할 때, 가운뎃손가락을 사용하여 가리키는 등의 행동은 매우 무례한 행동이므로 유의한다.
- 캐나다 인디언들에게 '인디언'이라고 부르는 것은 인종 차별적 발언으로 간주될 수 있으므로 사용하지 않으며, 보통 First nation people 혹은 Natives라고 한다.

(2) 복장

- 캐나다에서는 비즈니스 미팅 상황에서 상대방의 복장을 고려하여 그에 맞추는 것을 예의로 생각한다. 따라서 상대방이 어떤 업종에 종사하느냐에 따라 복장을 다르게 한다.
- 상대방의 업종을 모르거나 처음으로 만나는 미팅의 경우 정장을 차려입는 것이 기본적이며 실수를 범하지 않을 수 있으므로 안전하다.

(3) 인사

- 비즈니스 미팅 시 통역을 동반하는 경우라 하더라도 "Hello. How are you? I'm fine. Thanks." 정도의 기본적인 인사와 자기소개는 영어로 하는 것이 좋다.
- 남성은 악수를 교환하는 것이 일반적이며, 여성은 친하다면 가벼운 포옹도 가능하다.
- 악수할 때 캐나다인은 손을 힘주어 잡는 경향이 있는데 이는 친근함과 반가움의 표현이다.
- 캐나다인은 악수와 함께 인사를 한 후에는 보통 명함을 교환한다. 상대에게 명함을 건넬 경우 상대방 앞에 던지듯이 내려놓기도 하는데 이는 문화적 차이로 이해하면 된다.

(4) 선물

- 사업상 선물은 큰 거래가 성사되었을 경우를 제외하고는 흔하지 않은 일이며, 정부 관리에게 선물할 경우, 고가의 선물은 하지 않는다.
- 집으로 초대를 받았을 경우 꽃, 와인, 자국 기념품 등의 작은 선물을 준비하는 것이 좋다.
- 방문 후에는 상대에게 초대에 대한 감사의 서신을 보내는 것이 예의이다.
- 백합은 죽음을 의미하기 때문에 절대 선물하지 않는다.

(5) 약속

- 캐나다인들은 서로의 시간을 존중하며 약속 시간을 지키는 것이 철칙이다. 혹, 약속 시간에 늦을 경우라면 정중하게 사과를 하고 양해를 구해야 한다.
- 비즈니스 미팅을 잡을 때는 전화나 이메일로 약속을 잡고 확답을 받는 것이 일반적이다.
- 약속 날짜를 변경해야 할 경우라면, 적어도 하루나 이틀 전에는 전화 또는 이메일로 미리 양해를 구하는 것이 매너이다. 미팅 당일 시간 변경 등은 매우 무례하게 여기므로 반드시 전화로 연락하여 정중하게 이해를 구해야 한다.

(6) 식사

- 식사 메뉴를 정할 때는 먼저 상대방에게 선택을 권하는 것이 예의이다.
- 초대자가 메뉴를 정해야 할 경우라면 상대방의 문화적 배경, 종교, 기호 등을 고려해 결정해야 한다.
- 한국과 같이 여러 음식을 시켜서 나누어 먹는 일은 캐나다인에게 생소하므로 상대방의 의사를 묻고 신중하게 주문하는 것이 좋다.
- 캐나다의 테이블 매너는 일반적인 서양식 테이블 매너와 차이가 없으나, 냅킨 대신 서비에트(serviette)란 단어를 쓴다. 캐나다에서 냅킨은 기저귀를 의미하기 때문이다.

REVIEW

1. 북미의 여러 나라들 중 비즈니스적으로나 개인적으로 방문할 혹은 방문하고 싶은 나라의 문화와 매너에 대해 설명해 보세요.

Quiz

Q1 미국의 경우 점심과 저녁에 각각 어느 정도의 팁을 주는 것이 적합한가요?

Q2 캐나다에서는 냅킨이라는 용어 대신 무엇을 사용하나요?

4 중동

1) 아랍에미리트

인구 9,682,088명(2019년 1월 기준)
면적 83,600㎢
수도 아부다비
언어 아랍어, 영어
화폐 디르함(Dirham), 필스(Fils)

(1) 문화 및 관습

- UAE는 국민의 절대다수가 이슬람교도이므로 종교적인 결례를 범하는 일이 없도록 특히 주의해야 한다.
- 이슬람에 대한 부정적 이야기, 여성에게 성적인 불쾌감을 주는 이야기나 농담 등은 절대 해서는 안 된다.
- 아랍 여성과 신체 접촉은 최대한 피해야 하며, 오래 쳐다보는 것도 결례이다.
- 통치자와 정부에 대한 존경심이 높으며 잘못 이야기했을 경우 처벌의 대상이 되므로 함부로 언급하지 않는다.
- 공식 언어는 아랍어이나 국내 인구의 80% 이상이 외국인이므로 영어가 공용어처럼 사용된다.
- 현지인 대부분이 영어에 능숙하므로 비즈니스상에서 영어로 원활한 소통이 가능하나 인사말 정도는 아랍어로 해 주는 것이 친밀감을 줄 수 있다.
- 아랍인들은 사무실에서의 미팅에서도 커피와 다과를 대접하는데, 이는 손님을 접대하는 아랍 문화(Arabian hospitality)이므로 거절하지 않는 것이 좋다.
- 서로 대화를 할 때, 다리를 꼬고 앉아 발바닥을 보이는 자세는 매우 무례한 태도이므로 주의한다.

- 미팅의 시작부터 서둘러 사업의 본론을 논하는 것은 결례가 될 수 있으므로 사소한 이야기부터 시작하여 친근하고 편안한 분위기 속에서 관계를 만들어 가는 것이 좋다.
- 아랍 문화권에서는 제 시간에 맞추어 미팅이나 회의를 시작하는 것이 반드시 미덕으로 여겨지는 것은 아니므로 인내심을 가지고 상대를 기다려 주는 것이 좋다.

출처: https://commons.wikimedia.org

- 미팅 도중 전화를 받거나 이메일과 문자 등을 확인하거나 미팅과 관련 없는 사람과의 인사 등은 문화적으로 용인된다.
- 회의 중이라도 가족을 돌볼 상황이 생기면 회의를 취소하기도 할 만큼 가족을 매우 중요하게 생각하는 문화임을 기억해야 한다.
- 안건의 결론을 도출하기까지는 매우 오랜 기간이 걸리는데, 이는 준비와 결정의 과정에 서두르지 않는 문화적 특성 때문이므로 그들의 문화를 이해하고 존중하는 것이 필요이다.
- 왼손은 깨끗하지 않다고 여기므로 상대방에게 음식을 건네거나 물건을 전달할 때는 반드시 오른손을 사용해야 한다.
- 무슬림은 종교적으로 돼지고기와 주류를 금기시하고 있으므로 아랍인과 동석인 상태이거나 공공장소에서는 돼지고기와 주류를 금해야 한다.
- UAE 정부는 왕궁, 국가 공공 기관, 국가 주요 시설물 등에 대해서 사진 촬영을 엄격하게 금하고 있으므로, 사진 촬영 전 금지 표시가 있는지 여부를 확인해야 하고 명확한 표시가 없더라도 반드시 사전에 사진 촬영의 허용 여부를 확인해야 한다.
- 아랍 남성들은 상대방이 여성 가족 구성원의 안부를 묻는 것을 불쾌하게 여기기 때문에 주의해야 한다.

(2) 인사

- 첫 만남에서는 호칭에 신경을 쓰는 것이 좋다.
- 셰이크(Sheikh)는 아랍 국가나 기관의 남자 수장을 뜻하며, 여자는 셰이카(Sheikha)라 한다.
- 사이드(Sayed), 사이다(Sayeda)도 존칭으로 사용하는데 서양의 Mr.나 Mrs.와 유사한 개념이다.
- UAE인들은 이름(first name)보다 가문 이름(family name)으로 격식을 차려 불리기를 원한다. 따라서 존칭과 성을 함께 불러 주는 것을 좋아한다. 예를 들어, 이름이 모하메드 알 알리인 경우는 모하메드가 본인의 이름이고 알 알리가 가문 이름으로, '사이드 알 알리'라는 호칭이 무난하다.
- 에미라티(Emirati)를 제외한 아랍인과 다른 인종들은 서구식 문화대로 미스터(Mr.)나 미즈(Ms)로 부르면 된다.
- 소개할 때는 지위가 높거나 나이가 많은 사람이 먼저 소개하며 악수를 청하는 것이 보통이다.
- 남성의 경우 여성에게 함부로 악수를 청해서는 안 되며, 남자는 손을 점잖게 자신의 귀에 갖다 대는 것으로 악수를 대신한다.
- 상대방이 여성인 경우 인사말만 건네되, 여성이 먼저 악수를 청하는 경우에만 응한다.

(3) 복장

- 남여를 불문하고 몸이 드러나는 옷을 입는 것은 공식 석상에서 예의가 아니다.
- 외국인의 경우라 할지라도 문화권의 특성을 존중하여 남성은 비즈니스 캐주얼이나 정장, 여성은 팔다리를 가리고 몸매가 드러나지 않는 복장을 착용하는 것이 좋다.
- 공식 석상에서 현지인들은 주로 전통 복장으로 격식을 갖추는데, 남성은 흰색

칸두라와 두건인 구트라, 여성은 검은색 망토 아바야와 머리를 가리는 스카프인 세일라를 착용한다.

(4) 약속

- 공공 기관과의 약속은 최소 한 달 전에 서면으로 요청을 한 후, 전화나 팩스 등으로 일정을 조율하는 것이 좋다.
- 면담을 확정하기까지 상당한 시간이 소요되는 편이므로 비즈니스 업무는 여유를 두고 준비하는 것이 좋다.
- 바이어 면담을 위해서는 이메일로 요청한 후에 전화로 다시 한번 확인한다.
- 아랍인은 느긋한 시간관념을 가지고 있으므로 약속 시간에 맞춰 도착하지 않는 것이 흔한 일이다. 따라서 미팅 시간에 맞추어 미리 도착하되 아랍인들은 여유를 가지고 기다려야 한다.
- 상대가 무슬림인 경우에는 기도 시간에 약속을 잡지 않는 것이 좋다.

(5) 식사

- 아랍인의 집으로 식사 초대를 받았을 경우 아내나 다른 여성을 동반하지 않는 게 보통이다.
- 아랍인들을 초대하는 경우에도 상대방이 특별히 요청하지 않는 한 아내를 대동하지 않는다.
- 여자 손님의 경우라면 남자와 다른 방에 있을 수 있도록 배려하여야 한다.
- 식사 초대를 받았을 경우, 간단한 선물을 지참하는 것이 좋으나 돼지고기, 술은 피한다. 대추야자 선물이 무난하다.
- 비즈니스상 첫 미팅에서 작은 선물을 준비하는 것도 나쁘지 않다. 책, 전통 공예품 등이 좋은 선물이다. 단, 상대의 부인에게 줄 선물을 준비하는 것은 큰 결례가 되니 주의한다.
- 아랍인들은 손님 환대 문화를 미덕으로 생각하기 때문에 손님을 극진히 대접

하며 식음을 하며 함께 이야기 나누는 것을 좋아한다.

- 커피는 아랍인들의 환대 문화의 상징으로 긴 시간 커피를 마시며 이야기를 나누는 것을 좋아하기 때문에 커피를 다 마셨어도 계속해서 잔에 채워 준다. 커피는 두 잔 정도는 기본으로 마시는데 그만 마시고 싶다면, 잔을 좌우로 흔들면 그만 마시겠다는 의사 표현이 된다.
- 티타임 후 식사를 하게 되는데 배가 부르더라도 거절하지 않고 먹어야 자신이 존중받고 있다고 생각한다.

(6) 업무 시간

- 걸프 국가의 평일은 일요일부터 목요일까지이며, 금요일과 토요일은 휴일이다.
- 정부 기관은 해가 강한 낮 시간을 피해 일과를 마무리하므로 근무 시작이 이른 경우가 대부분이다.
- 사기업의 경우라도 UAE는 노동법상에 명기된 최대 근무 시간 8시간(라마단 중 6시간)을 준수하고 있다.
- 최근에는 글로벌 기업을 중심으로 일요일을 휴무로 지정하는 경우도 있으므로 비즈니스 시 사전에 휴일을 확인하는 것이 좋다.

현지 근무 시간 예시

구분	정부 기관	사기업
평소	07:30~15:00	08:00~17:00(8시간 근무, 1시간 점심)
라마단 기간	09:00~14:00	09:00~15:00(6시간 근무)

2) 이스라엘

인구 8,583,916명(2019년 1월 기준)
면적 20,770㎢
수도 예루살렘
언어 히브리어, 아랍어
화폐 세켈(Shekel)

(1) 문화 및 관습

- 국토는 좁으나 다양한 종교적·문화적 배경을 지닌 세계 각국에서 이주한 유대인과 아랍인, 그 밖의 소수민족으로 구성되어 있으므로 사회가 역동적이고 활력적이다.
- 사람들 사이의 관계에서 예의보다는 실리를 우선시한다.
- 유대인들은 민족 간 끈끈한 유대와 강한 결속력을 특징으로 한다. 디아스포라(강제 이산)를 통해 나라 없이 전 세계에 흩어져 살며 박해를 받은 유대인들은 같은 민족끼리는 매우 철저히 협동하며 서로 간 정보 교환 및 네트워크가 원활하게 이루어진다.
- 유대인들은 보통 직선적인 성격을 가지고 있다. 따라서 미팅에서는 바로 본론으로 들어간다. 대화를 할 때에도 모호하게 말하지 않으며 좋고 싫음을 분명하게 표현한다.
- 잘 모르는 사람하고도 쉽게 말을 붙이는 편이며 질문도 구체적이고 실제적인 것으로 한다.
- 유대인들은 대화할 때 자신의 감정 기복이 그대로 표현되기도 하는데 이는 직선적인 성격 특성임을 이해하는 것이 좋다.
- 유대인들은 논쟁을 즐기는 편으로 여기저기서 큰 목소리로 열정적으로 이야기를 한다. 서로 목소리를 높여 가며 이야기를 하나 반대 의견을 말해도 존중하고 화내지 않는다.

- 유월절이 있는 3~4월, 신년, 공휴일이 많은 9월 등에는 출장을 피하는 것이 좋다. 특히 욤키푸르(대속죄일)는 유대인들에게 연중 가장 엄숙한 종교 휴일로 공항이 폐쇄되고, 일체의 차량 이동이 금지되어 있다.
- 이스라엘은 태음력을 기준으로 한 유대력과 태양력을 혼용하기 때문에 비즈니스 일정을 잡을 때 주의해야 한다.
- 유대인은 금요일 해 지는 시각부터 토요일 해 지는 시각까지가 안식일이므로 금요일 업무를 하지 않는 경우도 많다.

(2) 복장

- 이스라엘 사람들은 비형식적이며 격식을 차리지 않기 때문에 특별히 공식적인 자리가 아닐 경우 양복 및 넥타이를 착용하는 경우가 매우 드문 편이다.
- 이스라엘 사람들은 공식적인 자리가 아니라면 사무실에서도 캐주얼 복장을 선호한다. 이스라엘 사람과의 비즈니스상 만남일지라도 격식 차린 정장 차림은 상대에게 부담을 줄 수 있으므로 캐주얼 복장이 적합하다.

(3) 인사

- 친분이 두터운 사람과 인사를 나눌 때에는 볼 키스를 하거나 포옹을 하는 경우도 있으나 처음 만나는 사람과는 일반적으로 악수를 한다.
- 히브리어로 인사를 할 경우, "샬롬(Shalom)"이라 인사한다. 샬롬이란 단어는 평화라는 의미로, 이스라엘 사람들은 인사할 때 서로의 평안을 묻는다.
- 이스라엘 사람들은 외국인이 히브리어로 인사를 건네면 호감을 느끼므로 인사말 정도는 외워서 사용하는 것도 좋은 방법이다.

(4) 선물

- 고가의 선물은 상대방에게 부담이 될 수 있으므로 한국을 상징할 만한 작은 선물, 한국 전통 의상을 착용한 인형, 와인, 초콜릿 등이 가장 적합하다.

- 음식물을 선물할 경우에는 특히 조심해야 하는데, 이스라엘의 대다수 사람들은 교리에 맞는 코셔(Kosher) 인증된 음식을 먹기 때문에 코셔 인증이 되지 않은 음식을 선물했을 경우 난감해할 수 있다. 따라서 음식을 선물할 것이라면 상대방이 코셔를 지키는지를 확인하는 것이 좋다.

(5) 약속

- 이스라엘 사람들은 시간 약속에 매우 엄격한 것은 아니지만 상대방의 시간을 중요하게 여기기 때문에 시간 약속을 잘 지키는 편에 속한다.
- 이스라엘 사람들은 시간 약속에 대해 관대한 편이나 상담 등의 비즈니스 약속을 지키는 것은 상대에 대한 예의이므로 정확히 시간을 지키도록 한다.
- 비즈니스 미팅 약속은 근무 시간 중(오전 8시~오후 5시)에 하는 것이 관습이며 최소 일주일 정도 전에 전화 또는 이메일로 잡는 것이 일반적이다.

(6) 식사

코셔(Kosher) 전통적인 유대교의 율법에 따라 식재료를 선택하고 조리한 음식을 일컫는 말로, 사전적으로는 '적당한, 합당한'이란 뜻이다.
출처: https://blogs.state.gov

- 초대를 받은 경우에는 와인, 초콜릿 등의 작은 선물을 준비한다.
- 이스라엘 사람을 초대할 경우에는 코셔를 지키는지 여부를 파악하여 코셔 전문 식당을 예약하는 것이 좋다. 독실한 종교인의 경우 코셔를 철저하게 지키므로 사전에 철저히 준비하는 것이 좋다.
- 이스라엘에서는 대체로 저녁 식사를 먼저 초대한 쪽에서 비용을 부담한다.
- 식당에서 비즈니스 대화를 할 계획이라면 룸(room)이 있는 곳으로 예약하며, 식당의 위치를 알려주며 요청하는 것이 매너로 인식된다.
- 이스라엘에는 팁 문화가 있으므로 웨이터에게 팁을 너무 적게 주거나 주지 않

는 일이 없도록 주의한다.

- 이스라엘의 일반적인 팁 수준은 적게는 10%에서 많게는 15%를 지불한다.

3) 이집트

인구 101,168,745명(2019년 1월 기준)
면적 1,001,450㎢
수도 카이로(Cairo)
언어 아랍어
화폐 이집션 파운드(£E)

(1) 문화 및 관습

- 이집트는 이슬람 국가로 타 중동 지역의 이슬람 국가에 비해 개방적인 편이나 이슬람에서 금기하는 행동들은 삼가는 것이 좋다.
- 이집트는 이슬람 문화와 아프리카 문화, 서구 사회의 문화가 혼합되어 있다.
- 미팅 장소에 도착하면 현장에 있는 모든 사람과 악수로 인사를 하고 떠날 때도 모든 사람과 악수로 인사를 하는 것이 예의이다.
- 라마단 기간에는 금욕과 금식을 하므로 이집트인들 앞에서 음식을 먹거나, 술, 담배를 하는 행위는 큰 결례이다.
- 이집트는 다른 이슬람 국가들에 비해 개방화되어 히잡을 쓰고 다니는 여성들이 많지 않으나, 그렇다고 해서 길에서 여성들에게 말을 거는 등의 행동을 하는 것은 안 된다.
- 외국인이라 할지라도 공공장소에서 짧은 옷이나 몸에 달라붙는 옷을 입는 것은 금물이며, 팔과 가슴을 반드시 가리고, 적어도 무릎 아래로 오는 길이의 옷을 입는 것이 좋다.
- 식사를 하거나 악수를 할 때, 물건을 건넬 때는 반드시 오른손을 사용한다.

- 지하철은 맨 앞 차량, 버스는 운전석 뒤 앞좌석이 여성 전용 좌석이므로 실수하지 않도록 조심한다.
- 이집트인들은 남을 믿지 못하는 습성이 강하므로 비즈니스 시 의사결정은 최고 직책의 사람이 직접 하는 경우가 있으므로 중요한 결정을 해야 할 때는 고위 인사를 직접 만나는 것이 좋다.
- 이집트인들은 상대를 잘 알고 호의를 갖기까지는 비즈니스를 하려고 하지 않기 때문에 상대로부터 호감을 얻는 것이 중요하다. 따라서 빨리 일을 진행하려 하기보다 인내심을 가지고 비즈니스에 임하는 것이 좋다.
- 비즈니스 미팅일지라도 현지인들이 좋아하는 화제나 운동, 관심사에 대해 이야기를 하여 분위기를 조성한 후 본격적인 진행을 한다면 더욱 좋은 결과를 얻을 수 있다.
- 이집트인들은 과장되게 표현하는 경우가 많으므로 '예스'라고 말했다고 해서 비즈니스가 성사된 것이 아닐 수 있다.

(2) 복장

- 이집트는 사우디, UAE, 쿠웨이트 등 걸프 지역의 국가와는 달리 전통적인 이슬람 복장을 입는 경우가 거의 없다.
- 비즈니스상의 복장으로 형식에 얽매이는 복장보다는 노타이 차림의 복장을 선호하지만 격식 차린 자리에는 정장 차림이 적당하다.

(3) 인사

- 처음 만날 경우 악수로 인사하는 것이 가장 보편적이다.
- 악수 후 오른손을 가슴에 대는 것이 존경의 표현이자 진심으로 반갑다는 표시이다.
- 여성들 사이에서는 신뢰와 친밀한 관계인 경우 볼 키스(서로 양쪽 볼에 살짝 터치하는 정도의 키스)를 한다.

- 알라 외에 머리를 숙이지 않는 것이 종교적 관례이므로 머리를 숙이는 한국식 인사는 가급적 피하는 것이 좋다.
- 처음 인사 시 "앗쌀라무 알라이쿰(안녕하세요)"이라는 아랍어 인사를 하게 되면 상대방에게 호감을 얻을 수 있다.

(4) 선물

- 이집트인은 선물을 매우 좋아하기 때문에 선물을 통해 상대방의 호감을 사는 것도 좋다.
- 여성에게만 따로 선물하는 것은 오해의 소지가 있으므로 주의해야 한다.
- 보석류, 시계 등 화려한 것을 좋아하는 경향이 있으나 비즈니스상의 선물로는 한국 전통 문양이 새겨진 부채, 열쇠고리, 핸드폰 액세서리 및 홍삼 제품(홍삼차, 홍삼 캔디) 등이 좋은 선물이 될 수 있다.
- 병문안이나 결혼을 하는 경우가 아니라면 꽃을 선물하지 않는다.

(5) 약속

- 약속 시간 지키는 것을 미덕이라고 여기지 않아 30분에서 1시간 정도 늦거나 오지 않는 경우도 있으므로 이들의 문화적 특성을 이해하는 것이 좋다.
- 비즈니스 미팅 약속을 잡을 경우 이메일보다는 전화로 지속적으로 연락하여 약속을 지키도록 유도하는 것이 중요하다.

(6) 식사

- 인구의 90% 이상이 이슬람 신자이므로 돼지고기, 술을 먹지 않는다.
- 접대할 때는 술과 돼지고기를 판매하는 식당보다는 양고기 전문점, 해산물 식당, 생선 요리 전문점 등을 가는 것이 좋다.
- 이집트인은 한식을 좋아하지 않으며 독실한 무슬림의 경우 술을 판매하는 음식점에도 들어가지 않으니 이슬람식 고급 음식점이 무난하다.

- 손님을 대접하는 일을 미덕으로 여기므로 이집트에서는 모든 접대 비용을 자신들이 내려고 하는 편이다.
- 이집트 가정에 식사 초대를 받았을 경우 음식에 소금을 뿌리는 것과 음식을 남기는 것은 실례이다. 이는 음식이 입에 맞지 않았다고 받아들이기 때문이다.

4) 터키

인구 82,961,805명(2019년 1월 기준)
면적 783,562㎢
수도 앙카라
언어 터키어
화폐 터키 리라(YTL)

(1) 문화 및 관습

- 터키인 대부분은 이슬람교도이며 종교적인 주제에 민감하므로 대화 주제로 피하는 것이 좋다.
- 터키인들은 과거 오스만제국의 후손임을 자랑스럽게 여기고 있고, 국가적인 자부심이 강하다.
- 세계 3대 음식으로 여겨지는 터키 음식에 대한 자부심이 매우 강하므로 자연스럽게 터키 음식에 대한 주제로 대화를 하거나 칭찬하는 것이 좋은 방법이다.
- 이슬람 사회에서 금기시하는 돼지고기를 먹지 않는다.
- 터키에서 흔히 볼 수 있는 이슬람교 사원인 자미(Camii)는 모든 사람들에게 개방되어 있으나 기도 시간을 피해 들어가는 것이 좋다.
- 자미에 들어갈 때 여성 관광객들은 머리카락과 어깨를 가리고 들어가는 것이 예의이다.
- 남녀 모두 신체 노출이 많은 반바지나 민소매 등을 입고 자미에 들어가는 것은

피해야 한다.

- 터키인들은 축구를 매우 좋아하기에 터키 축구 리그에 대한 이야기도 상대와의 친근감 형성에 도움이 된다.
- 터키에서는 담배를 피우는 것이 매우 자유롭다. 그러나 실내에서는 금연이다.
- 터키는 나이와 권위를 존중하며 체면을 중요하게 생각하므로, 대화 중 직접적인 "NO"보다는 돌려서 말하는 것을 좋아한다.
- 터키는 다른 중동 국가와 같이 라마단 기간이라 불리는 단식 기간이 있다. 라마단 기간에는 해가 떠 있는 시간 동안(일출에서 일몰까지) 물을 포함한 일체의 음식 섭취가 금지되며, 전 기간 동안 음주 행위가 일체 금지된다. 비교적 개방된 이슬람 국가인 터키에 라마단 기간을 완벽히 준수하는 사람은 많지 않으나 그들의 문화를 이해하고 존중하는 자세가 필요하다.

(2) 복장

- 공식적인 방문이나 미팅 시에는 대부분 정장을 입는다.
- 비공식적인 방문 시에는 반드시 넥타이를 포함한 양복을 입고 만날 필요는 없다. 이때는 노타이에 일반 셔츠와 면바지 등도 무방하다.
- 비즈니스상 첫 미팅은 신뢰감 조성이 필요하므로 정장을 갖춰 입는 것이 좋다.

(3) 인사

- 터키인들은 처음 만난 사람이나 비즈니스 상황에서 주로 악수로 인사한다.
- 터키인들은 친근함의 표현으로 악수를 오래 하는 편이므로 일반적인 악수보다 손을 오래 잡고 있는 것이 좋다.
- 친근한 사이라면 동성 간에도 포옹하고 양 볼에 입을 맞추며(정확히는 '쪽' 하는 소리를 내는 것) 인사를 나누기도 한다.
- 남성끼리는 손을 잡고 머리 양쪽을 가볍게 부딪치는 인사가 일반적이다.

(4) 선물

- 처음 만나는 기업 또는 인사에게 작은 선물을 준비하면 좋은 첫인상을 남길 수 있고 분위기를 부드럽게 이끌어 갈 수 있다.
- 부담이 되는 선물보다는 기업 로고가 새겨진 작은 기념품 또는 한국 전통 무늬가 새겨진 기념품 등이 적합하다.

(5) 약속

- 터키에서도 방문 전 예약은 필수이다.
- 최소 방문 3~4일 전에는 약속을 하는 것이 좋다.
- 때때로 약속을 임의로 변경하거나 지키지 않는 경우가 있으므로 주의가 필요하다.
- 터키인들은 비즈니스에 있어서 상대가 마음에 들지 않거나 거래를 원하지 않을 경우 전화를 받지 않거나 피하는 행동을 하기도 한다.
- 정부 기관 및 일부 대기업의 경우는 방문 약속을 잡기까지 상당한 시간이 걸리는 경우가 많으므로 여유 있게 시간을 잡고 연락하는 것이 좋고, 최소 1주일 전에는 약속을 확정하는 것이 좋다.
- 터키인들은 시간관념이 명확하지 않으므로 상대방이 늦게 나타나더라도 이해해야 한다.

(6) 식사

- 터키식 커피는 원두 가루를 거르지 않고 가라앉혀 마신다. 커피를 마신 후 잔 바닥에 남은 찌꺼기를 보고 그 모양으로 점을 쳐 주는 풍습이 있다.
- 손님이 방문하거나 손님을 초대했을 때, 예의를 갖추어 차를 대접한다. 코란의 교리대로 후대하지 않는 것은 가문의 커다란 불명예라고 생각한다.

REVIEW

1. 중동의 여러 나라들 중 비즈니스적으로나 개인적으로 방문할 혹은 방문하고 싶은 나라의 문화와 매너에 대해 설명해 보세요.

Quiz

Q1 UAE에서 사용하는 서양의 Mr.나 Mrs.와 유사한 개념의 존칭은 무엇인가요?

Q2 이스라엘 사람을 초대할 경우에는 (   ) 전문 식당을 예약하는 것이 좋다.

Q3 고기류 중 터키인들에게 식사 메뉴로 선정해서는 안 되는 것은 무엇인가요?

5 아프리카

1) 가나

인구 30,096,970명(2019년 1월 기준)
면적 238,539㎢
수도 아크라
언어 영어, 토착어
화폐 세디(cedi : ₵)

(1) 문화 및 관습

- 가나인들의 종교는 70%가 기독교이며 술과 담배를 즐기지 않는 편이다.
- 비즈니스상의 첫 미팅에서는 친밀함을 쌓기 위해 우호적인 악수와 환담이 좋다.
- 가나인들은 시간을 정확히 지키는 문화가 아니므로, 약속 시간에 늦는 것은 일반적인 일이다.
- 가나인들은 밝은 성격으로 유머와 농담하기를 즐긴다. 만약 가나인들이 당신을 놀린다면 그것은 당신을 편하게 좋게 생각하고 있다는 뜻이므로 긍정적으로 받아들이는 것이 좋다.
- 상대방을 지칭할 때, 특별한 방식을 요청하지 않는다면 직위, 성, 이름 순서로 부르는 것이 좋다. 만약 직위가 없을 경우에는 Mr., Madam, Mrs., Miss 등의 호칭이 적합하다.
- 가나인들은 간접적인 화법을 구사하기 때문에 정확한 뜻을 이해하기 어려운 경우가 있다. 이럴 경우에는 질문을 통해 다시 확인하는 것이 좋다.
- 연장자들에게는 먼저 인사하여 존경을 표한다.
- 가나인들은 손님을 집으로 초대하는 것을 즐긴다. 만약 저녁 식사 초대를 받았다면 가급적 응하는 것이 좋다. 거절할 경우 무례하다고 여겨질 수 있으므로

주의한다.

- 악수를 하거나 물건을 건넬 때, 음식을 먹을 때는 반드시 오른손을 사용한다. 왼손은 화장실에서 사용하는 것으로 여기므로 왼손을 사용하는 것은 무례하게 생각한다.
- 주먹을 쥐고 엄지손가락을 하늘 방향으로 올려서 까닥거리면 욕하는 것이므로 주의해야 한다.
- 상대에게 손바닥을 보이면서 손가락을 구부렸다 폈다 하는 것은 '이리 오라'는 표시로 사람을 부를 때 사용하는 제스처이다.
- 사람을 손가락으로 가리키는 것은 무례한 행동으로 여겨지므로 조심해야 한다.
- 가나인과 비즈니스를 할 때는 모든 거래를 문서화하고 필요한 경우 변호사나 경찰의 조력을 받는 것도 좋다.
- 명함을 받을 때 반드시 회사 이름, 전화번호, 주소 등을 확인한 후, 그 회사가 존재하는지, 주소가 실제로 일치하는지 확인할 필요가 있다.

(2) 복장

- 모든 행사에 남녀 모두 드레스 코드가 있으므로 행사의 특성에 맞게 적당한 복장을 하는 것이 좋다.
- 가나인들은 국가의 주요 행사나 사업, 전통 행사에 전통 복장을 즐겨 입는다.
- 공무원을 만날 때나 공공 기관의 담당자들을 만날 때는 반드시 비즈니스용 정장을 착용하는 것이 좋다.
- 연장자 혹은 추장(Chief) 앞에서는 존경의 표시로 모자를 벗는다.
- 여성들은 노출이 심하거나 몸에 딱 달라붙는 옷을 입는 것을 삼가야 한다.

(3) 인사

- 가나에서 인사는 사회문화적으로 매우 중요한 의미를 가진다. 인사를 하지 않거나 상대의 인사에 반응을 보이지 않으면 교양이 없는 것으로 간주된다.

- 전통적인 인사법은 종족에 따라 다르다.
- 악수는 가장 일반적인 인사법으로, 외국인들과는 미소 지으며 악수하는 것이 보통이다.
- 가나인들끼리 하는 악수는 독특한 특징이 있는데, 손을 잡았다가 놓을 때, 서로의 중지를 대고 떼면서 자신의 손가락과 부딪쳐 '딱' 소리가 나게 한다.
- 건강, 가족, 직업에 대해 알기까지는 시간이 소요되며 친해지기 전부터 이러한 사항에 대해 물어보는 것은 굉장히 무례한 태도로 여긴다.
- 인사할 때는 서로의 눈을 보면서 해야 한다.

(4) 선물

- 가나에서 비즈니스를 하거나 친밀한 관계를 형성하는 데 선물을 주는 것은 매우 중요하다.
- 가나인들에게 선물은 호의와 친밀감의 좋은 매개체가 된다.
- 선물을 비싼 것으로 할 필요는 없으나 회사 로고가 있는 제품, 한국의 건강식품이나 기념품 정도면 적합하다.
- 가나인의 집에 저녁 식사 초대를 받았을 때는 선물을 꼭 준비해야 하는 것은 아니지만 어린아이를 위한 선물을 준비한다면 상대를 기분 좋게 할 수 있다.
- 포장지 색상에 대한 문화적인 금기 사항은 없으나 선물은 반드시 포장하여 오른손으로 건네고, 받을 때에는 바로 개봉하지 않는다.

(5) 약속

- 비즈니스와 관련한 미팅이라 해도 가나인들은 약속을 잘 지키지 않는 편이 아니다. 그러나 외국인이 비즈니스 약속 시간에 늦는 것은 무례하다고 여기므로 주의한다.

2) 남아프리카공화국

인구 58,065,097명(2019년 1월 기준)
면적 1,219,090㎢
수도 프리토리아(행정), 케이프타운(입법), 블룸폰테인(사법)
언어 영어, 아프리칸스어, 줄루어 등 공식어 11개
화폐 랜드(Rand)

(1) 문화 및 관습

- 과거 심했던 인종차별정책의 영향이 심리적으로 남아 있으므로 인종문제에 대한 언급은 피한다.
- 남아공의 인종별 비율은 흑인 80%, 백인 8%, 유색(혼혈) 9%, 인도 및 아시아계 3% 수준이다.
- 남아공은 다양한 인종과 종교가 함께 존재하므로 종교 문제에 관한 언급은 하지 않는 것이 좋다.
- 자기보다 나이가 많거나 직위가 높은 사람에 대한 예의를 중요하게 여긴다.
- 연장자나 상급자에게는 두 손으로 물건을 받으며, 너(You)라는 말보다는 Mr., Mrs. 등의 호칭을 사용한다.
- 약속 시간에 자주 늦으며 일의 진행이 늦은 편이다.
- 모르는 사람이더라도 길을 가다 눈이 마주치면 웃으며 인사한다.
- 16세 이하의 미성년자는 법으로 키스를 금지하고 있다.
- 결혼할 때는 신부 집에 결혼 지참금인 '로볼라(lobola)'를 지불한다.
- 가정에 초대되더라도 비즈니스상 초대라면 부부가 동석하여 참석하지 않으며 비즈니스 관련 당사자만 참석한다.

(2) 복장

- 우리나라 사람들의 경우 일반적으로 비즈니스 상담 시 정장을 입지만 남아공 바이어들은 정장보다는 편안한 비즈니스 캐주얼을 입고 나타난다. 따라서 남아공에서 비즈니스 상담 시에는 다소 딱딱한 느낌을 주는 양복 정장보다는 부드럽고 편안한 느낌을 줄 수 있는 비즈니스 캐주얼을 입는 것이 좋다.

(3) 인사

- 인사는 악수가 일반적인데, 남성인 비즈니스맨과 인사할 경우에는 가볍게 악수하면서 인사말을 하면 되고, 여성의 경우는 간단한 인사말만 한다.
- 여성이 먼저 손을 내밀기 전까지는 악수를 청하지 않는다.
- 남아공 흑인들의 경우 일반적으로 영어로 의사소통이 가능하지만 자기 종족의 언어로 간단한 인사말을 건네면 매우 좋아한다.

(4) 선물

- 남아공 정부는 공직자들의 부정부패 해소를 위해 일정 금액 이상의 선물을 받을 경우, 반드시 관계 기관에 신고하도록 하고 있다. 따라서 공무원 및 공기업 직원들에게 선물을 줄 경우에는 특별히 주의해야 한다.
- 고가의 선물보다는 한국 전통 기념품, 공예품, 펜, 화장품 등 간단한 성의만 표시할 수 있는 작은 선물이 무난하다. 인삼, 홍차 또는 식품류는 현지인들에게 익숙지 않아서 선물로 적절하지 않을 수 있다.

(5) 약속

- 남아공 비즈니스맨들 중 백인들은 유럽의 영향을 받아 일반적으로 약속을 잘 지키는 편이다. 이에 반해 흑인 비즈니스맨들은 약속을 잘 지키지 않는 편이다. 약속 시간보다 20~30분 이상 늦게 나타나거나 아예 나타나지 않는 경우도 있다.

- 흑인 비즈니스맨들과의 약속은 몇 번에 걸쳐 약속 시간과 장소를 확인해 두는 것이 안전하다.

(6) 식사

- 남아공 사람들은 유럽의 영향을 많이 받아 육류를 좋아하고 이외에 해산물도 즐겨 먹는다. 따라서 남아공 비즈니스맨들과 식사를 할 경우에는 양식이나 일식이 좋다.
- 남아공 사람들에게 일식은 고급 음식이라는 인식이 강하므로 일식당으로 초대할 경우 자신을 중요하게 생각하고 있다는 인식을 심어 줄 수 있다.
- 남아공에는 인도계 비즈니스맨들이 많은데, 이들은 무슬림인 경우가 많으므로 사전에 물어보고 식사 장소와 메뉴를 정하는 것이 좋다.

3) 케냐

인구 52,214,791명(2019년 1월 기준)
면적 569,259㎢
수도 나이로비
언어 영어, 스와힐리어
화폐 케냐 실링(KES)

(1) 문화 및 관습

- 케냐에서는 상대의 종교를 존중하는 태도를 보여 주는 것이 중요하다.
- 개인적인 친분을 쌓은 후 비즈니스가 이루어지므로 유대관계를 잘 유지하는 것이 좋다.
- 비즈니스 미팅 시에도 날씨, 스포츠 이야기 등 가벼운 주제로 분위기를 좋게 만든 후 본론으로 들어가는 것이 일반적이다.

- 대화를 할 때 직접적인 표현은 되도록 삼가고 간접적이거나 유머적인 표현으로 대화하는 것이 좋다.

(2) 복장

- 케냐 사람들에게는 복장이 지위와 부를 판단하는 데 많은 영향을 미치며 비즈니스 상담 시 복장이 중요한 역할을 한다.
- 대부분의 비즈니스맨들은 넥타이를 맨 정장 차림이다.
- 관공서 방문 및 비즈니스 상황에서 정장 차림은 필수적이다.

(3) 인사

- 악수가 일반적인 인사이나 친밀도에 따라 가벼운 포옹도 가능하다.
- 마사이족의 경우 얼굴에 침을 뱉는 인사를 하기도 하는데, 이는 반가움의 표시이므로 오해하지 말아야 한다.
- 비즈니스 상황에서는 악수가 보편적이나 현지어로 "잠보"(Jambo, 처음 만날 때 가벼운 친근감을 주는 인사말)라고 인사하면 친근함을 더할 수 있다.

(4) 약속

- 케냐인들은 시간관념이 없는 편으로 약속 시간을 잘 지키지 않는다.
- 대도시의 경우 극심한 교통체증이 빈번하므로 케냐인들과의 약속에서는 너그러운 마음을 가지고 기다려 주는 것이 좋다.
- 비즈니스 미팅에 늦게 도착했더라도 바로 본론으로 들어가지 않고 가족 안부나 날씨 등의 대화를 하는 데 많은 시간을 할애하는 편이므로 케냐인의 이러한 특성을 이해하는 것이 좋다.

(5) 선물

- 케냐인들은 작은 선물이라도 받는 것 자체에 의미를 부여하므로 비즈니스 상

담 시나 친분을 쌓기 위한 만남 시에 작은 선물이라도 전달하는 것이 좋다.

- 케냐인들이 가장 선호하는 것은 한국산 인삼차이며, 건강과 관련된 한국의 전통차도 선물로 좋은 아이템이다.
- 케냐 인도인들의 경우, 체면에 신경을 많이 쓰는 편이어서 다른 나라의 기념품 등을 자랑거리로 여긴다. 따라서 한국의 전통 공예품, 전통차 등은 선물로 좋은 소재가 될 수 있다.
- 한국의 전통 문양이 담긴 명함첩, 손수건, 부채, 공예품 등은 선물 아이템으로 매우 적합하며, 목각 기러기 등과 같이 선물이 의미하는 바를 설명하며 전달하면 더욱 좋은 선물이 될 수 있다.
- 단, 하회탈 모양을 한 열쇠고리 등은 아프리카 인들이 싫어하는 조상신을 연상하게 하므로 피하는 것이 좋다.
- 케냐인들은 일반적으로 공식적인 것보다는 사적인 관계성을 선호한다. 따라서 공식적인 첫 만남 때는 작은 선물로 성의 표시를 하는 것이 좋고, 점심이나 저녁 식사 등으로 친분이 두터워진 후에는 조금 큰 선물을 전달하는 것도 괜찮다.

REVIEW

아프리카의 여러 나라들 중 비즈니스적으로나 개인적으로 방문할 혹은 방문하고 싶은 나라의 문화와 매너에 대해 설명해 보세요.

Quiz

Q1 케냐 현지에서 사용하는 현지어의 인사말은 무엇인가요?

6 중남미

1) 멕시코

인구 132,328,035명(2019년 1월 기준)
면적 1,964,375㎢
수도 멕시코시티
언어 스페인어
화폐 멕시코 페소

(1) 문화 및 관습

- 멕시코인들은 민족적 자긍심과 풍부한 지하자원을 가져 자부심이 강하다. 따라서 멕시코인에 대한 존중과 자존심을 세워 주는 태도가 필요하다.
- 멕시코인들은 남의 기분을 상하게 하는 일을 꺼려 어려서부터 상대에게 인사말을 자주 건네는 것이 습관화되어 있다.
- 멕시코인은 상대방의 기분을 맞춰 주는 인사말을 즐겨 하며, 작은 도움에도 "Muchas gracias(Thank you very much)"를 자주 쓴다.
- 멕시코인들에게 고맙다는 인사를 자주 하지 않는다면 무례하게 비칠 수 있다.
- 대화를 할 때는 날씨, 가족관계, 축구 등의 이야기로 친근함을 조성하는 것이 좋다.
- 여성에게 문을 열어 주거나 좌석에 먼저 앉게 하는 등의 배려를 하는 것이 매너이다.
- 멕시코 인디언들은 사진을 찍으면 영혼을 빼앗긴다고 생각하는 풍습이 있으므로 사진 촬영 전에는 양해를 구하는 것이 좋다.

(2) 호칭

- 멕시코는 호칭을 중시하는 사회로 호칭은 곧 사회적 신분이자 자존심이다. 따라서 이름 앞에 학위를 붙이거나 아예 학위만으로 상대를 부르기도 한다.
- 이름 앞에 아무런 표기가 없을 때는 Señor(세뇨르/Sir 또는 Mr.의 의미)나, Señorita(세뇨리따/Miss의 의미)로 불러 주는 것이 좋다.
- 기혼자라 할지라도 Señora(세뇨라/Mrs.의 의미)로 부르면 불쾌해하는 경우가 많으나 남편과 함께 있을 경우에는 반드시 세뇨라로 불러야 예의에 어긋나지 않는다.
- 멕시코를 비롯한 중남미인들과 스페인 사람들은 이름은 하나만을 쓰거나 두 개를 쓰는 예도 있으나, 성은 모계 성과 부계 성 두 개를 쓴다. 기혼 여성이면 남편 성까지 세 개를 쓰는 경우도 있다.
- 미국식 해석으로 오해를 하여 Last Name이 곧 성이라고 단정 짓는 경우가 많으나, 스페인어권에서는 Last Name은 모계 성을 의미하며 Middle Name이 부계 성인 진짜 성이다.

(3) 복장

- 멕시코인들은 근무복, 평상복 및 파티복에 대한 구별이 뚜렷한 편이다.
- 비즈니스 시 복장은 주로 정장이다.
- 비즈니스 석상에서는 반드시 넥타이를 착용하는 것이 좋다.

(4) 선물

- 멕시코인들은 선물을 주고받는 것을 매우 좋아하는 경향이 있다.
- 비즈니스 시 부담 없는 작은 선물을 준비하는 것이 좋다.

(5) 약속

- 비즈니스 면담은 반드시 사전에 약속을 하는 것이 통례이다.
- 멕시코인들은 대개 여유 있고 느긋하기 때문에 약속 시간에 늦는 경우가 많다.
- 상대방이 약속 시간에 늦더라도 친절하게 대하는 것이 좋다. 짜증을 내는 등의 태도는 비즈니스에 악영향을 미칠 수 있다.

(6) 식사

- 멕시코 사람들은 식사 시간에 대해 관대한 편이며, 특히 점심 식사를 가장 중요하게 여겨 길게 갖는다.
- 멕시코 사람들은 식사를 느긋하고 여유 있게 하는 것을 좋아하므로 비즈니스를 성사시키거나 관계를 지속하기 위해서는 이들의 식사 문화를 존중하는 것이 필요하다.
- 멕시코는 가족 중심적이므로 점심시간에 집에 가서 가족들과 점심을 먹고 오기도 한다.
- 멕시코의 점심시간은 보통 오후 1~4시 사이에 2시간 정도를 갖는데, 느긋하게 식사 시간을 갖고 낮잠을 즐기기도 한다.
- 식사할 때 후루룩 소리를 내면서 먹는 것은 교양 없는 행위로 여긴다.
- 식사 중 항상 양손이 보이도록 하고, 포크와 나이프를 사용하지 않을 때는 손목을 식탁의 가장자리에 가볍게 올려두는 것이 매너이다.

2) 브라질

인구 212,392,717명(2019년 1월 기준)
면적 8,511,965㎢
수도 브라질리아
언어 포르투갈어
화폐 헤알(Real)

(1) 문화 및 관습

- 브라질은 대국주의적 의식이 강하며 중남미 국가 중 선두 국가로서의 자긍심이 강하다.
- 자존심이 강하므로 타국과 비교하지 않는 것이 좋다.
- Brazil을 일컬을 때 영어식으로 발음하기보다는 포르투갈어식으로 Brasil(브라지우)라고 하면 매우 좋아한다.
- 친근감의 표시로 상대의 어깨나 팔꿈치를 치며 이야기하는 것을 좋아하고 사적인 공간을 가깝게 인정한다.
- 엄지와 검지를 동그랗게 모으고 나머지 세 손가락을 펴는 동작은 상대방을 비난하는 표시로 이해된다.
- 엄지손가락을 둘째와 셋째 사이에 넣어 주먹을 쥐는 행동은 한국에서는 욕으로 간주하지만, 브라질에서는 'FIGA'라는 동작으로 '행운을 빈다'는 의미가 담겨 있으므로 당황하지 말아야 한다.

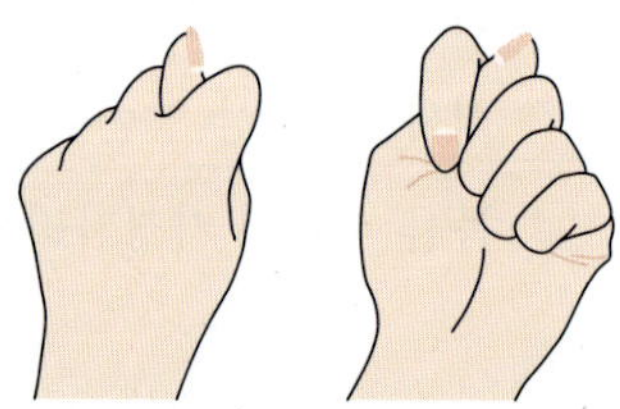
FIGA

(2) 복장

- 비교적 느슨하고 격식을 차리지 않는 편한 복장을 선호하나, 비즈니스 시에는 복장에 세심한 신경을 쓴다.

- 캐주얼한 복장을 선호하므로 청바지가 비즈니스 미팅 복장으로 사용되기도 하지만, 상의는 반드시 정장을 입어야 한다.
- 여성의 경우 노출이 심하거나 몸의 실루엣이 그대로 드러나는 차림도 자연스럽게 여겨진다.

(3) 인사

- 비즈니스 만남 시에는 악수를 하는 것이 일반적이다.
- 베이징우(beijinho)는 브라질식 인사법으로 여자끼리 하거나 여자와 남자가 인사할 때 사용한다. 이 인사법은 서로의 양쪽 볼을 교차하며 살짝 맞대며 '쪽' 소리를 내면 된다.
- 남자들끼리는 보통 악수를 하지만, 안면이 있는 남성끼리는 어깨나 등을 툭툭 치거나 반 포옹을 한다.
- 낯선 사람과도 쉽게 친해지며 친근감을 표시하는 편이므로 낯을 가리고 거리를 두는 모습을 보면 싫어하는 것으로 오해할 수도 있다.
- 회의 석상에서 서로 인사를 할 때는 참석한 사람들에게 일일이 악수하며 인사해야 하고 헤어질 때도 모든 사람과 인사를 나누고 헤어져야 한다.

(4) 선물

- 비즈니스 시 첫 만남에 선물을 주는 경우는 없다.
- 일반적으로 비즈니스상에서 점심 식사는 예의를 의미하고, 저녁은 비즈니스가 진전되고 있음을 의미하는데, 선물은 이러한 절차가 지난 후에 하는 것이 좋다.
- 선물로는 회사 로고가 찍힌 것이 좋고, 고가의 선물은 하지 않는다.
- 검은색과 자주색은 죽음을 의미하고, 칼은 단절을 의미하므로 선물하지 않는다.

(5) 약속

- 비즈니스 시 면담 약속을 잡기 위해서는 구두 약속을 한 후, 이메일 등으로 다

시 한번 확인하는 것이 좋다.

- 약속은 정부 기관의 경우 1~2개월 전, 일반 회사의 경우 적어도 1~2주 전 미리 잡는 것이 좋다.
- 브라질 사람들은 약속 시간을 철저히 지키지 않는 편이며 30분 이상 늦게 도착해도 미안해하지 않는다. 브라질 사람들의 시간관념에 대해 이해하되 약속 시간은 정확히 지키는 것이 좋은 인상을 줄 수 있다.

(6) 식사

- 브라질 사람들은 점심이나 저녁 식사 초대를 하는 경우가 종종 있으므로 회의가 종료되었다 하더라도 상대의 태도를 주의 깊게 보는 것이 좋다.
- 식사하면서 친분을 쌓는 것이 좋으며 저녁 식사 초대는 비즈니스가 잘되고 있다는 신호이다.
- 비즈니스 시 점심이나 저녁을 초대하는 것은 아주 좋은 방법이다.
- 점심 식사를 2시간 정도 여유 있게 갖는 것을 선호한다.
- 브라질 사람들은 9시나 10시 이후에 저녁 식사하는 모습도 흔하므로, 너무 이른 시간에 저녁 식사에 초대하는 것은 바람직하지 않다.
- 종교에 따라 금기시하는 음식이 있으므로 식사 초대를 할 때 사전에 메뉴에 대해 상의하는 것이 좋다.
- 술을 즐겨 마시나 많이 마시지는 않고, 맥주와 와인을 식사에 곁들여 가볍게 한두 잔 마신다.
- 술 한 잔을 시켜 놓고 한두 시간 대화를 즐기는 브라질 사람들에게 폭음을 하는 것은 좋지 않은 이미지를 줄 수 있다. 따라서 원샷을 하거나 과하게 술을 권하는 것은 삼가는 것이 좋다.
- 'Happy Hour'라 불리는 '퇴근 후 술 한잔' 문화가 있는데, 동료 몇 명이 모여 맥주 한두 잔 마시며 담소하는 것을 좋아한다.

3) 칠레

인구 18,336,653명(2019년 1월 기준)
면적 757,000㎢
수도 산티아고
언어 스페인어
화폐 페소

(1) 문화 및 관습

- 칠레는 1970년 민주적인 선거를 통해 공산주의 정권이 평화적으로 들어선 최초의 국가이지만 칠레의 근대사에 대한 이야기나 정치 이야기는 피하는 것이 좋다.
- 칠레와 사이가 좋지 않은 페루, 볼리비아, 아르헨티나에 관해 이야기를 꺼내지 않는 것이 좋다.
- 칠레인들은 원주민을 무시하는 경향이 있으므로 메스티소(원주민과 백인의 혼혈)라는 표현을 사용하면 매우 불쾌해할 수 있으니 주의해야 한다.
- 칠레는 중남미 최고의 IT 강국, 정치·경제 선진국이라는 자부심이 매우 강하므로 그들의 자존심을 세워 주는 것이 좋다.
- 칠레는 매우 가족 중심적인 국가로 가족 간 교류가 활발하고 관계가 매우 돈독한 편이다.
- 칠레는 가톨릭 국가로서 가톨릭 행사나 문화가 보편적이며 종교적 차별이나 분쟁은 거의 없다.
- 비즈니스 시에는 전화로 연락을 한 후 서면으로 연락하는 것이 좋다.

(2) 복장

- 대기업의 경우는 정장을 입지만 보통의 경우 노타이, 면바지 차림의 편안한 복

장으로 근무하는 편이다.

- 칠레 사람들은 옷차림이 수수하고 중요한 미팅이나 공식 행사를 제외하고는 편안한 차림새를 하는 경우가 많다.
- 정부 부처나 기관, 대기업 방문, 혹은 공식 행사에는 격식 차린 정장이 일반적이다.

(3) 인사

- 남성은 악수를 교환하는 것이 일반적인데, 친한 사이일 경우 등을 살짝 두드리면서 하는 가벼운 포옹도 가능하다.
- 여성과 인사할 때는 가벼운 포옹과 함께 뺨을 맞대는 것이 일반적이다. 이때 상대방을 불필요할 정도로 세게 끌어안거나 정말 볼에 입을 맞추는 것은 금물이다.
- 칠레에서는 낯선 사람끼리도 "Hola(올라: 안녕)", "Chao(차오: 잘 가)"와 같은 가벼운 인사말을 주고받는다.
- 상대와 인사를 하거나 대화를 할 때는 눈을 바라보는 것이 예의이다.

(4) 선물

- 공공 기관 관계자들은 사소한 선물이나 식사 초대도 공공 기록 내역에 적게 되어 있는 '칠레 로비법'이 있기 때문에 주의를 기울여야 한다.
- 비즈니스 시에는 책, 장식품, 명함 지갑 등 값이 많이 나가지 않는 기념품 위주의 선물이 좋다.

(5) 약속

- 칠레 기관이나 기업을 방문할 때 사전 약속은 필수이다.
- 비즈니스상 약속은 최소 열흘 전에 잡되, 되도록 월요일 오전이나 금요일 오후는 피한다.

- 사전 약속이 되어 있다 할지라도 방문 전일 또는 당일에 다시 한번 연락해서 확인하는 것이 바람직하다.
- 칠레 기업인들은 일반인보다 시간 약속을 잘 지키는 편이지만 일부의 경우 약속을 지키지 않거나 전화를 고의적으로 받지 않기도 한다.
- 칠레는 비서들의 파워가 센 편이므로 비즈니스상에서는 비서와 좋은 관계를 유지하는 것이 좋다. 정중한 이메일, 예의 바른 전화, 간단한 선물 등으로 관계를 좋게 하는 센스가 필요하다.

(6) 식사

- 칠레 사람들은 특별히 기피하는 음식이 없으므로 식성에 따라 적절한 메뉴를 정하면 된다.
- 대표적 와인 산지답게 식사에 와인이 빠지는 경우는 거의 없으므로 칠레산 와인에 대한 이야기와 찬사는 식사 시간을 자연스럽게 풀어 나갈 수 있는 소재가 된다.
- 점심시간은 일반적으로 오후 1~3시 정도이며, 저녁 식사는 보통 오후 9~10시에 시작한다. 칠레인들은 저녁 식사를 천천히 즐기는 문화가 있으므로 보통 2시간 이상 소요된다.

REVIEW

중남미의 여러 나라들 중 비즈니스적으로나 개인적으로 방문할 혹은 방문하고 싶은 나라의 문화와 매너에 대해 설명해 보세요.

Quiz

Q1 브라질에서 엄지손가락을 둘째와 셋째 사이에 넣어 주먹을 쥐는 행동 '행운을 빈다'는 의미인데 이를 무엇이라고 하나요?

Q2 칠레에서는 주고받으면 좋은 현지 인사말은 무엇인가요?

7 러시아/CIS

1) 러시아

인구 143,895,551명(2019년 1월 기준)
면적 17,125,407㎢
수도 모스크바
언어 러시아어
화폐 루블(RUB)

(1) 문화 및 관습

- 넓은 영토와 풍부한 자원의 나라인 러시아는 아시아와 유럽 문화가 혼재되어 있다.
- 러시아 사람들은 오랜 사회주의 문화로 인해 감정 표현에 인색하고 무뚝뚝한 편이다.
- 세계적인 수준의 문화, 예술, 오랜 역사 등으로 러시아인의 자긍심은 매우 높은 편이다. 따라서 비즈니스상에서 러시아인의 자긍심을 높여 주는 대화가 중요하다.
- 러시아는 경쟁보다는 협동을 중시하는 나라이므로 상호 간 협조와 공동 이익을 강조하는 것이 좋다.
- 러시아인들은 큰 사업을 추진할 때 천천히 추진하는 특징이 있으므로 끈기와 인내심을 가지고 비즈니스에 임할 필요가 있다.
- 러시아인들은 Friendship(우정, 우호)을 중요하게 생각하므로 첫 미팅에서 계약을 하지 않고 상대방과의 관계를 형성한 이후 계약을 체결하는 것이 보편적이다.
- 러시아인들은 사람과의 관계를 중요시 여기고 다소 감성적이다.
- 러시아 사업 파트너로부터 집으로 초대를 받았다는 것은 그와 좋은 관계가 형성되었다는 것을 의미하므로 초대에 응한다.

- 러시아인들은 외형적인 모습을 중요하게 여기므로 비즈니스 시 캐주얼한 복장은 성의 없게 보일 수 있다. 비즈니스를 성사시키기 위해서는 복장이나 액세서리 등에 신경을 쓴다.
- 집에 초대를 받았다면 절대 대신 그릇을 씻지 말아야 한다. 러시아인들은 손님이 그릇을 씻으면 집에서 '행운과 번영이 씻겨 나간다'고 믿는다.
- 러시아 사람들은 신발을 신고 집에 들어가지 않으므로 집 안에 들어가면 바로 슬리퍼로 갈아 신는 것이 좋다.
- 러시아인들은 지식 수준이 높으며 문화, 예술 등의 상식도 풍부하므로 러시아인들과의 대화 시에는 다양한 분야에 대해 이야기 나누는 것이 좋다.
- 콘서트에서 휘파람을 부는 행위는 불만족의 의미이므로 조심해야 한다.
- 의자에 앉을 때 다리를 벌리거나, 한쪽 발목을 다른 쪽 무릎 위에 올리는 것을 불쾌하게 생각한다.
- 엄지와 검지로 동그라미를 만드는 OK 사인과 주먹을 흔드는 제스처는 외설적인 의미이므로 사용하지 않는다.

(2) 인사

- 러시아에서 인사 예절은 비즈니스 매너의 기본이자 중요한 요소이다.
- 러시아에서 남자들끼리의 악수는 대등한 위치에서 당당하게 한다.
- 러시아인들은 첫 만남에서 악수를 할 때, 상대방의 눈동자를 똑바로 바라보며 아플 정도로 손을 강하게 잡는다.
- 두 번째 만남부터는 악수와 함께 힘찬 포옹을 한다면 친근감을 주어 상대로부터 호감을 살 수 있다.
- 러시아 여성에게는 가벼운 목례와 옅은 미소로 반가움을 표시한다. 두 번째 만남부터는 가벼운 포옹으로 친근감과 반가움을 표현하면 좋다.
- 남성이 여성의 외투를 받아 주고 입는 것을 도와주는 것이 매너이다.
- 장갑을 낀 상태로 악수하거나 문지방을 사이에 두고 악수를 청하는 것은 결례

이니 유의해야 한다.

(3) 선물

- 러시아인들에게 선물이 갖는 의미는 매우 크므로 선물을 즐겨한다.
- 러시아 사람들에게 선물은 순수한 마음이 담긴 것으로 선물의 의미를 중요하게 생각한다.
- 초콜릿, 쿠키 혹은 작은 기념품 등 작은 선물도 진정성 있는 마음으로 주고받는다.
- 러시아인에게 선물은 한국적 특색이 담겨 있는 기념품, 공예품, 그림, 꽃, 초콜릿, 와인, 화장품 등이 좋다.
- 여성의 날인 3월 8일에는 함께 근무하는 여직원에게 꽃이나 작은 선물을 주는 풍습이 있다.
- 음식을 선물로 받았다면 그 자리에서 친구들과 함께 먹고, 기념품이라면 소중하게 간직하거나 오래도록 잘 사용한다.

(4) 약속

- 러시아인들은 약속 시간에 자주 늦는 편이나 서구식 비즈니스 문화가 알려지면서 시간 약속을 중요하게 생각하는 문화로 바뀌고 있다.
- 러시아인들이 조금 늦더라도 이해해야 하며 인내심을 가지고 미팅에 임하는 것이 좋다.

(5) 식사

- 러시아인이 집으로 식사 초대를 했다면 최고의 자리에 초대를 받는다는 의미이고 인간적인 호감을 느낀다는 뜻이다.
- 러시아인들은 초대받은 사람을 아주 극진히 대접하기 때문에 손님이 식사를 많이 하지 못하면 좋은 모습으로 보이지 않는다. 따라서 맛있게 잘 먹는 것이 좋다.

- 러시아 사회는 여성 중심의 모계 사회이기 때문에, 초대받은 집의 아내에게 좋은 인상을 남기는 것이 비즈니스상에서 매우 중요하다.

2) 우즈베키스탄

인구 32,807,368명(2019년 1월 기준)
면적 447,400㎢
수도 타슈켄트
언어 우즈베크어, 러시아어
화폐 우즈베키스탄 솜(Uzbekistan som, UZS)

(1) 문화 및 관습

- 우즈베키스탄은 이슬람 문화권으로 국민 대다수가 이슬람교도이다.
- 타 종교의 선교 활동은 법으로 금지되어 있고 적발 시 법적 조치를 받는다.
- 가부장적 사회이자 대가족 사회로 가족에 대한 애정과 사명감이 크다.
- 아내, 여동생, 딸 등 여성 가족을 보호하려는 의식이 강하므로 이들에 대해 함부로 농담을 하지 않는 것이 좋다.

(2) 복장

- 비즈니스 시 복장은 정장을 착용하는 것이 바람직하다.

(3) 인사

- 인사를 할 때는 항상 악수를 하는데, 오른쪽 손을 가슴에 대고 '당신에게 평화가 있기를 바란다'라는 의미로 "아살로무 알라이꿈"이라고 말한다.
- 감사 인사를 할 때도 오른손을 왼쪽 가슴에 올리며 "라흐맛"이라고 말한다.
- 윗사람이 오른손으로 먼저 악수를 청하는 것이 일반적이나 양손 악수는 서로

의 정이 깊음을 표현하는 것이다.

- 초면에는 악수만 하지만 친한 사이에는 어깨를 얼싸안고 포옹을 하기도 한다.
- 포옹을 할 때는 처음에는 왼쪽 어깨로 다음에는 오른쪽 어깨로 2번 포옹한다. 2번 포옹하는 것은 상대방에 대한 깊은 호의를 표시하는 것이다.
- 남녀 간에는 악수를 하지 않고 가볍게 목례를 하거나, 눈인사를 한다.
- 문턱을 사이에 두고 악수를 하면 사이가 나빠진다는 미신이 있으므로 주의한다.
- 정보의 비공개가 습관화되어 있으므로 명함 문화가 일반화되어 있지 않다. 따라서 비즈니스 미팅 시 명함을 교환하지 않는다고 해도 당황하지 않는 것이 좋다.

(4) 선물

- 선물을 통해 비즈니스 관계를 다지는 것은 좋은 방법이다.
- 선물은 부담스럽지 않은 수준에서 작은 기념품이나 다과 정도를 선물하는 것이 좋다.
- 장례식에서 꽃을 짝수로 쓰기 때문에 여성에게 꽃을 선물할 때는 반드시 홀수로 준비한다.

(5) 약속

- 시간 개념이 부족한 편으로 면담 약속 시간을 어기는 경우가 많다.
- 느긋한 성향으로 일을 추진하는 데 시간이 오래 걸린다.

(6) 식사

- 이슬람교도들이 대부분이므로 돼지고기를 먹지 않고 양고기를 즐겨 먹는다.
- 비즈니스 시 낮에도 보드카를 권하는 경우가 있다. 손님의 잔에는 첨잔을 하여 잔을 계속 채워 주는 것이 예의이다.

3) 카자흐스탄

인구 18,592,970명(2019년 1월 기준)
면적 2,724,900㎢
수도 아스타나
언어 카자흐어, 러시아어
화폐 텡게(Tenge)

(1) 문화 및 관습

- 카자흐스탄은 국민의 70%가 무슬림이므로 이슬람 문화권 국가의 금기 사항대로 대처하면 된다.
- 중동과 같은 정통 이슬람 교리를 지키는 사람들에 비해서는 다소 유연한 이슬람 문화라고 볼 수 있다.
- 카자흐스탄의 한류 열풍에 따라 한국인에 대해 호의적이다.

(2) 복장

- 비즈니스 시에는 깔끔한 정장이 좋다.
- 옷차림으로 상대방을 판단하는 경향이 강한 민족이므로 옷차림에 신경을 쓰는 것이 중요하다.

(3) 인사

- 남성 간, 처음에 만나는 사이에서는 악수하는 것이 일반적이다.
- 악수할 때는 손을 꽉 잡는 것이 좋다.
- 친근감의 표현으로 첫 만남부터 포옹을 하는 경우도 있다.
- 이성 간 악수를 하지는 않지만, 여성이 청한다면 응하는 것이 매너이다.
- 여성의 경우 처음에는 가볍게 말로만 인사를 하는데, 친한 사이가 되면 서로의 볼을 마주 대고 입으로 '쪽' 소리를 내며 인사를 한다.

(4) 선물

- 비즈니스 시 좋은 인상을 심어 주기 위해서는 상담이나 거래가 끝난 후 선물을 교환하는 것이 좋다.
- 첫 만남의 자리에서 고가의 선물을 주는 것은 좋지 않으나 선물을 받기만 하려는 정서도 크므로 적당한 선물을 주는 것이 좋다.
- 한국 전통 공예품이나 기념품 등이 무난하다.

(5) 약속

- 국가의 다수민족인 카자흐족은 유목민족의 습성을 그대로 갖고 있어 서비스 의식과 약속 개념이 희박한 편이다.
- 비즈니스 미팅을 정할 때는 최소 1주일 전부터 공식적인 문서나 전화 등으로 연락을 취하는 것이 필요하며 정부 기관 담당자일 경우 최소 2~3주 전에 공문을 송부하는 것이 좋다.
- 미팅 전날이나 당일 오전에 꾸준한 연락을 통해 약속을 상기시켜 주는 것도 좋은 방법이다.
- 카자흐스탄 국민들은 체면을 중요시 여겨 체면상 약속을 잡는 경우도 있기 때문에 당일 약속을 취소하거나 약속을 어기는 것에 대해 불편하게 생각하지 않는다.
- 미팅 장소에 오더라도 늦게 오는 경우도 많으므로 비즈니스 시 인내심이 필요하다.

(6) 식사

- 음식을 씹을 때 소리를 내지 않고 먹는 것이 매너이다.
- 손님을 식사에 초대한 경우, 음식을 계속해서 권하는 것을 매너라고 생각한다.
- 카자흐스탄은 여러 민족들이 공존하므로 식사 초대를 할 때 미리 식사 메뉴나

기호, 종교에 대해 알아보는 것이 좋다.

- 귀하고 특별한 손님의 경우, 말고기 요리 또는 양고기 머리 요리를 대접하되 고급 보드카와 코냑 등을 함께 대접하는 것을 좋아한다.
- 카자흐스탄에서는 사업 미팅 후, 보통 만찬을 하는데 이때 건배 제의를 돌아가며 하는 경우가 많다.
- 건배 제의를 많이 하므로 '토스트(toast)'라 불리는 짤막한 축하의 말을 준비해 가는 것도 좋은 방법이다.

REVIEW

러시아/CIS의 여러 나라들 중 비즈니스적으로나 개인적으로 방문할 혹은 방문하고 싶은 나라의 문화와 매너에 대해 설명해 보세요.

Quiz

Q1 러시아에서 함께 근무하는 여직원에게 꽃이나 작은 선물을 주는 여성의 날은 언제인가요?

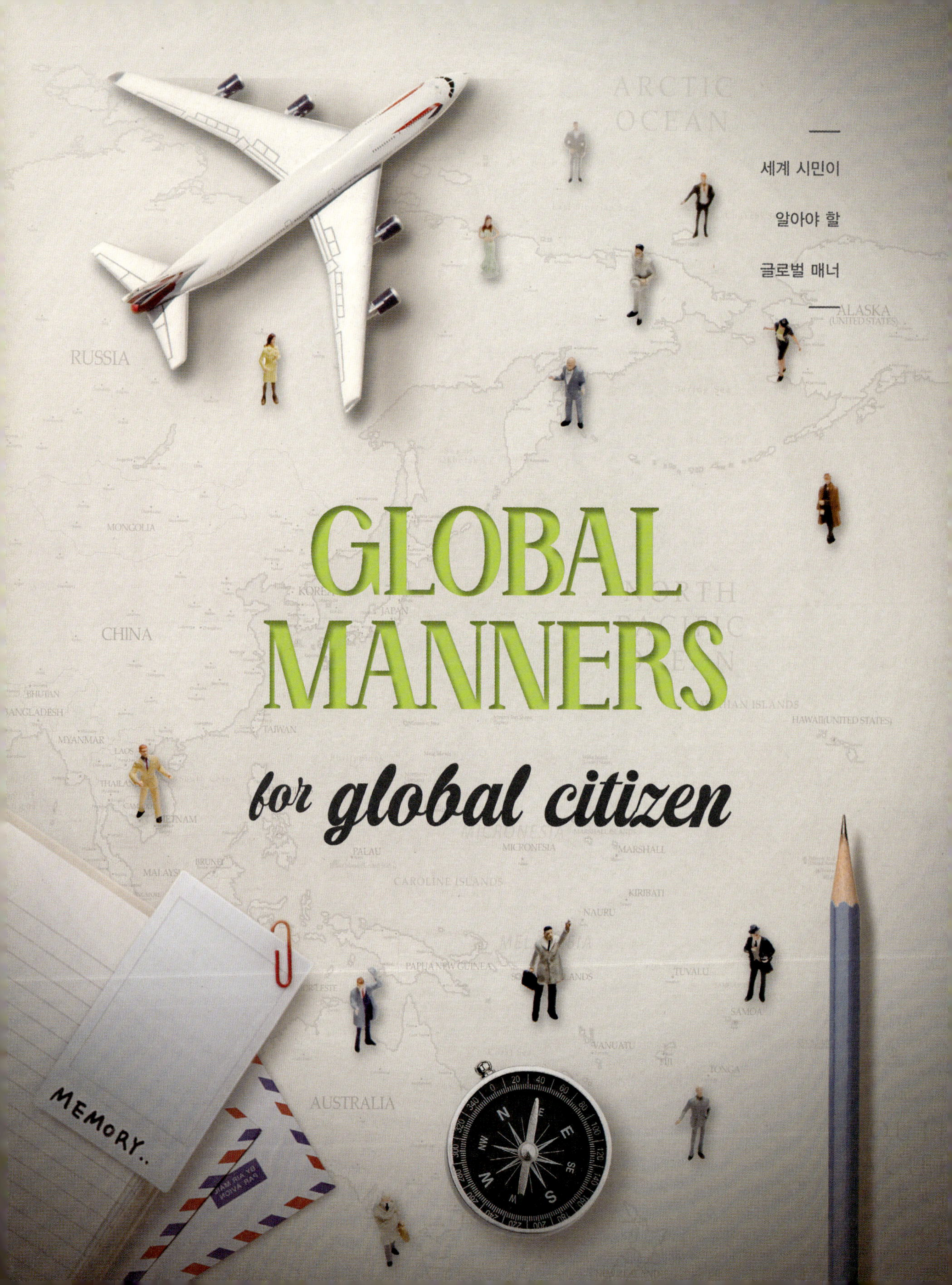
세계 시민이
알아야 할
글로벌 매너
GLOBAL MANNERS
for global citizen
MEMORY..

Chapter

03

글로벌 비즈니스 매너

세계 시민이

알아야 할

글로벌 매너

1 자기관리 매너

1) 이미지 관리

(1) 이미지의 개념

이미지(image)란 라틴어의 이마고(imago)에서 유래된 말로, 어떤 사람이나 사물로부터 받는 느낌을 의미한다(표준국어대사전). 이미지의 개념을 국가 차원에 적용한 것을 국가 이미지, 기업에 적용한 것을 기업 이미지라고 하며, 이 밖에도 브랜드 이미지, 제품 이미지, 개인 이미지 등 매우 폭넓은 영역에서 사용되고 있다.

개인의 이미지는 퍼스널 이미지라고 불리는데, 개인의 내면적 성품이나 가치관 등이 외적 형상이나 행위적 특성과 조합되어 심상(心象)의 이미지로 타인에게 각인된 것을 말한다. 이는 개인이 소속된 사회적 기준이나 문화적 특성에 따라 평가되는 상징적 체계라고 말할 수 있다.

김미경(2012)은 퍼스널 이미지의 개념을 개인의 인지적·감정적·신체적 특질이 사회심리학적 측면의 자아로 형성되어 내재적 가치관과 외재적 행동이나 태도 등으로 투영되는 시각적 형상이라고 하며 퍼스널 이미지가 갖는 사회적 기호로서의 기능을 강조하였다. 리어리와 코왈스키(Leary & Kowalski, 1990)도 사회적 상호작용 속에서 이미지는 자신을 가장 효과적으로 나타낼 수 있는 사회적 기능을 갖고 있다고 하였으며, 이미지를 개인의 능력과 사회적 역량을 제시하는 사회적 상호작용의 기호체계로 보았다.

이러한 관점에서 볼 때 개인의 내재적·외재적 특성이 심상의 이미지로 타인에게 각인되는 퍼스널 이미지는 개인의 능력과 역량을 평가하는 중요한 수단이 될 수 있다고 말할 수 있다.

(2) 이미지의 요소

김미경(2014)은 퍼스널 이미지의 구성 요소를 개인의 가치관과 성향 등을 나타내는 내적 이미지와 외모, 음성, 태도 등 외형적 측면의 요인들로 형성된 외적 이미지, 경제적·전문적 역량의 사회적 위치와 인간관계 등의 사회적 역량을 나타내는 사회적 이미지의 세 가지 차원으로 분류하였다.

① 내적 이미지

내적 이미지(internal image)란 인간의 심리적·정신적·정서적인 특성 등이 고유하고 독특하게 형성되어 있는 상태로서, 심성, 생각, 습관, 욕구, 감정 등의 유기적인 결합체를 의미한다(김경호, 2005). 좋은 외적 이미지나 사회적 이미지를 소유하고 있다 할지라도 내적 이미지 관리를 제대로 하지 못했을 때 사회적으로 지탄과 비난을 받고 추락하는 경우를 우리는 유명 정치인, 기업인, 연예인들의 사례를 통해 자주 접하게 된다. 과거에는 업적이나 사회적 지위 등을 중요시했다면, 현대인들은 사람을 평가할 때 그 사람의 인간적 됨됨이를 중요하게 생각한다. 따라서 온화한 성품, 인간다운 됨됨이 등을 갖춘 따뜻한 감성의 소유자임을 나타낼 수 있는 내적 이미지는 이미지 관리에 있어 매우 중요하다. 내적 이미지는 겉으로 드러나지는 않지만 외적 이미지와 사회적 이미지를 더욱 돋보이게 하는 힘을 가지고 있다.

② 외적 이미지

외적 이미지(external image)는 인간의 신체나 행동을 통해 외부로 표현되는 종합적인 이미지를 말한다. 외적 이미지는 다시 시각적 이미지와 청각적 이미지로 나눌 수 있는데, 시각적 이미지는 얼굴로 표현되는 인상, 옷차림, 헤어스타일, 자세나 태도, 제스처, 걸음걸이 등을 말하고, 청각적 이미지는 음색, 억양, 말투, 발음, 말의 속도 등을 말한다. 외적 이미지는 시각적 이미지만을 떠올리기 쉬우나 시각적 이미지만큼 중요한 것이 청각적 이미지이므로 좋은 외적 이미지를 갖기 원한다면 시각적 이미지와 더불어 청각적 이미지 관리에 주의를 기울여야 한다.

③ 사회적 이미지

사회적 이미지(social image)는 개인의 본질과 현상이 대인관계에서 상대적 교류로 나타나고 형성되는 관계적인 이미지를 의미한다. 사회적 이미지는 직업과 사회 및 문화 등에 의한 사회적 환경, 대화 수준과 유머 및 의사소통 수준 등의 커뮤니케이션, 예절과 배려 등의 매너와 에티켓, 인맥과 호감도 및 친밀성 등의 대인관계 수준에 의해 형성된다(송은영, 2009). "자리가 사람을 만든다."라는 말은 사회적 이미지의 영향력을 잘 표현하는 말이다. 사람은 자신의 사회적 지위, 직책, 위치 등에 따라 행동이나 태도가 달라진다. 또한 사람들과의 관계도 우리 태도와 행동에 영향을 미친다. 이처럼 인간은 사회적 이미지에 의해 인지, 감정, 행동, 태도 등이 달라지므로 사회적 이미지 관리 또한 매우 중요하다고 할 수 있다.

자기 이미지 형성 요소

내적 이미지	자아개념	자아존중감, 자아정체감, 비전 설정 등
	인지적 요소	교육 수준, 신념, 의지, 지식, 리더십 등
	정서적 요소	심성, 감정, 자신감, 욕구, 열등감, 책임감 등
	성격 및 성향	천성, 기질, 내향성, 외향성, 적극성 등
외적 이미지	신체적 요소	얼굴 이미지, 키, 체형, 피부색, 생김새 등
	표현적 요소	표정, 메이크업, 옷차림, 헤어, 컬러, 액세서리 등
	행동적 요소	걸음걸이, 제스처, 태도, 자세 등
	청각적 요소	목소리, 억양, 말의 속도, 말의 내용, 말투 등
사회적 이미지	사회적 환경	직업, 부서, 역할, 의무, 사회, 문화, 경제력 등
	커뮤니케이션	유머, 대화 수준, 의사소통 수준, 적응 수준 등
	매너, 에티켓	직장 예절, 공공질서, 에티켓, 배려, 매너 등
	대인관계 수준	인맥, 인간관계 능력, 신뢰감, 호감도, 친밀성 등

출처: 송은영(2009). 얼굴 이미지메이킹 프로그램이 자아존중감, 긍정적 사고, 얼굴 이미지 효능감에 미치는 효과분석. 명지대학교 대학원 박사학위논문, p. 9.

(3) 이미지의 영향력

국가 이미지는 어떤 국가나 국민에 대해 사람들이 가지고 있는 느낌, 연상, 혹은 믿음 등을 말한다. 한(Han, 1990)에 의하면 소비자는 제품을 구매하거나 사용하기 전에 제품의 품질에 대해 제대로 알 수 없기 때문에 제품의 품질을 판단하기 위해 국가 이미지를 활용한다고 한다. 즉, 국가 이미지는 소비자가 제품을 선택할 때 외재적 단서의 역할을 하므로 국가 경쟁력을 높이고 국가 경제에 큰 영향을 미친다고 볼 수 있다.

기업 이미지 역시 어떠한 기업에 대해 소비자들이 가지고 있는 느낌, 연상, 믿음 등을 말한다. 기업 이미지는 제품이나 기업 서비스에 대한 소비자의 태도를 나타내며 이는 곧 충성 고객과 같은 기업에 대한 신념을 창출하는 영향력을 가진다. 즉, 기업 이미지는 제품이나 서비스에 대한 태도와 선호에 영향을 미치므로, 좋은 이미지의 기업은 소비자의 제품 구매를 촉진하고 투자자들에게 신뢰와 믿음을 줄 수 있다. 또한 기업의 긍정적 이미지는 좋은 인재를 얻는 데에도 영향을 미치고 대중의 여론을 긍정적으로 형성하여 사회적 지지를 얻을 수 있으므로 결국 기업의 성공에 큰 영향을 미치게 된다. 반면 부정적인 이미지를 가지고 있는 기업은 아무리 많은 투자와 노력을 기울여도 좋은 이미지로 회복하기 어렵다. 제품이나 서비스의 기능과 품질이 좋다 할지라도 기업의 이미지가 부정적이면 소비자의 제품 평가가 낮아지고 단점은 더욱 크게 부각된다. 현재 기업들이 이미지 개선을 위해 광고에 투자하는 비용의 규모와 노력을 보면 기업 이미지가 얼마나 중요한지를 짐작할 수 있다.

국가 이미지와 기업 이미지가 중요하듯 퍼스널 이미지도 매우 중요하다. 퍼스널 이미지(personal image)는 사회에서 요구하는 정서와 행동의 규범을 자신의 가치관으로 내면화하여 태도, 행동 등으로 표현하는 것을 말한다. 이는 타인이 개인을 이해하고 평가할 수 있는 외재적 단서를 제공하므로 대인관계에 있어 매우 중요한 요소이자 경쟁력이라 할 수 있다. 따라서 사회적으로 성공하기를 원한다면 경쟁력 있는 퍼스널 이미지 구축이 필요하다. 개인의 긍정적이고 경쟁력 있는 퍼스널 이미지 구축은 기업이 전략적으로 실행하는 브랜드 이미지 구축만큼 매우 중요하다. 자신이 가지고 있는 내면의 가치와 잠재된 역량을 타인에게 효과적으로 전달하기 위해서는 퍼스널 이미지 구축이 필요하다.

(4) 이미지메이킹

이미지메이킹은 자신이 가지고 있는 내면의 가치와 잠재된 역량을 타인에게 효과적으로 전달하기 위해 이미지를 관리하고 개선하는 것을 말한다. 즉, 외적 이미지, 내적 이미지, 사회적 이미지를 강화하여 각각의 이미지들이 시너지 효과(synergy effect: 상승효과)를 낼 수 있도록 하는 것이다. 이미지메이킹은 타인으로부터의 긍정적 평가에 영향을 미치므로 중요할 뿐 아니라 개인 스스로에게도 긍정적인 영향을 미친다. 선행연구(박혜정, 2012)에 따르면 성공적인 이미지메이킹은 자신감이 생기고 곧 개인 능력의 극대화를 추구한다. 또한 Lazarus와 Folkman(1984)은 이미지메이킹으로부터 야기되는 자신감은 행동의 선택과 지속에 영향을 미친다고 하였다.

이미지가 곧 실력으로 인정받는 시대이다. 또한 이미지는 개인의 성장과 발전에도 영향을 미친다. 이렇듯 중요한 이미지는 하루아침에 만들어지지 않는다. 따라서 오랜 기간 꾸준히 좋은 이미지를 만들기 위해 노력해야 한다. 자신의 잘못된 이미지로 인해 손해를 보는 일이 없도록 이미지 관리에 만전을 기해야 하며 자신의 역량을 더욱 돋보이게 해야 할 것이다.

(5) 이미지메이킹의 5단계

① 1단계: 필요성 인식(Realize the necessity of imagemaking)

이미지메이킹의 첫 번째 단계는 이미지메이킹의 필요성과 중요성에 대해 이해하는 단계이다. 동기부여가 되지 않는 행동은 오래가지 못하고 결국 실패로 끝나게 된다. 따라서 이미지메이킹을 시작하기에 앞서 이미지메이킹이 사회생활을 하는 데 있어 왜 필요한지를 올바르게 인지해야만 한다.

② 2단계: 장단점 분석(Know your strength and weakness)

이미지메이킹의 두 번째 단계는 자신의 장점과 단점에 대해 분석하는 단계이다. 누구에게나 장점과 단점이 있다. 자신의 장점에 집중하지 못하고 타인을 흉내 내는 방식의 이미지메이킹으로는 차별화된 자신만의 퍼스널 이미지를 만들 수 없다. 타인과 차별화된 자신만의 경쟁력 있는 퍼스널 이미지 구축은 자신의 장점을 살리는 데 집중해야 한다. 따라서 장점은 더욱 계발하고 단점을 보완하기 위해서는 자신의 장점과 단점이 무엇인지 아는 것이 매우 중요하다.

③ 이미지 계발(Developing images)

이미지메이킹의 세 번째 단계는 자신의 단점을 보완하고 장점을 강화하여 자신만의 퍼스널 이미지를 만드는 단계이다. 내적 이미지, 외적 이미지, 사회적 이미지의 요소별 장단점을 파악하여 모든 이미지가 균형 있게 계발될 수 있도록 노력해야 한다.

④ 습관화와 노력(Try and make it a habit)

이미지메이킹의 네 번째 단계는 자신만의 긍정적인 이미지가 형성될 수 있도록 습관화하고 노력하는 단계이다. 현재 자신이 가지고 있는 이미지는 과거부터 오랜 시간 만들어져 온 결과이다. 자신의 습관으로 만들어 온 이미지를 개선하는 것은 결코 쉬운 일이 아니다. 따라서 자신만의 차별화되고 경쟁력 있는 긍정적인 이미지 형성은 끊임없는 노력과 습관화가 필요하다.

⑤ 폭넓은 인간관계 형성(Create a broader relationship)

이미지메이킹의 마지막 단계는 폭넓은 인간관계를 형성하는 것이다. 아무리 좋은 이미지를 가지고 있다고 해도 그 이미지를 평가해 주고 인정해 줄 사람이 주변에 없다면 아무 소용이 없다. 좋은 이미지는 관계를 통해 만들어지고 진화할 수 있다. 좋은 이미지가 타인에게 긍정적인 평가를 받고 자신의 실력으로 발휘될 수 있을 때 이미지는 더 향상되고 끊임없이 발전할 수 있는 것이다.

2) 세계 시민들과의 소통을 위한 준비, 좋은 인상

(1) 인간의 본능인 시각적 분별력

영국 세인트앤드루스 대학교 심리학 교수이자 인간지각연구소 소장인 데이비드 페렛(David Perrett)은 인간의 얼굴은 개나, 고양이, 쥐 같은 포유동물보다 더 유연하며 표정도 풍부한데, 이는 인간이 살아가는 데 있어서 신체적·사회적으로 후각보다는 시각에 의존하기 때문이라고 하였다. 인간이 살아가는 데 시각을 주로 활용하는 이유는 두려움과 위협에 대한 판단을 빠르게 하여 안전을 취하려고 하는 본능 때문인데, 순식간에 지나가는 짧은 몇 초 안에 사람의 표정을 읽고 자신의 편인지 경계해야 할 대상인지를 판단하게 되는 것이라고 한다.

또한 인간은 미추(美醜)를 빠르게 분별하는 능력을 갖추고 있다. 좋지 않은 장면이나 모습을 보면 본능적으로 시선을 돌리게 되지만, 아름다운 것을 보면 뇌에서 쾌감을 느끼게 되고 그 행복을 오래도록 마음에 담아 두고 싶어 하는 것이다. 아름다운 풍경이나 그림을 보고 행복해지는 경험, 그 아름다움을 간직하고 싶어 사진으로 담아 두는 경험을 누구나 한 번쯤은 해 보았을 것이다. 이처럼 인간의 뇌의 시각 피질은 아주 짧은 시간에 미추를 분별하고 사물을 판단하는 신속한 분별력을 가지고 있다. 그러기에 척 보고 상대에 대해 판단하는 것은 인간의 뇌가 가지고 있는 본능이다.

여성 심리학자 러네이 엥겔른(Renee Engeln)은 타인의 반응을 감시하는 데 에너지를 쏟고, 보여 주기 위한 아름다움에 집착하는 외모 강박의 문제점을 지적한 바 있다. 외적인 것에 치중하느라 자신의 감정과 에너지를 과다하게 소모하고 다른 중요한 목표를 수행하는 데 방해를 받는다면 그것은 분명 잘못된 것이다.

그러나 외모 강박과 같이 외모 가꾸기에 과다한 에너지를 쏟거나 목표 달성에 방해가 될 정도가 아니라면 인상을 좋게 관리하는 것은 절대적으로 필요하다.

(2) 인상의 중요성

사회생활을 하며 좋은 인상을 가져야 하는 이유는 네 가지 측면에서 그 의미를 가지고 있다.

① 초두효과가 주는 일관성의 원칙

처음 들어온 정보가 나중에 들어온 정보의 해석에 영향을 미친다는 것이 바로 '초두효과(primary effect)'이다. 초두효과는 인간의 뇌에 매우 강력하게 각인이 된다. 이는 동일한 곱셈식에서 맨 앞의 숫자를 어떻게 제시하느냐에 따라 참여자들이 예측한 답의 추정치에 큰 차이가 있었다는 심리학자 대니얼 카너먼(Daniel Kahneman)의 실험을 통해 증명된 바 있다.

심리학자 대니얼 카너먼의 실험

A그룹	B그룹
8×7×6×5×4×3×2×1=?	1×2×3×4×5×6×7×8=?

A의 추정치 2,250 > B의 추정치 512

우리나라의 한 방송사에서도 첫인상의 중요성에 대한 실험을 한 사례가 있다. 참여자들에게 낯선 사람을 소개하며 그 사람에 대한 설명을 긍정적인 단어를 먼저 제시하는 경우와 부정적인 단어를 먼저 제시하는 경우로 나누어 실험을 해 보았다. 그 결과, 긍정적인 표현을 먼저 들은 경우, 소개받은 사람에 대해 '좋은 사람이다' 혹은 '친구하고 싶다'로 평가한 반면, 부정적인 표현을 먼저 들은 경우, '별로 좋은 사람이 아니다' 혹은 '친구하고 싶지 않다'로 평가하였다.

첫인상 실험

구분	단어 제시 순서	참여자들의 평가
A그룹	똑똑하다 → 근면하다 → 즉흥적이다 → 비판적이다 → 고집이 세다→ 시기심이 많다	친구 하고 싶다. 좋은 사람이다.
B그룹	시기심이 많다 → 고집이 세다 → 비판적이다 → 즉흥적이다 → 근면하다 → 똑똑하다	친구하고 싶지 않다. 별로 좋은 사람이 아니다.

출처: MBC 스페셜(2009. 01. 04). 첫인상.

이와 같은 두 가지 실험 사례는 첫인상이 주는 효과, 즉 '초두효과'를 잘 설명하고 있다. 사람은 처음 자신이 판단한 결과를 그대로 유지하고 믿고 싶어 하는 '일관성의 원칙'을 갖고 있다. 부정적 첫인상을 가진 사람이 실수했을 경우, 그 실수가 더 크게 보이게 되며, '그럴 줄 알았다', '처음 볼 때부터 별로더라' 등의 부정적인 평가로 처음 했던 자신의 평가를 일관되게 유지하려 한다. 이처럼 첫인상이 좋지 않은 경우에는 자신에 대한 다른 여러 가지 평가를 부정적으로 받게 될 우려가 크다. 인간은 누구나 실수를 하게 된다. 그 실수를 작게 보이게 하는 것, 타인으로부터 신뢰와 믿음을 받을 방법은 바로 좋은 인상을 갖는 것이다.

② 내면과 실력을 판단하게 하는 중요한 단서

사람의 첫인상은 순식간에 전달되는 것이지만 상대가 자신을 판단하는 잣대가 되므로 잘못된 인상으로 오해를 사서 자신의 참모습을 보여 주지 못하게 되는 일이 없어야 한다. 간혹 좋은 인상을 잘생긴 눈, 코, 입 등의 생김새로 이해하거나 남들 앞에서 미소 짓는 것만으로 착각하는 사람들이 있다. 이런 생각을 하게 되는 이유는 얼굴에서 읽을 수 있는 사람의 내면과 삶의 모습에 대해 간과하기 때문이다. 얼굴로 사람의 내면을 알 수 없다고 생각하는 것은 대단한 착각이다. 언어적 메시지는 거짓을 말할 수 있지만, 비언어적 메시지인 얼굴 표정은 그 사람의 진심을 말할 확률이 매우 높다.

얼굴 = 얼(정신적인 것) + 굴(모양새)

얼굴은 정신적인 모양새를 의미하는 단어로 사람의 내면과 마음 상태를 나타내는 매우 유용한 단서이다. 그러기에 인간은 표정으로 자신의 속마음을 드러내기도 하고 상대방의 기분을 판단하기도 한다. 아무리 좋은 마음가짐과 인격을 가지고 있다 하더라도 외적으로 표현이 안 되는 것도 매우 큰 문제이다. 따라서 타인이 자신의 내면과 삶의 모습을 판단하는 데 기준이 되는 인상을 좋게 만들어야 한다.

③ 상대의 기분과 태도에 영향

인상 관리에 신경을 쓰지 않는 사람들이 간과하고 있는 것이 있다. 그것은 바로 얼굴 인상이 상대의 반응에 매우 강력한 영향을 미친다는 것을 모르는 것이다. 인상의 중요성을 모르는 사람들은 외적인 것보다는 내면의 중요성만을 생각하거나 자신의 얼굴이니 어떻게 하든 남이 무슨 상관이냐고 생각한다. 그러나 표정은 상대방의 기분에 매우 강한 영향력을 미치고 그로 인해 태도나 행동을 달라지게 한다.

모든 인간관계는 서로 간 영향을 주고받는 상호작용 속에서 이루어지는 것이므로 좋지 않은 표정으로 상대의 기분을 건드리면 이는 자신에게도 다시 손해가 되어 돌아오게 된다. 따라서 좋은 인상으로 자신과 관계를 맺는 여러 사람의 태도와 행동을 더 긍정적으로 만들어야 할 것이다. 아무리 뛰어난 능력을 갖춘 사람도 혼자서는 성공할 수 없고 주변 사람들의 도움과 협력, 인정을 통해 더욱 큰 성과를 낼 수 있다. 따라서 타인으로부터 긍정적인 반응을 끌어내는 데 기본이 되는 인상 관리는 일의 성과에도 영향을 미치게 된다.

좋은 인간관계를 맺는 일은 복잡하고 어려운 과정이다. 오죽하면 세상에서 가장 어려운 일이 사람의 마음을 얻는 일이라고 말하지 않는가? 사람의 마음을 얻게 되면 자신을 지지하고 도와주는 사람이 많아지게 되어 성공하는 데 매우 유리하다. 상대를 기분 좋게 하고 편안하게 해 주는 호감 가는 인상은 사람의 마음을 얻게 한다. 사람의 마음을 얻는 일은 돈이나 값비싼 선물이 아닌 마음을 전하는 것이다. 말로 표현하지 않아도 얼굴 인상으로 자신의 마음을 전달한다면 상대의 마음을 손쉽게 얻을 수 있다.

사회생활을 하는 데는 사람의 마음을 얻어야 하는 결정적 순간이 많이 있다. 예를 들면, 취업을 위한 면접이나 영업을 위한 미팅, 상대의 도움을 얻어야 하는 순간 등이다. 이러한 결정적 순간에서 상대의 마음을 어떻게 얻느냐에 따라 사람의 인생은 달라질 수 있다. 이렇듯 인생의 성공 여부에 지대한 영향을 미치는 것이 바로 인상이다.

④ 만국의 공용어인 미소

우리는 글로벌 시대에 살고 있다. 각 문화권마다 언어와 제스처는 차이가 있다. 그러나 어느 문화권에서든 통하는 만국의 공용어가 있다면 그것은 바로 '미소'이다. 말이 통하지 않아도 우리는 미소로 호의, 감사, 행복 등의 마음을 전달할 수 있다. 글로벌 시대를 살아가는 우리는 앞으로 수많은 문화권의 사람들과 소통해야 한다. 미소는 타 문화권 사람들과의 원활한 소통을 위한 준비이자 세계 시민으로서 갖추어야 할 중요한 자질이다.

좋은 인상을 만드는 데는 매우 많은 노력과 관리가 필요하다. 좋은 인상은 철저한 내면의 관리와 얼굴 표정 연출로 만들 수 있는데, 오랜 시간의 연습과 습관화가 중요하다. 좋지 않은 표정으로 자신의 감정을 그대로 얼굴로 나타내는 것은 솔직한 것이 아니라 무책임한 것이고 자기관리가 부족한 것이다. '화약춘풍 숙약추상(和若春風 肅若秋霜)'이라는 말이 있다. 이는 남에게는 봄바람처럼 포근하게 대하되, 자기에 대해서는 가을 서릿발처럼 엄숙해야 한다는 말이다. '춘풍추상(春風秋霜)'과 같이 철저한 자기관리로 타인에게 온화함과 관대함을 나타내는 좋은 인상을 갖는 노력이 우리에게 필요하다.

성공하고 싶은가?

그렇다면 자신의 내면적인 가치와 진정한 능력을 인상에 담아야 하고 원만한 인간관계 유지에 필요한 인상을 잘 관리해야 한다. "구슬도 꿰어야 보배다."라는 말이 있다. 자신의 내면적 가치와 능력을 외면으로 조화롭게 표현하는 일, 타인과 어울리는 능력을 기르는 일, 이것은 '인상 관리'이며, 자신이 가지고 있는 구슬들을 꿰어 보배로운 삶을 만드는 일과 같다.

REVIEW

1. 자신이 보는 이미지와 타인이 자신을 보는 이미지는 어떻게 다른지 이야기해 보세요.
2. 이미지메이킹의 단계를 설명해 보세요.
3. 인상은 왜 관리해야 하는지 주위 사람들과 의견을 나누어 보세요.

Quiz

Q1 이미지의 요소 3가지는 무엇인가요?

Q2 처음 들어온 정보가 나중에 들어온 정보의 해석에 영향을 미치는 현상을 무엇이라 고 하나요?

2 비즈니스를 위한 준비, 복장 매너

1) 복장의 의미

복장은 시대에 따라 유행이 달라지고 디자인, 색채 등 많은 변화가 있었지만 시대를 불문하고 사람의 개성, 신분, 직업 등을 나타내는 수단이었음에는 분명하다. 로버트(Robert)라는 아티스트는 '복장은 특정한 룩과 자신의 외모를 결부시켜 스스로 자신을 어떻게 생각하는지 확인할 수 있는 수단'이라고 말한 바 있다. 이처럼 우리는 패션을 통해 자신을 표현하고 정체성을 확인한다.

"옷은 인간을 만든다. 벌거벗은 인간은 사회에 거의 또는 영향을 미치지 못한다." 마크 트웨인(Mark Twain)의 말이다. 이는 옷차림이 주는 사회적 의미에 대해 잘 설명하고 있다.

2016년 잡코리아가 남녀 직장인 502명에게 '직장인 패션'을 주제로 설문 조사를 한 결과 직장인들의 77%가 '신뢰감 있는 인상을 심어 주기 위해', '직장생활의 기본 예의' 등을 이유로 패션에 신경을 쓰고 있었다. 또한 '회사 동료들의 패션에 신경을 쓰는지'에 대한 질문에는 '전혀 신경 쓰지 않는다'는 답변이 7.0%에 불과해 대다수의 직장인들은 동료들의 패션에 신경 쓰고 있다는 점을 알 수 있다. 이는 비즈니스에서 복장이 얼마나 중요한지를 짐작할 수 있게 하는 자료이다.

21세기는 이미지의 시대이다. 기업은 물론 개인도 자신의 이미지를 드러낼 수 있는 다양한 연출을 위해 고민하고 있다. 이미지 관리는 대인관계, 사회적 성공과 직결되어 경쟁력으로 인정받는 시대이므로 연령이나 성별을 불문하고 이미지 관리를 위해 경제적·시간적 투자를 하고 있는 것이다.

프랑스 사회학자 부르디외(Bourdieu)는 동일한 계급의 구성원들은 인지, 태도, 행위의 속성, 의식, 지각과 판단, 취향, 사물의 구별 짓기 등에서 상호 유사성을 공유한다고 하였으며, 계급과 문화적 성향들 사이에 내재된 연결 고리를 아비투스(habitus)라 칭하였다. 아비투스란 같은 집단이나 계급 구성원 모두에게 공통적인 인지 개념, 행위의 도식이며 구성원들의 문화적 상징 및 생활 양식을 매개하는 것으로, 개인적인 취향은 자신이 속해 있는 계층 및 계급 내에서 형성된 아비투스에 의해 결정되고 이것은 개인 상호 간의 연결 매개체가 된다고 할 수 있다.

즉, 아비투스에 의해 결정된 복장은 개인적 취향, 친밀감, 동일시를 이끌어 내는 소통의 도구라고 할 수 있는 것이다.

미국 심리학자 앨버트 메라비언(Albert Mehrabian)은 사람의 첫인상에 영향을 미치는 요소 중 복장, 표정 등의 시각적 인상이 55%를 차지한다고 하였다.

첫인상에 영향을 미치는 요소(메라비언의 법칙)

시각적 55%(표정, 옷차림, 몸가짐)
청각적 38%(목소리 크기, 억양, 말투, 음색)
말의 내용 7%

수사학의 대가인 아리스토텔레스 역시 사람을 설득하는 데는 논리적 근거나 실증적 자료가 아닌 인격적 측면과 감정적인 측면이 훨씬 중요함을 강조한 바 있다.

설득의 요소

이토스(ethos): 60%(사람의 인격적 측면)
파토스(pathos): 30%(사람의 감정적인 측면)
로고스(logos): 10%(논리적 근거, 실증적 자료)

상대를 설득하기 위해서는 상대로부터 호감을 사고 감정적인 측면에 호소한 후, 논리적인 근거를 제시하는 것이 현명한 방법이다.

사람을 외양으로 판단하는 것은 성숙한 사람이 아니다. 그러나 사람은 미숙하고 감정적인 존재이므로 사람을 평가할 때 겉모습을 살피게 된다. 따라서 좋지 않은 겉모습으로 자신의 진짜 내면을 보여 줄 수 있는 기회를 놓치는 일이 없어야 한다.

'편한 것을 좇으며 대충 살고 싶은가?', '아무렇게나 하고 다녀 불이익을 받아도 상관없는가?', 아니면 '자신의 인생을 성공적으로 만들고 싶은가?'

비즈니스를 성공적으로 하기 위해서는 직장인은 옷차림으로 자신의 능력과 역량을 상대방에 대한 성의와 존중을 보여 주어야 한다.

2) 복장의 중요성

(1) 상대와 일에 대한 성의와 존중의 표현

우리는 면접, 프리젠테이션 등과 같은 중요한 일이 있을 때 복장에 신경을 쓴다. 이는 상대에게 호감 가는 이미지를 연출하기 위함이기도 하지만 그 일이 자신에게 얼마나 중요한지를 표현하기 위함이기도 하다.

아마도 복장에 신경 쓰지 않고 면접에 임한 지원자나 발표자를 좋게 생각하는 사람은 없을 것이다. 일에 임하면서 복장에 신경을 쓰지 않았다는 것은 그 일이 중요한 일이 아니라는 간접적인 표시로 해석하게 된다. 따라서 준비되지 않고 그 일을 중요하게 생각하지 않은 사람으로 판단된다면 지원자의 역량이나 성격 등은 더 이상 중요하지 않게 된다. 복장에 신경 쓰고 준비를 하는 것은 비즈니스에 있어 기본적인 성의와 예의를 다하겠다는 중요한 의사 표시이다.

(2) 자신감과 능력, 유능함의 표현

우리는 옷차림을 통해 상대의 직장, 생활, 환경, 성격, 취미, 교양, 인격 등을 짐작한다. 복장은 개인에 대한 함축적인 정보를 시각적으로 전달하는 매개체로서 사람의 성격, 가치관, 지위, 능력 등을 평가하는 기준으로서의 역할을 한다. 복장을 통해 전달한 메시지는 타인에게 신뢰감을 형성하게 하므로 인간관계를 원만하게 하고, 일의 성과에도 영향을 미치게 된다.

프랑스 역사학자 페르낭 브로델(Fernad Braudel)은 "모든 진보의 원천은 복식, 구두, 헤어스타일과 같은 사소한 것에서 스스로를 부단히 표현하려는 결단에 있다."고 말한 바 있다. 즉, 복장은 단순한 패션으로서의 의미라기보다 자신에 대한 표현이자, 발전의 원동력이 될 수 있으므로 복장을 통해 자신을 적극적으로 표현하기 위한 노력이 필요하다.

(3) 상대방의 태도나 행동에 영향

심리학자 레오나르도 빅맨(Leonardo Vickman)은 공중전화 동전 반환구에 동전을 놓아두고, 사람들이 그 동전을 주머니에 넣으면 다가가서 "동전 혹시 못 보셨습니까?" 라는 질문을 하여 어느 정도의 회수율을 보이는지 연구했다. 그 결과, 단정하고 깔끔한 복장을 한 사람이 다가가서 질문을 할 때 허름한 복장의 사람에 비해 동전의 회수율이 높았다.

심리학자 빅맨의 실험

"동전 혹시 못 보셨습니까?"

넥타이를 맨 정장 차림의 남자 VS 허름한 차림의 남자
산뜻한 정장 차림의 여자 VS 허름한 블라우스와 스커트 차림의 여자

한편 심리학자 블레이크(Blake)와 모우튼(Mouton)은 차림새를 다르게 한 두 남자가 무단 횡단을 할 때 어느 정도의 사람이 따르는지에 대한 실험을 했다. 그 결과 허름한 차림의 사람보다 정장 차림의 사람이 무단 횡단을 할 때 4배나 많은 사람이 따르는 것을 알 수 있었다.

이 두 가지의 실험 사례를 통해 우리는 복장이 주는 영향력을 짐작할 수 있다. 이처럼 복장은 타인의 태도나 행동에 영향을 미친다.

(4) 자신의 마음가짐과 행동을 통제

인간은 환경의 지배를 받는 동물이다. 인간은 어떠한 환경에 놓여 있느냐에 따라 다른 행동과 다른 태도를 갖게 된다. 옷차림은 인간에게 영향을 미치는 중요한 환경적 요소라고도 말할 수 있다. 집에서 편안한 복장을 하고 있을 때와 단정한 정장을 갖추어 입었을 때 행동, 태도, 마음가짐 등이 달라지는 경험을 해 보았을 것이다. 비즈니스에서 단정하고 준비된 복장은 일에 대한 준비이기도 하고, 흐트러짐 없이 성실하게 일에 임할 수 있도록 자신의 몸과 마음을 컨트롤해 주는 역할을 한다. 자기 암시로 작용하여 행동과 태도를 통제하는 복장의 역할은 개인의 성실한 사회생활을 뒷받침하는 원동력이다.

3) 복장의 기본 원칙

(1) T.P.O를 고려할 것

T.P.O는 시간(time), 장소(place), 상황(occasion)을 말한다. T.P.O는 옷을 입을 때는 시간, 장소, 상황에 맞게 옷을 입어야 한다는 일종의 공식이다. 비즈니스는 목적을 가지고 상대를 만나는 것이므로 자신의 개성과 스타일을 표현하기보다 전략적인 스타일링으로 프로페셔널한 모습을 보여 주는 것이 중요하다. 그러기 위해서는 비즈니스 복장의 기본 원칙인 T.P.O를 기억해야 한다.

(2) Add T.P.O

21세기를 살아가는 우리가 비즈니스를 성공적으로 해 나가기 위해서는 T.P.O의 기본 공식 외에 추가로 고려해야 할 사항(add)이 있다. 그것은 'A(appearance), D(destination), D(dye)'의 세 가지 요소이다. A(appearance)는 자신의 능력과 장점을 보여 주는 것이다. 누구나 신체적 장점과 단점이 있다. 자신의 신체적 단점을 커버하고 장점이 잘 드러날 수 있는 복장, 내면의 가치와 진정한 실력을 나타낼 수 있는 복장의 연출이 있어야 한다. D(destination)는 목적이 있어야 한다는 것이다. 복장을 통해 얻고자 하는 목적, 즉 신뢰감이나 따뜻함, 성의 등과 같은 목적이 잘 드러날 수 있도록 해야 할 것이다. 마지막 한 가지 D(dye)는 '물들다'는 의미로 조직과 집단에 잘 어울리는 것을 말한다. 비즈니스 복장에서 특히 신경 써야 할 부분은 자신의 개성과 이미지를 연출하되 조직과의 조화를 고려해야 한다는 것이다. 따라서 자신이 속한 집단, 사람들과의 조화를 이룰 수 있는 복장이 좋은 복장이다.

4) 비즈니스 정장

복장은 매우 다양하기 때문에 정장의 경우도 포멀한 정장부터 캐주얼한 정장까지 매우 다양한 종류가 있다. 본 책에서는 기본적이고 정통적인 비즈니스 복장을 다루기로 한다.

(1) 여성의 정장

여성의 복장은 생각보다 많은 분류로 나눠져 있다. 재킷의 스타일, 스커트와 바지의 스타일 등이 매우 폭넓고 다양하다. 그러나 비즈니스 정장의 기본 개념을 알고 있으면 옷을 구매하거나 코디할 때 유용하게 활용할 수 있을 것이라 생각된다.

① 비즈니스 정장의 컬러와 아이템

비즈니스 정장으로는 슈트와 같은 베이직한 아이템이 신뢰를 얻을 수 있어 좋다. 컬러 역시 검정, 네이비, 베이지, 그레이 등과 같은 기본 컬러가 무난하다.

② 슈트(Suit)

여성 슈트란 재킷과 블라우스(혹은 셔츠), 스커트(혹은 바지)의 세트를 말한다. 기본적으로 여성 슈트는 상의와 하의가 같은 재질로 만들어진 것이다.

③ 싱글 재킷(Single jacket)

비즈니스 웨어로 가장 전형적이고 보수적인 클래식 재킷이다. 싱글 재킷은 대부분의 다양한 디자인의 하의와 무난하게 잘 어울린다. 싱글 재킷에 타이트스커트는 비즈니스 웨어의 기본이다.

④ 더블 재킷(Double jacket)

더블 재킷은 키가 크고 마른 체형의 사람에게 잘 어울리는 디자인이다. 격식을 차린 자리에서는 단추를 모두 채워 입는 것이 원칙이나 상황에 따라 단추를 다 채우지 않아도 부드러운 느낌을 줄 수 있고 자연스런 연출이 가능하다.

⑤ 노 칼라 재킷(No collar jacket)

키가 작거나 마른 체형에게 어울리는 재킷으로 깔끔한 느낌과 여성적인 분위기를 연출하는 데 유용하다. 칼라가 없는 단순한 디자인이므로 장식 있는 블라우스나 스카프 등으로 연출하면 세련된 느낌을 줄 수 있다.

⑥ H라인 스커트

정장용 스커트로 가장 보편적인 스커트 스타일이다. 키나 체형에 상관없이 누구에게나 잘 어울리며 단정한 분위기를 연출할 수 있다.

⑦ 액세서리(Accessory)

비즈니스 웨어에 적합한 액세서리는 작고 단정한 것이 좋다. 심플한 타입의 액세서리는 깔끔한 인상을 줄 수 있어 이미지 향상에 도움이 된다. 스카프나 브로치는 적절히 매치했을 때 세련되고 멋스러운 느낌을 줄 수 있다. 너무 화려한 색깔이나 무늬의 옷에는 지양하되 깔끔한 정장에 적절히 포인트를 주는 것은 센스 있어 보인다.

⑧ 백(Bag)

비즈니스 웨어에 어울리는 백은 지나치게 화려하지 않고 깔끔한 디자인이 좋다. 명품 로고가 두드러지거나 보석이나 장식이 많은 것은 좋지 않다. 정장용 백은 옷과 구두의 색깔, 자신의 체형을 고려한 디자인을 선택하되 깨끗하게 보관되어 백의 모양이 흐트러지지 않은 것을 선택해야 한다.

⑨ 킬힐과 현란한 스타킹은 금물

정장에 어울리는 구두는 굽이 너무 높거나 낮지 않아야 한다. 정장용 구두는 3~7cm 내외의 굽이 적당하다. 색상이나 모양이 심플하고 베이직한 것이 좋다. 샌들이나 부츠 등은 정장에 어울리지 않고 현란한 색상이나 무늬의 스타킹도 피해야 한다.

⑩ 여성용 구두의 종류

- 펌프스(pumps): 가장 일반적인 정장용 여성 구두를 말한다. 굽 높이에 따라 하이힐·미드힐·로힐 펌프스로 나뉘며, 노출 부분에 따라 사이드(side)오픈·토(toe)오픈 펌프스 등으로 불린다.
- 플랫슈즈(flat shoes): 굽이 2cm를 넘지 않는 단화를 말한다. 바닥에 납작하게 붙어 있는 형태로 스커트, 원피스 등의 옷차림에 어울린다.
- 슬링백(sling-back): 앞은 막혀 있고 뒤는 샌들처럼 끈으로 되어 있는 구두를 말한다. 한여름 샌들을 신기 전 간절기에 많이 신는 구두이다.
- 뮬(mule): 슬리퍼 형태의 구두를 말한다. '빨간색 물고기'라는 뜻의 '뮬'은 이탈리아의 베네치아에서 뒤가 트인 빨간색 실내화가 유행한 것이 그 시초이다. 이

는 한여름 샌들로 일반화되었다.

- 웨지 힐(wedge heel): 보통 뒷굽만 있는 다른 구두들과 달리 발바닥 앞쪽까지 굽이 이어져 있는 신발을 말한다. 앞부분에 보통 2㎝ 이상의 굽을 더하므로 발목의 부담을 덜어 주게 된다.
- 플랫폼(platform): 앞부분에도 2~3㎝의 굽이 있는 펌프스를 말한다. 흔히 통굽이라고 불리기도 하고, 웨지 힐 슈즈도 플랫폼의 한 종류이다.
- 부티(bootee): 복사뼈를 겨우 가리는 발목이 보일 듯 말 듯한 장화형 구두이다. 부츠에 비하면 발등이 드러나는 경우가 많아 부츠보다 날렵해 보이고 신고 벗기에 편리하다.
- 부츠(boots): 발목 이상으로 길게 올라오는 신발을 부츠라고 부른다. 길이에 따라 롱부츠, 앵클부츠 등 다양하게 불린다.

(2) 남성의 정장

남성의 정장은 여성의 정장에 비해 비교적 정해진 스타일과 격식이 있다. 다음의 몇 가지 사항에 유의하여 정장을 입는다면 더욱 멋스러운 비즈니스 복장이 표현될 수 있을 것이다.

① 정장의 색상

비즈니스 웨어의 가장 기본이 되는 색상은 감색의 2버튼 슈트이다. 감색의 슈트는 생동감과 활동성, 전문성과 신뢰감을 느끼게 해 주는 비즈니스 웨어의 대명사라 할 수 있다. 검정색 정장은 격식을 차린 포멀한 이미지부터 활동적이고 세련된 이미지까지 다양한 연출이 가능하므로 젊은 층에서 많이 선호하고 있는 색이기도 하다. 검정색 정장은 예복을 대체할 수 있는 색상이므로 비즈니스 외에도 파티, 음악회, 경조사 등의 행사에 유용하게 입을 수 있다.

② 피팅 포인트

- 어깨: 재킷의 사이즈를 선택할 때 절대적인 기준이 되어야 할 정도로 중요하다. 어깨선의 위치가 슈트를 입었을 때 어깨의 끝선 정도에 위치하되 어깨선이나 암홀에 주름이 생기지 않았는지 체크하도록 한다.
- 등: 재킷의 등판에 가로 주름이 생기면 작은 것이고 세로 주름이 생기면 큰 것이므로 등판의 주름을 체크하여 사이즈 적합 여부를 확인한다.
- 품: 재킷의 버튼을 채운 상태에서 재킷 안에 손을 넣었을 때, 주먹 하나가 들어갈 정도의 여유가 있어야 활동하기에 편안한 사이즈이다. 단추를 채운 후에 주름 여부도 확인하여 주름이 생기거나 너무 들뜨지 않는지를 확인해야 한다.
- 소매: 재킷의 소매는 팔을 자연스럽게 내렸을 때 손목의 관절이 가려지는 정도가 적당하다.
- 재킷: 재킷의 길이가 짧은 것을 선호하는 젊은 세대들이 있기도 하지만, 비즈니스 웨어의 기본은 엉덩이를 덮는 길이의 재킷이 정석이다. 면접이나 비즈니스 현장에서는 클래식한 슈트를 지향하는 것이 원칙이므로 최소한 엉덩이의 8할 정도는 덮는 길이가 적당하다. 재킷의 주머니에는 아무것도 넣지 않는 것이 좋다.
- 바지: 바지의 피팅에서 가장 중요한 부분은 엉덩이와 허벅지이다. 바지를 입은 후 손으로 쥐어 2~3cm의 여유가 있다면 적당한 것이다. 따라서 엉덩이와 허벅지를 먼저 맞춘 후 그에 따라 허리를 수선하는 것이 맞다.

③ 셔츠

- 셔츠는 여름이라 할지라도 긴 소매가 원칙이다. 셔츠의 소매는 재킷의 소매보다 1~1.5cm 정도 길게 나오도록 입는 것이 좋다.
- 셔츠 안에는 속옷을 입지 않는 것이 원칙이다. 속이 비치는 것이 신경 쓰이고 어색하게 느껴진다면 비치지 않는 셔츠의 재질로 잘 골라서 입는 것이 좋다.
- 셔츠의 목둘레는 너무 꽉 조여서 불편하거나 느슨하지 않도록 손가락 하나가 들어갈 만큼(1cm 정도)의 여유가 있어야 한다. 단추는 최상단의 단추까지 모두 잠그는 것이 기본 원칙이며 타이의 매듭도 보기 좋게 잡을 수 있다.
- V존이란 상체의 목이 시작되는 곳부터 재킷 상의의 첫 번째 단추가 채워진 지점까지를 말하는데, 상대의 시선이 가장 먼저 머무르는 곳이기에 첫인상을 결정하는 데 큰 역할을 한다. 칼라의 모양에 따라 느낌이 달라질 수 있고 칼라 끝 각도가 얼굴로 가는 시선에 영향을 미치기 때문에 셔츠를 선택할 때 특히 신경 써야 할 부분이다.
- 칼라의 모양: 셔츠의 칼라 모양은 매우 다양하다. 여기에서는 정장 셔츠에 주로 애용되는 보편적인 칼라의 모양 위주로 다루고자 한다.

칼라의 종류		특징
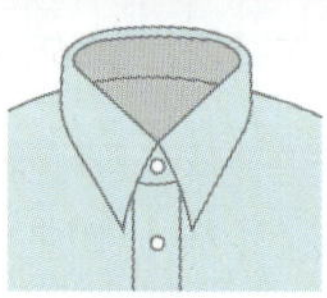	레귤러 칼라 (Regular Collar)	•가장 기본적인 칼라 •어떠한 얼굴형에도 잘 어울림 •얼굴이 둥글고 넓적한 스타일이라면 레귤러 칼라가 무난함
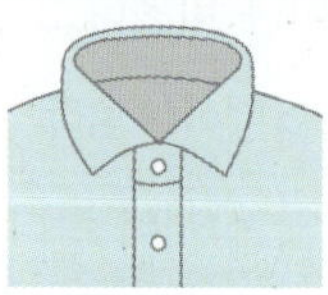	세미 와이드 칼라 (Semi-Wide Collar)	•칼라의 벌어진 각도가 100도 이상 •칼라가 넓고 긴 것이 특징
	와이드 칼라 (Wide Collar)	•칼라의 벌어진 각도가 180도에 가까움 •영국 윈저공이 애용했다고 하여 윈저칼라라고도 부름

칼라의 종류		특징
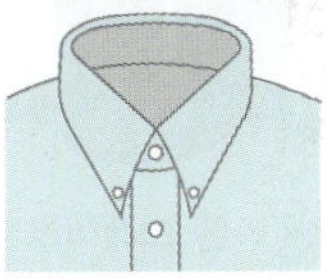	버튼 다운 칼라 (Button Down Collar)	•칼라 깃에 버튼(단추)이 달려 있어 고정할 수 있는 칼라의 모양 •다른 셔츠에 비해 캐주얼한 느낌의 디자인
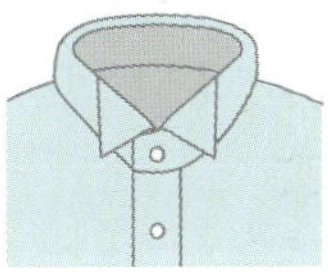	윙 칼라 (Wing Collar)	•칼라의 꺾인 부분이 새 날개를 연상하게 하는 데서 유래 •매우 격식 있는 디자인으로 예복에 어울림

- 길이: 드레스셔츠의 길이는 엉덩이에 닿는 긴 길이가 좋다. 짧은 셔츠는 허리를 숙이거나 활동할 때 셔츠가 빠져나와 관리하는 데 불편할 수 있다.

④ 타이

- 색상: 초보자라면 너무 원색적인 색상의 타이보다는 정장의 색과 맞추는 것이 좋다.
- 무늬: 무늬는 독특한 무늬보다 물방울, 스트라이프 등의 전통적인 무늬, 작은 무늬가 무난하다.
- 넥타이의 폭은 너무 좁으면 정중한 느낌을 전달할 수 없으므로 정장에 너무 좁은 폭의 타이를 매지 않도록 주의한다. 보통 격식 있는 비즈니스 정장에 어울리는 타이의 폭은 9cm 정도이다. 그러나 이보다 좁은 폭을 원한다면 7cm 정도 폭의 타이를 매는 것은 무방하다.

⑤ 바지

남성의 바지 길이는 여러 종류로 나뉠 수 있다. 유행만을 좇기보다 자신의 취향을 고려하여 바지 길이를 선택하는 것이 좋다. 아래의 바지 길이 종류를 보면 스타일을 연출하는 데 도움이 될 수 있을 것이다. 커프스 밑단은 턴-업이라고도 불리는데 원칙적으로는 포멀한 비즈니스 웨어로 적합하지 않으므로 유의해야 한다.

크롭 노브레이크 슬라이트 브레이크 하프(미디엄) 브레이크 풀 브레이크

- 크롭: 발목 위 5cm 정도의 극단적으로 짧은 바지 길이를 말한다. 양말 선택에 특히 신경을 써야 하며 비즈니스 정장에는 어울리지 않는다.
- 노브레이크: 바지 밑단의 꺾임(브레이크)이 없이 말끔하게 떨어지는 길이이다. 양말이 보이며 바지에 꺾임이 전혀 없기 때문에 현대적이고 캐주얼한 느낌을 준다.
- 슬라이트 브레이크: 약간의 꺾임(브레이크)이 발생하나 실루엣에 영향을 주지 않는 바지 길이이다. 미디엄 브레이크보다 더욱 현대적이며 비즈니스 슈트에 적합하다. 보통 캐주얼에도 쉽게 매치할 수 있는 바지 길이로 몽크 스트랩, 로퍼, 단화 등과 잘 어울린다.
- 하프(미디엄) 브레이크: 신발끈 구멍 첫 번째와 두 번째까지 내려오는 길이로 서 있을 때 양말이나 발목이 노출되지 않는 길이이다. 비즈니스 슈트의 표준이라고 볼 수 있다. 풀 브레이크와 마찬가지로 보수적인 편에 속하지만 현대적인 느낌을 주므로 비즈니스 룩으로 적합하다.
- 풀 브레이크: 신발의 중간 또는 그 이상을 덮기도 하는 길이이다. 보통 풀 브레이크는 바지의 통이 넓은 경우에 어울리고, 전통적이고 보수적인 이미지를 주기 때문에 중년 이상의 나이대를 가진 사람들이 선호한다.

⑥ 구두

- 옥스퍼드(oxford): 옥스퍼드는 격식 있는 정장에 가장 잘 어울리는 구두이다. 영국 옥스퍼드 대학의 학생들이 착용한 스타일이 유행하면서 이름이 붙었다. 구두에 끈이 달려 있어 깔끔하고 세련된 이미지를 준다. 미니멀한 디자인으로 다양한 스타일과 매치할 수 있는 정장용 구두의 정석이다.

- 더비(derby): 끈이 달려 있는 구두로 언뜻 보기는 옥스퍼드와 비슷해 보이지만 약간의 차이가 있다. 옥스퍼드는 끈이 달린 날개 부분이 구두와 전체적으로 연결되어 있다면 더비는 날개 부분이 덧대어져 위에 붙어 있다는 게 다른 점이다. 옥스퍼드화보다는 캐주얼한 느낌을 준다.
- 몽크 스트랩(monk strap): 몽크 스트랩 구두는 끈 대신 스트립과 버클로 조이는 구두를 말한다. 드레스 다운, 드레스 업에 매우 다양하게 적용 가능한 신발이자 통이 좁은 바지, 슬림한 정장과의 매치가 뛰어난 신발이다.
- 로퍼(loafer): 영국의 왕 조지 6세의 게으름으로 탄생된 구두이다. 신발 자체에 끈이 없고 벨트도 달리지 않은 신발이다. 캐주얼에 어울리는 신발로 정장용으로는 어울리지 않는다.

옥스퍼드

더비

몽크 스트랩

로퍼

⑦ 액세서리

정장을 입을 때는 벨트 색상과 구두 색상은 동일하게 맞추는 것이 무난하고 세련되어 보인다. 가슴 주머니에 꽂는 사각형의 천인 포켓치프(pocket-handkerchief)와 가슴에 꽂는 꽃장식인 부토니에르(boutonnière)는 남성 복식에 있어 중요한 요소 중 하나이다. 타이를 매지 않을 경우 포켓치프와 부토니에르는 더욱 빛을 발휘한다.

⑧ 캐주얼 정장

- 셋업 슈트(set-up suit): 셋업 슈트는 일반 정장과 달리 상하의를 따로 매치한 슈트이다. 재킷과 바지를 다른 소재로 입기도 하고 같은 감각의 재킷과 바지를 선택하여 매칭시켜 입는 것을 말한다. 개성을 강조하기에 좋고 재킷, 셔츠, 팬츠, 스니커즈를 상황에 맞게 연출하기에도 좋다. 최근 최소한의 매너를 지키면서 자

신의 개성을 살릴 수 있는 '셋업 슈트'가 주목받고 있다.

- 블리저(bleisure) 패션: 일과 여가의 균형을 중시하자는 '워라밸(work and life balance)'의 트렌드로 인해 출퇴근에 적합한 비즈니스 웨어와 여가에도 적합한 슈트가 주목받고 있다. '블리저(bleisure) 패션'은 워라밸족이 선호하는 스타일로 비즈니스(business)와 레저(leisure)의 합성어를 말한다. 블리저 패션의 캐주얼 정장은 실용성과 편안함을 추구하는 데 목적을 둔다.

5) 향수

프랑스 사람들에게는 "당신의 향수가 정말 잘 어울립니다."라는 말이 매우 큰 칭찬이라고 한다. 후각은 시각에 비해 오래 저장되는 특성이 있기 때문에 상대방의 향기는 그 사람의 이미지로 각인되어 기억된다. "기억은 지울 수 있어도 향기는 지우지 못한다."라는 말에서처럼 성공적인 비즈니스를 위해서는 좋은 체취로 상대에게 긍정적인 이미지를 전달하는 것이 중요하다.

(1) 노트(Note)

향수에 대해 이해하기 위해서는 노트(note)라는 단어의 의미를 알아야 한다. 노트는 보통 탑 노트(top note), 미들 노트(middle note), 베이스 노트(base note)의 세 단계가 있다. 향수를 뿌렸을 때 처음 나는 향이 탑 노트, 그다음이 미들 노트, 마지막 향이 베이스 노트이다.

- 탑 노트(top note): 향수를 뿌린 직후 10분 전후의 향으로 향의 첫 느낌을 말한다. 알코올 향이 많이 섞여 있고 레몬, 오렌지처럼 가볍고 상큼한 향이다. 휘발도가 높은 향으로 신선하고 가벼운 향으로 구성되어 있다.
- 미들 노트(middle note): 향수를 뿌린 30~60분 후 남는 중간 단계의 향을 말한다. 탑 노트 특유의 가볍고 휘발성이 강한 향이 날아간 후의 잔잔하고 부드러운 향으로 향수 본연의 향과 이미지를 느낄 수 있다. 조향사의 영혼이 깃들어 있다는

뜻으로 소울 노트(soul note), 혹은 향수의 심장부라는 의미로 하트 노트(heart note)라고도 불린다. 미들 노트는 대체로 플로럴 계열의 향료가 주를 이룬다.

- 베이스 노트(base note): 뿌리고 2~3시간이 지난 뒤, 자신의 체취와 섞여서 은은하게 지속되는 향으로 라스트 노트(last note)라고도 불린다. 가장 마지막 단계까지 남는 향으로, 아주 은은하고 자연스러운 향이 느껴질 수 있다. 휘발도가 낮은 반면 지속 시간이 길어 보류제로 사용하는 향료들로 이루어져 있다.

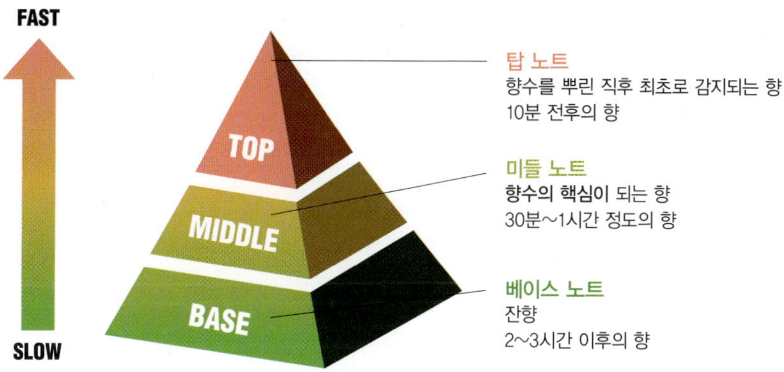

(2) 향의 분류

향수의 향은 종류가 다양하지만 크게 6가지로 정리될 수 있다.

향의 종류	특징
시트러스(citrus)	상큼하고 가벼운 감귤류의 향
플로럴(floral)	신선하고 화사한 꽃향
시프레(chypre)	축축이 젖은 듯하고 그을은 듯한 나뭇잎 향
그린(green)	풀이나 나뭇가지를 연상시키는 상쾌한 향
오리엔탈(oriental)	동물성 향료 베이스에 바닐라향을 첨가한 부드럽고 신비로운 향
우디(woody)	나무를 연상시키는 따뜻하고 은근한 느낌의 향

(3) 향수의 종류

향수의 종류는 알코올에 첨가한 향수 원액의 비율(부향율)에 따라 퍼퓸(perfume), 오 드 퍼퓸(eau de perfume), 오 드 뚜왈렛(eau de toilette), 오 드 코롱(eau de cologne)의 네 가지로 나뉜다.

향수의 종류	특징
퍼퓸 (perfume)	• 농도 15~30% • 지속 시간 5~7시간 • 진한 향으로 주변 사람들에게 거부감을 줄 수 있으므로 2~3방울 점 찍듯이 바름
오 드 퍼퓸 (eau de perfume)	• 농도 10~25% • 지속 시간 4~6시간 • 퍼퓸과 유사한 수준의 완성도를 가진 향수 • 퍼퓸과 같이 소량만 사용할 것
오 드 뚜왈렛 (eau de toilette)	• 농도 8~10% • 지속 시간 3~4시간 • 가장 보편적인 향수 • 실내 생활에서 주로 사용하는 기초적인 향수
오 드 코롱 (eau de cologne)	• 농도 3~5% • 지속 시간 1~2시간 • 상쾌한 기분 전환용으로 많이 사용 • 스포츠나 목욕 후에 사용

(4) 향수에 대해 기억할 8가지

향수를 사용하는 데는 다음의 사항을 기억하는 것이 좋다. 향수 사용의 8가지 팁은 유용하게 활용될 수 있을 것이다.

① 공중에 뿌린다.

- 향수를 공중에 뿌린 후 그 안으로 들어가면 자연스럽게 온몸에 향기가 스며들며 향이 은은하게 오랜 시간 지속된다.

② 비비지 않는다.

- 손목에 향수를 뿌린 후 비비면 향수가 더 빨리 증발한다. 또한 향수가 피부에 스며들기 때문에 지속력이 떨어진다. 따라서 향수는 비비거나 두드리지 말고 뿌린 후 자연스럽게 두는 것이 좋다.

③ 가격에 좌우되지 않는다.

- 향수의 가격이 비싸다고 해서 향이 더 고급스럽거나 지속력이 오래가는 것이 아니다. 따라서 가격보다는 자신이 원하는 향과 이미지의 향수인지 고려하는 것이 좋다.

④ 시향지의 향과 실제 향은 차이가 있다.

- 시향지에 뿌려서 맡는 향은 실제 사용했을 때 나는 향과는 차이가 있다. 향수의 향은 신체의 유분과 섞여 또 다른 향을 만들어 내기 때문이다.

⑤ 습기가 있는 곳에 보관하지 않는다.

- 높은 습기는 향수 속의 오일 분자를 파괴해서 향을 변질시킬 가능성이 있다. 따라서 습도가 높은 곳을 피하고, 직사광선도 피하여 보관하는 것이 좋다.

⑥ 많이 뿌리지 않는다.

- 좋은 향이라고 해서 지나치게 뿌리면 오히려 상대방의 인상을 찡그리게 하고 자신의 이미지에 악영향을 미칠 수 있다. 따라서 소량의 향수를 올바른 방법으로 뿌리는 것이 좋다.

⑦ 함부로 선물하지 않는다.

- 향에 대한 선호는 사람마다 다르다. 향수는 분사를 통해 피부의 체액과 섞여 그 사람만이 지닌 고유의 향으로 바뀐다. 따라서 상대의 정확한 기호(嗜好)를 모른 채 향수를 선물하는 것은 좋지 않다. 자신의 특정 취향을 강요하는 것과 같기 때문이다.

⑧ 계절에 따라 적합한 향을 선택한다.

- 온도와 습도가 높은 여름에는 향수의 향이 더욱 강하게 느껴진다. 따라서 가볍고 상쾌한 느낌을 주는 시트러스와 아쿠아 계열 향수가 좋다. 반면, 겨울에는 온도와 습도가 낮아 향이 쉽게 날아가기 때문에 농도가 진한 머스크 혹은 우디 계열의 향이 좋다.

REVIEW

1. 복장의 중요성을 4가지로 설명해 보세요.
2. 자신에게 중요한 비즈니스 미팅이 있다고 생각하고 어떤 복장을 입을지 이야기해 보세요.
3. 향수의 종류와 사용법에 대해 이야기해 보세요.

Quiz

Q1 T.P.O에 맞는 복장이란?

Q2 Add T.P.O의 세 가지 요소는 무엇인가요?

3 인사와 소개 매너

1) 인사의 중요성

"인사는 비용 투자 없이 할 수 있는 인간관계의 가장 큰 투자이다." 이 말에 반문하는 사람은 아무도 없을 것이다. 인사처럼 돈 들지 않으면서 상대를 기분 좋게 하는 값진 선물은 없다. 인사는 사람과의 관계에서 처음 나타나는 행동이므로 매너의 기본이자 자신을 상대방에게 확실하게 각인시키는 역할을 하며 '의욕', '협조'의 신호이므로 비즈니스 상황에서 특히 더 중요하다. 그뿐만 아니라 인사는 그 사람의 성격,

생각, 태도 등의 됨됨이를 판단하게 하므로, 어떻게 인사를 하느냐에 따라 그 사람에 대한 평가가 달라질 수 있으므로 각별히 신경 써야 한다.

> 어떠한 경우에도 인사란…
>
> 부족하다고 느껴질 정도보다는
> 지나치다고 생각될 정도로 하는 것이 좋다.
>
> – 톨스토이

2) 글로벌 인사

다양한 언어만큼 세상에는 다양한 인사법이 존재한다. "When in Rome, do as Romans do(로마에 가면 로마법을 따르라.)"라는 말이 있듯이 그 나라에 가서는 그 나라의 인사법을 따라 주는 것이 세계 시민이 갖추어야 할 기본 매너이다. 특히 인사는 문화를 막론하고 첫인상과 호감을 결정하는 중요한 요소이므로 국가별 다양한 인사법을 익혀 좋은 이미지를 형성할 수 있도록 노력해야 한다.

(1) 악수

악수는 중세 기사들이 손을 펴서 무기를 갖고 있지 않다는 것을 상대에게 보여 주려는 행동에서 유래했다. 악수는 손을 잡음으로써 마음을 전달하고, 일체감을 표현하는 중요한 수단이 된다. 오늘날 문화권을 막론하고 세계적으로 통용되는 가장 보편적인 인사법이므로 올바른 악수법에 대해 익히는 것은 필수적이다.

① 악수의 기본 원칙

- 오른손으로 한다.
- 어깨를 펴고 똑바로 선 자세에서 한다.
- 악수는 일어선 자세에서 한다.
- 상급자, 연장자, 여성이 먼저 청한다.

- 손바닥 전체로 손을 가볍게 감싸 쥐고 한다.
- 고개를 숙이거나 허리를 굽히지 않는다. 단, 우리나라 사람들끼리의 악수는 윗사람과 악수를 할 때 약간 허리를 굽히거나 두 손으로 하는 정도는 무방하다.
- 외국인과는 허리를 반듯하게 하고 대등하게 악수한다. 우리나라의 경우 윗사람이 청했다면 먼저 가볍게 목례를 한 후 악수에 응하는 것도 좋다.
- 남성은 장갑을 벗고 악수하는 것이 예의이지만 여성은 반드시 장갑을 벗지 않아도 된다.
- 악수를 하며 가벼운 인사말을 함께 건넨다.
- 외국인 부부를 소개받은 경우 동성 간에는 악수를 하고, 이성 간에는 간단한 목례로 대신한다.

② 악수에 필요한 6가지 요소

- 미소
  - 무뚝뚝한 표정의 악수는 예의가 아니다.
  - 자연스럽고 부드러운 미소는 상대방에게 친근하면서 긍정적인 인상을 줄 수 있다.
- 눈맞춤
  - 상대방의 눈을 보지 않고 악수를 하는 것은 실례이다.
  - 눈을 응시하며 악수를 하는 것은 신뢰감 형성에 있어 매우 중요하다.
  - 악수를 할 때의 시선은 눈 → 손 → 눈의 순서가 좋다.
- 적당한 거리
  - 지나치게 손을 길게 뻗기보다는 손을 팔꿈치 높이만큼 올려서 팔꿈치가 자연스럽게 굽혀지는 정도의 거리에서 청한다.
- 리듬
  - 악수는 두세 번 흔들고 약 2초 정도 잠시 상대의 손을 잡았다가 놓는다.
  - 지나치게 흔드는 것은 좋지 않다.

- 적절한 세기
  - Bone crush형: 손이 으스러질 만큼 세게 잡는 유형을 말한다. 상대와의 악수에서 너무 세게 힘을 주면 권위적이거나 적대적인 이미지를 전달할 수 있으므로 조심해야 한다.
  - Dead fish형: 마치 죽은 물고기를 잡듯 힘없이 잡는 유형을 말한다. 이는 남녀 간 악수에서 나타나기 쉬운 실수인데, 상대의 손을 만지기 싫다는 느낌을 줄 뿐 아니라 자신감이 없어 보여 상대에게 신뢰를 줄 수 없으므로 주의한다.
  - Firm & Gentle형: 악수는 상대방에 대해 신뢰와 호감을 주는 것이 중요하므로 적절한 세기로 정중한 이미지를 주는 것이 좋다.
- 인사말
  - 악수를 할 때는 "반갑습니다", "안녕하십니까", " 오래간만입니다", "만나 뵙게 되어 영광입니다" 등의 인사말을 덧붙인다.

③ 악수할 때의 유의점

- 상대가 청했다면 반드시 응한다.
- 오른손에 물건을 들고 있을 경우 물건을 다른 손으로 들고 반드시 오른손으로 한다.
- 남성이 먼저 청했더라도 자연스럽게 응한다.
- 너무 꽉 쥐거나 손가락 끝만 살짝 잡지 않는다.
- 악수는 한 손으로 한다.
- 손을 잡은 채로 오랜 시간 이야기하지 않는다.
- 악수할 때 왼손을 주머니에 넣거나 뒷짐을 지지 않는다.

(2) 손을 모으는 인사

① 태국

두 손을 모아 합장하여 가슴 부분에 대고 고개를 숙이며 인사말을 하는 '와이

(ไหว้, Wai)'라는 인사를 한다. 남자는 "사와디 캅(Sawadee Kap 또는 Sawadee Krap)."이라고 말한다. 여자는 "사와디 카(Sawadee Kha)."라고 한다. 상대의 나이가 많거나 신분이 높을수록 고개를 더 많이 숙이고 손을 더 높이 올린다.

② 네팔, 인도

와이와 같은 방법으로 인사하는데 "나마스떼"라고 말을 한다.

③ 우리나라

공수(拱手)한 손을 배 부분에 올려놓고 허리를 숙여 인사한다. 이때 여성은 오른손이 위로 가게 남성은 왼손이 위로 가게 하여 공수한다. 흉사 시 공수는 반대이다. 허리를 숙일 때는 머리, 등, 허리가 일직선이 되는 것이 정중한 자세이다. 경조사나 명절 등 큰 행사가 있을 때는 전통적인 인사 방법인 절을 한다. 절에는 평상시 웃어른을 만날 때와 명절 때 하는 평절과 관혼상제와 같이 큰일이 있을 때 하는 큰절이 있다.

④ 일본

일본인들은 '오지기'라는 인사를 하는 것이 보통이다. 어떤 일을 행할 때 가장 좋은 시기라는 의미인 '오지기(お時宜)'는 상대방에 대한 걱정, 배려라는 의미로 변화되어 중세 말기에는 인사라는 의미로 바뀌게 되었다. 오지기의 방법은 다리를 모으고 똑바로 서서 상체를 굽히고 머리를 숙인다. 오지기는 정중함의 정도에 따라서 머리를 숙이는 각도가 다양하다.

⑤ 중국

오른손은 주먹을 쥐고 왼손바닥에 오른 주먹의 앞부분을 대고 가슴의 앞부분에 모아서 인사를 하는 '포권(包拳)'이라고 한다. 이는 중국인들이 공식적인 행사가 있을 때 하는 인사 방법이다.

(3) 포옹과 양 볼 키스

유럽, 지중해 연안, 페루, 멕시코 등에서는 상대방과 양쪽 볼을 번갈아 맞대고 뺨에다 가볍게 입을 맞추거나 입으로만 '쪽' 소리를 내는 '비주(bisou)'라는 인사를 많이 한다. 보통 오른쪽 볼에서 시작해 왼쪽 볼까지 각 1번씩 2번 정도 하나, 때로는 3번 이상 하는 경우도 있다. 단, 처음 보는 사이나 남자끼리는 잘 하지 않는다.

(4) 다양한 이색 인사

- 이스라엘: "샬롬"이라고 말하면서 상대의 어깨를 주물러 준다.
- 인도네시아: 어린이, 청소년이 연장자와 인사할 때 상대방 손등을 이마에 가져다 댄다.
- 티베트: 자신의 귀를 잡아당기면서 상대방을 향해 자신의 혀를 길게 내민다.
- 두바이: 악수를 한 후 오른손을 자신의 왼쪽 가슴에 댄다.
- 뉴질랜드 마오리족: 코를 서로 두 번 비빈다(hongi).
- 미얀마: 팔짱을 낀 상태로 고개를 숙여 인사한다.
- 에스키모: 반갑다는 의미로 가볍게 서로의 뺨을 친다.
- 키쿠유족, 마사이족: 상대방에게 침을 뱉는다.

악수

합장

비주(bisou)

3) 소개 매너

(1) 소개(Introduction)의 중요성

- 소개는 인간관계를 형성하는 첫 순서이므로 좋은 첫인상을 위해서는 소개 매너를 정확히 아는 것이 중요하다.
- 정중하고 프로다운 소개 매너는 비즈니스를 성공적으로 만드는 데 큰 도움이 될 수 있다.
- 바른 호칭은 상대에 대한 예의이자 자신의 센스와 생각이 드러나는 것이므로 각별히 신경을 쓴다.
- 바른 호칭은 편안한 대화와 성공적 비즈니스에 영향을 줄 수 있으므로 매우 중요하다.

(2) 올바른 호칭의 기본 Tip

- 상대가 듣기 좋은 호칭으로 부른다.
- 상대의 직위를 고려하여 부른다.
- 상황에 따라 적절한 호칭을 선택한다.
- 호칭 선택이 어려울 땐 상대에게 질문한다.

(3) 소개의 요령

① 자기소개

비즈니스 상황에서는 입사, 인사이동, 거래처 방문, 회식 자리 등 자기소개를 해야 할 기회가 매우 많다. 자기소개는 단순히 자신의 이름이나 소속을 상대에게 전달하는 정도로 그쳐서는 안 된다. 따라서 자신을 상대에게 강하게 어필하면서도 앞으로의 교제나 교섭을 성공시키기 위한 수단으로 활용할 필요가 있다.

- 상황에 맞는 여러 가지 패턴을 미리 준비해 두었다가 적용하면 좋다.
- 회사명, 직위, 성명 등을 분명하게 밝힌다.

- 유머를 섞어서 소개한다.
- 당당하되 겸손한 태도로 임한다.
- 상대방에게 흥미가 있는 정보를 교환한다.
- 자신의 장점을 조심스럽게 표현한다.
- 자신을 직접 소개할 경우 경칭을 붙이지 않는다.
- 소개와 동시에 간단한 인사말을 덧붙이는 것이 좋다.
- 사교적인 모임에서 자신의 직급을 붙여 말하지 않는다.

직함의 위치

국립국어원에서 정한 "표준 언어 예절"에 따르면 직함을 이름 앞에 넣어 말하는 경우는 높이는 것이 아니고, 직함을 이름 뒤에 넣어 말하면 높이는 것이 된다고 말하고 있다. 따라서 자신을 소개할 때는 '직함+성명'의 방식으로 낮추고, 상대방을 말할 때는 '성명+직함'의 방식으로 높이는 것이 좋다.

예 자신을 소개할 경우: "~법인 소속 변호사 김 OO입니다."
타인을 지칭할 경우: "최 OO 변호사님"

② 다양한 소개 방법

- 상하 직원 간: 직급이 낮은 사람 ⇒ 높은 사람에게
- 연령이 다른 경우: 연하자 ⇒ 연장자에게
- 사내외 사람 간: 자사 사람 ⇒ 타사 사람에게 먼저 소개
- 손님 간: 친한 사람, 가까운 관계에 있는 사람을 먼저 소개
- 지위, 연령이 같은 경우: 자신과 친한 사람부터 소개
- 남녀 간: 남성 ⇒ 여성에게
- 사외 사람에게 사내 인사를 동시에 소개할 때: 한 사람을 미리 소개하고 다음에 많은 사람을 한 사람씩 소개
- 한 사람을 많은 사람에게 소개할 때: 사내의 지위가 높은 사람부터 낮은 사람의 순으로 소개

③ 소개 시 주의할 점

- 두 사람의 이름이나 직급 등을 미리 명확히 알고 소개한다.
- 비즈니스상에서는 연령보다는 직급이 우선임을 알고 소개한다.
- 개인과 단체일 경우 개인을 단체에게 먼저 소개한다.

④ 소개받는 요령

- 상대의 이름을 주의해서 듣고 외우도록 한다.
- 상대의 직급을 함께 외운다.
- 소개받는 동시에 간단한 인사말을 덧붙이는 것이 좋다.
- 소개받은 후 혼자 일방적으로 말하거나 반대로 조용히 앉아만 있는 것도 실례다.
- 가족, 직장 문제 등 지나치게 개인적인 주제들은 꺼내지 않는 것이 좋다.

4) 명함 교환 매너

현재 사용하는 명함(business card)은 루이 14세 당시 사교계 부인들이 트럼프 카드에 자신의 이름을 써서 왕에게 알리는 방법을 사용하였던 것이 시초가 되었다. 이는 루이 15세 때에 동판으로 된 명함을 사교에서 사용하는 것으로 확대되었다가 19세기에 이르러 중산층에서 널리 사용하게 되었다.

비즈니스를 위한 명함이라면 2개국어로 제작하는 것이 좋으며 한 면에는 자국어, 다른 한 면에는 방문국의 언어로 표기하는 것이 좋다. 전달할 때는 상대방 국가의 언어가 위로 오게 하여 건네는 것도 중요한 매너이다. 명함은 자신을 간략하면서도 정확하게 전달할 수 있는 수단이며 자신의 얼굴이자 상대방의 얼굴이다. 따라서 비즈니스상에서 명함은 상대방을 기억하는 데 중요한 역할을 하여 정보 관리에 유용하게 쓰인다.

글로벌 비즈니스 무대에서는 품격 있는 매너가 곧 경쟁력이다. 지극히 사소해 보이는 명함 한 장일지라도 첫 만남에서 자신의 품격을 나타내는 수단이 될 수 있으므로 글로벌 시대에서 명함 매너는 매우 중요하다 할 수 있다.

(1) 명함 교환 시 주의할 점

- 연하자, 방문자, 하위 직급이 먼저 건넨다.
- 구겨지거나 때가 묻은 명함은 사용하지 않는다.
- 명함 교환은 허리보다 높은 위치에서 한다.
- 표정, 목소리에 신경 써서 건넨다.
- 상사나 연장자와 동시에 명함을 꺼냈을 때에는 상사나 연장자가 주는 것을 받은 후에 건넨다.
- 여러 명과 교환 시에도 한 사람씩 성의껏 교환한다.
- 상대가 두 사람 이상일 경우에는 손윗사람에게 먼저 건넨다.
- 명함은 만나는 사람들의 인원수보다 여유 있게 준비한다.
- 명함을 교환할 때에는 상대방의 눈을 주시하면서(face up) 공손하게 건넨다.
- 명함 지갑은 쉽게 꺼낼 수 있도록 보관해 두는 것이 좋다.
- 회의 참석 시 회의 전이나 후에 교환하며 회의 중이나 식사 중에는 명함 교환을 삼가야 한다.
- 낯선 사람들이 많은 장소에서 너무 이른 시기에, 대다수 사람들에게 함부로 명함을 건네지 않는다. 명함을 건네는 데에도 어느 정도의 절제가 필요함을 잊지 않는다. 특히 중국인들의 경우, 상대방이 자신과 동등한 계급이나 지위가 아니면 명함 교환을 꺼리는 경향이 있다. 따라서 적절한 상황 후 명함을 건네는 것이 중요하다.
- 상대방이 요구하지 않는 한 연장자에게 일방적으로 명함을 건네는 것을 삼가야 한다. "명함을 드리겠습니다."는 상대를 재촉하는 것으로 들릴 수 있으므로 "명함 하나 드려도 될까요?" 등과 같이 완곡하게 질문하는 것이 좋다.

(2) 명함을 건네는 요령

① 일어선다.

- 명함은 의자에 앉은 채 내밀지 않고 선 자세에서 교환한다.

② 오른손으로 자신의 명함을 잡되, 왼손으로 받치거나 두 손으로 건넨다.

- 상대가 받았을 때 이름을 바로 읽을 수 있는 방향으로 건넨다.
- 손바닥 전체로 명함을 잡는다.

③ 인사말, 소속 이름을 밝히며 건넨다.

- "만나서 반갑습니다. ○○회사, ○○○입니다."
- "안녕하십니까? ○○회사, ○○○입니다. 만나서 반갑습니다."
- 윗사람이 먼저 명함을 건넸다면 "인사가 늦었습니다."라고 정중하게 말하고 줘야 한다.

④ 나이나 직급이 비슷하거나 애매한 경우 방문자가 먼저 건넨다.

⑤ 윗사람이 먼저 명함을 내밀었을 경우, "감사합니다."라고 말하며 공손히 명함을 받고 "제 소개가 늦어져서 죄송합니다."라고 하며 명함을 건넨다.

(3) 명함을 받는 요령

① 일어선다.

② 오른손으로 명함을 받되 왼손을 받쳐 정중하게 받거나 두 손으로 받는다.

- 명함의 끝부분만 살짝 잡지 않는다.
- 명함을 손바닥 전체로 받는다.
- 명함을 받을 때 상대의 이름을 가리지 않게 주의하며 받는다.

③ 상대의 명함을 확인하며 인사한다.

- "네~ ○○회사 ○○○과장님이시군요. 만나뵙게 되어 영광입니다."
- 명함을 받으면 상대방의 이름을 복창하고 외운다.
- 명함을 받고 상대의 이름이 한자이거나 영문인 경우 직접 확인한 후 올바른 이름을 불러 준다.
- 명함을 받은 후에는 명함을 주의 깊게 보고 이름이나 회사명, 회사명의 유래, 로고의 의미, 사무실 위치 등에 관해 질문하고 관심을 표현한다.

④ 여러 사람과 동시에 명함을 교환할 때는 상대의 명함을 겹쳐서 받아도 무방하다.

⑤ 명함 지갑에 넣어 보관한다.
- 테이블에 앉아 이야기를 하는 경우라면 회의 등의 자리에서는 테이블 왼편 위쪽에 올려놓는다.
- 대화 중에 상대방의 이름을 자주 불러 친근감을 갖도록 하는 것이 좋다.
- 명함을 구기거나 글을 쓰지 않는다.
- 상대방의 명함을 만지작거리거나 깜빡 잊고 두고 오는 경우 첫인상을 망칠 수 있다.

(4) 명함을 동시에 교환하는 요령

① 일어선다.
② 명함을 꺼낸다.
③ 오른손으로 자신의 명함을 건네며, 왼손으로는 받는다.
④ 왼손으로 명함을 받은 후 오른손으로는 받쳐서 읽는다.

(5) 명함 준비와 보관

① 명함은 항상 여유 있게 준비한다.
- 비즈니스상의 만남에서 명함이 없다고 하는 것은 큰 실례이다.
- 여러 사람과의 모임에서 명함이 부족하여 건넬 수 없는 상황이 오는 것은 실례이다.
- 예상 인원수보다 항상 여유 있게 준비한다.

② 명함은 명함 지갑에 보관한다.
- 명함은 돈지갑에 카드와 함께 넣지 않는다.
- 명함을 휴대폰 지갑에 넣지 않는다.
- 명함을 꺼냈을 때 이름이 상대에게 보이는 방향으로 보관한다.
- 명함 지갑은 핸드백이나 가방, 양복의 안주머니에 보관한다.
- 명함 지갑을 바지 뒷주머니에 넣지 않는다.

③ 상대와 헤어진 후에는 상대에 관한 특징적인 내용(취미, 특이 사항, 만난 날짜 등)을 명함 뒤에 적어서 보관하는 것도 좋다.

④ 상대를 찾기 쉬운 방법으로 분류해서 정리한다.

- 가나다순 또는 ABC순으로 분류해서 보관하는 것이 기본적인 정리 방법이다.
- 업종별 분류는 명함을 업무 내용에 따라 분류하는 방법이다.
- 행정 구역이나 영업 구역 등으로 정리한다.
- 프로젝트별 분류는 하나의 프로젝트마다 기획에서 과정과 결과에 이르기까지 관계자별로 정리한다.
- 일자별 분류는 자신의 업무에 활용하기 위한 정리 방법이다.
- 명함 관리를 위한 다양한 애플리케이션을 이용하면 효과적으로 관리할 수 있다.

(6) 명함에 관한 국가별 인식 차이

① 일본

- 일본인들에게 명함은 매우 중요하고 엄격한 매너이다. 따라서 일본인과의 만남에서는 명함을 넉넉히 챙겨 두는 것이 좋다.
- "명함이 다 떨어졌다."며 건네지 않으면, 진지하게 커뮤니케이션을 할 의사가 없다는 뜻으로 오해할 수 있다.
- 명함을 교환할 때는 상대방에게 인사부터 하고 겸허하게 시선을 떨어뜨린 후 양손으로 정중하게 자신의 명함을 앞으로 내민다.
- 명함집 위에 명함을 겹쳐 놓고 정중히 고개를 숙여 인사를 하고 주는 것이 가장 중요한데, 사람이 방석에 앉듯 명함을 귀하게 여긴다는 의미이다. 이때, 명함 지갑이 열리는 부분은 자신을 향하도록 한다.
- 명함은 두 손으로 건네주고, 두 손으로 받는 것이 원칙이다.

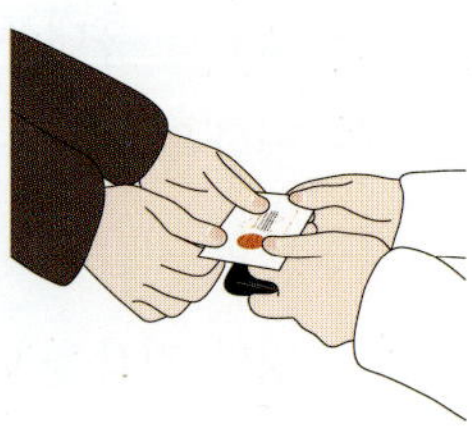

- 일본에서는 비즈니스맨들은 처음 만나면 우선 명함을 정중하게 교환한 뒤 자리에 앉아 명함을 순서에 따라

테이블에 놓는다.

- 일본인의 명함을 받았을 때는 상대의 이름을 반드시 확인하는 것이 좋다. 일본어는 같은 한자라도 훈독(訓読み·뜻으로 읽기)으로 읽느냐 음독(音読み·음으로 읽기)으로 읽느냐에 따라 발음이 완전히 달라질 수 있기 때문에 명함에 적힌 이름자만 봐서는 상대의 이름을 정확히 알 수 없다.
- 공적인 자리에서는 이름을 부르는 것이 실례며, 사적인 자리라도 친해지기 전에 이름을 부르지 않는 것이 좋다.
- 일본은 성씨가 다양해서 성씨만으로도 사람 구분이 가능하기 때문에 이름 부르기를 꺼리는 게 보통이다.

② 미국

- 미국인의 경우에는 명함 교환하는 것 자체가 비즈니스 매뉴얼에 포함되어 있지 않다.
- 미국인들은 나중에 연락할 일이 있거나 지속적으로 거래를 할 경우에만 명함을 교환한다.
- 명함을 받을 경우, 바로 지갑 속으로 넣는 경우도 있으나 이것은 무례한 행동이 아니다.
- 미국의 경우는 보통 헤어질 때 명함을 교환한다.
- 일본에서와 같이 시선을 내리고 겸허하게 명함을 내미는 자세는 상대에게 오해를 줄 가능성이 높다. 상대방의 눈을 바라보지 않는 것은 자신감이 결여된 인상을 줄 수 있기 때문이다.
- 처음 만나는 사람이나 지위가 높은 사람을 호칭할 경우 처음부터 이름(first name)을 부르는 것은 실례이며, Mr., Mrs., Ms 등이나 직업(Dr., Professor, Reverend)을 뜻하는 명칭을 성(last name)과 같이 사용해 호칭하는 것이 공식적인 방법이다.

REVIEW

1. 글로벌 인사인 악수에 필요한 6가지 요소에 대해 말해 보세요.
2. 다양한 나라의 인사법에 대해 말해 보세요.
3. 자신의 비즈니스 상황, 일상적 상황에서 자기소개를 해 보세요.

Quiz

Q1 명함은 어느 쪽 손으로 건네야 하나요?

Q2 명함을 그냥 건네거나 내려놓지 않고 명함 지갑 위에 올려서 건네고 내려놓는 나라는 어느 나라인가요?

4 커뮤니케이션 매너

이탈리아의 베로나는 셰익스피어의 희곡인 '로미오와 줄리엣'의 배경이 되었던 곳이다. 로미오는 원수 집안의 딸 줄리엣을 사랑하게 된다. 아버지의 명령으로 사랑하지 않는 남자와 결혼하게 된 줄리엣은 비약(秘藥)을 먹고 가사(假死) 상태가 되고, 줄리엣이 정말 죽은 줄 알고 로미오는 음독 자살을 하게 된다. 가사 상태에서 깨어난 줄리엣은 로미오가 죽은 것을 알고 따라서 자살하게 된다는 비극적인 이야기이다. 만약 둘 사이의 커뮤니케이션이 잘 되었다면 이 스토리의 결말은 달라졌을지 모를 일이다.

이탈리아 베로나

인간은 커뮤니케이션을 통해 정보를 주고받으며 업무를 수행하므로, 커뮤니케이션 능력은 일의 성패를 좌우할 만큼 중요한 역할을 한다. 따라서 사회생활에서 커뮤니케이션 능력은 곧 업무 능력이자 성공의 필수적 조건이다.

최근 커뮤니케이션 능력은 일을 수행하는 데 필요할 뿐 아니라 개인의 개성이자 사회적 경쟁력으로 인식되고 있다. 과거 중국에서 관리를 등용할 때에도 그 사람의 말씨를 평가 기준에 넣었다고 한다.

> 중국 당나라 때 관리를 등용하는 시험
> 인물 평가 기준: 身言書判(몸, 말씨, 글씨, 판단)

이처럼 커뮤니케이션 능력은 전달력으로서의 의미뿐 아니라 사람의 신뢰도와 호감도에 영향을 미쳐 이미지에도 많은 영향을 미치므로 보다 효과적이고 설득력 있는 전달 방법을 익히는 것은 매우 중요하다고 볼 수 있다.

커뮤니케이션 능력은 언어적 요소와 비언어적 요소를 포함하는 것으로, 언어적 요소는 말이 전달하는 정보나 내용을 말하고, 비언어적 요소는 얼굴 표정, 몸짓, 자세, 시선 등을 말한다.

1) 커뮤니케이션을 위한 준비

(1) 목소리

"왠지 끌리는 사람이 있다면 그 사람의 목소리를 주목하라." 미국의 목소리 연구가인 모튼 쿠퍼(Morton Cooper) 박사의 말이다. 박사가 주장한 바와 같이 목소리는 그 사람의 호감도와 매우 깊은 연관성이 있다. 알버트 메라비언(Albert Mehrabian)도 의사소통의 요소 중 청각적인 이미지가 전체의 38%를 차지한다고 하여 청각적 이미지의 중요성을 밝힌 바 있다. 따라서 원활한 커뮤니케이션을 위해서는 목소리 관리와 점검이 반드시 선행되어야 한다.

목소리는 말하는 사람에 대한 다양한 정보를 전달하며 설득의 기능을 가지고 있다. 우리는 목소리를 듣고 상대방의 연령, 성격 등을 파악하기도 하고 목소리에 따라 상대의 말을 더 신뢰하기도 한다. 목소리가 지나치게 작거나 말끝을 흐리면 상대를 설득하기 어렵다. 지나치게 허스키하거나 투박한 목소리는 피곤하고 지친 느낌을 전달하여 듣는 사람을 불편하게 할 수도 있다. 또한 목소리는 이미지 형성의 기능을 가지고 있다. 우리는 목소리를 통해 그 사람이 따뜻한 감성의 소유자인지 차가운 성격의 소유자인지, 자신감이 있는지 등을 파악한다. 한번 형성된 이미지는 그다음의 메시지에 영향을 미치게 되는 맥락 효과(context effect)를 가져오게 되므로 더욱 중요하다고 할 수 있다.

그렇다면 좋은 목소리를 구사하기 위해서는 어떻게 해야 하는가? 목소리를 구성하는 요소는 발음, 발성, 공명이다. 또박또박 정확하게 발음하려는 의도적인 노력이 필요하고 발성과 공명을 위해서는 복식호흡의 습관을 들이는 것이 좋다. 목소리는 팔, 다리와 같이 우리 신체의 일부이다. 목소리 자체를 바꾸려고 노력할 것이 아니라, 자신의 개성이 담긴 목소리를 좋게 유지하고 표현하기 위한 관리와 노력이 필요하다. 사람의 몸은 악기와 같아서 건강한 컨디션을 가진 상황에서는 좋은 발성과 공명이 나올 수 있으나 너무 피곤하거나 건강 상태가 좋지 않을 때는 발성과 공명이 좋을 수 없다. 따라서 건강 관리를 잘하는 것은 좋은 목소리의 기본이다.

또한 사람의 목소리는 얼굴 표정과 매우 밀접하게 연관되어 있다. 눈썹 하나만 올려도 사람의 목소리에는 변화가 있게 된다. 프랑스 해부학자 듀센(Duchenne)은 진정한 기쁨을 표현하는 미소는 볼근(대협골근)과 눈둘레근(안륜근)을 함께 이용해야 한다고 하였다. 미소 짓는 표정에서의 목소리가 무뚝뚝한 표정에서의 목소리보다 훨씬 좋게 표현된다.

(2) 마음가짐

말은 자신의 내면의 것을 꺼내어 펼쳐 놓는 작업이라 할 수 있다. 따라서 말하는 사람이 가지고 있는 생각이 무엇보다 중요하다. 효과적인 커뮤니케이션을 위해서는 어떠한 소재로 어떻게 표현할지에 대한 마음가짐이 있어야 한다. 말을 잘하려고만

하면 오히려 커뮤니케이션을 실패하게 된다. 왜냐하면 말은 자신의 감정과 의도를 표현하는 것이기도 하지만 서로 영향을 주고받으며 소통하는 것이기 때문이다. 즉, 효과적인 커뮤니케이션을 위해서는 상대방을 기분 좋게 할 수 있는 품격 있고 적절한 언어 선택이 필요하다. 사람에게 인격이 있듯 언어에도 품격이 있음을 꼭 기억해야 한다. 또한 듣는 노력과 알리는 노력의 조화가 필요하다. 자신의 말만 하려고 신경을 쓰는 사람, 타인의 말을 귀담아들을 줄 모르는 사람은 커뮤니케이션에서 실패했다고 보아야 한다.

"말은 선물과 같다"

선물은 준비하고 줄 때까지는 내 것이지만 상대에게 전달되고 나면 상대의 것이다. 말도 선물과 같아서 생각하고, 표현하기까지는 내 것이지만 그 이후는 듣는 사람의 것이다. 이미 전달되고 나면 전달하는 사람의 의도나 생각은 중요치 않다. 말을 듣고 해석하는 사람의 몫이기 때문이다. 따라서 말을 할 때는 준비와 정성, 타인의 입장에서 생각해 보는 자세가 필요하다.

2) 언어적 커뮤니케이션 매너

언어는 상대에게 자신의 의사를 표현하고 마음을 전달하는 중요한 의사소통의 수단이다. 올바른 언어 예절은 효과적으로 자신의 의사를 전달하고 상대에게 감동과 즐거움을 주는 것이다. 다음의 사항에 대해 고려한다면 효과적인 의사 전달 및 감동 전달에 도움이 될 수 있을 것이다.

(1) 적절한 대화 소재

좋은 소재	날씨, 여행, 스포츠, 문화, 음악, 예술, 시사 뉴스 등
나쁜 소재	사적인 내용, 성적인 내용, 종교, 인종, 정치, 금전 문제, 타인의 험담 등

(2) 효과적인 대화의 순서

- 가벼운 화제에서 무거운 화제로 옮겨 간다.
- 쉬운 화제에서 어려운 화제로 옮겨 간다.
- 과거에서 현재, 현재에서 미래의 화제로 옮겨 간다.
- 구체적인 화제에서 추상적인 화제로 옮겨 간다.
- 전달하는 화제에서 설득하는 화제로 옮겨 간다.

(3) 효과적인 대화에 유용한 화법

① 신뢰 화법

신뢰화법이란 말 어미의 선택에 따라 상대에게 전달되는 신뢰감이 달라질 수 있음을 의미한다. "~다.", "~까?"로 끝내는 말은 신뢰감과 자신감이 느껴지게 한다. 그러나 이러한 말투만 계속 사용하면 딱딱하고 형식적인 느낌을 주며 친밀감 형성에 방해가 될 수 있다.

한편, "~요."로 끝내는 말은 친근함을 줄 수는 있지만 완전한 경어가 아니고 프로다운 느낌을 주기가 어렵다. 따라서 비즈니스상의 대화에서는 "~다.", "~까?"의 어미와 "~요."의 어미를 7:3 비율로 사용하는 것이 좋다.

② 의뢰형 화법(레어드 화법)

심리학자 레어드(Laird)가 질문을 통한 정중한 요청이 상대방으로 하여금 마음의 문을 열게 한다고 주장하여 생긴 화법이다. 사람은 누구나 명령형의 말을 들으면 거부감이 들고, 반발심이 생긴다. 따라서 상대와 대화를 할 때는 명령이 아닌 의뢰형이나 청유형으로 말하는 것이 좋다.

③ 긍정 화법

긍정 화법은 부정형의 말로 끝내지 않고 상대의 요청에 대해 최대한의 성의를 보이는 것을 말한다. "할 수 없는데요.", "잘 모르겠는데요." 등과 같은 부정형의 말은 상대의 기분을 언짢게 할 수 있고 적극적으로 일하지 않겠다는 의사로 들릴 수도 있다. 상대의 요청이나 부탁을 들어줄 수 없을 때 대안을 제시해 주는 것이 긍정 화법의 포인트이다. "저는 잘 모르지만, 알아보고 연락드리겠습니다.", "지금은 회의 중이라 어렵지만, 회의 후 처리해 드려도 괜찮을까요?" 등과 같은 대안 제시는 대화를 부드럽게 하고 상대방에게 성의 있는 자세를 보일 수 있는 화법이다.

④ Yes, But 화법

Yes, But 화법은 상대의 말에 일단 긍정을 하고, 자신의 생각을 주장하고 설득하는 것을 말한다. 누구나 자신이 이야기하는 것에 처음부터 부정을 하거나 비판을 하면 좋아하지 않는다. 따라서 상대의 이야기가 옳지 않다고 생각되더라도 "네", "그렇군요." 등으로 긍정을 먼저 한 후, "그 말씀도 일리가 있지만, 제 생각은 이렇습니다."라고 차근차근 말하는 것이 좋다. 단 주의해야 할 것은 "Yes"는 상대의 말에 기꺼이 수긍하고 공감하는 것이어야 하고, "But"은 대안으로서 최선을 다하는 것이어야 한다.

⑤ 쿠션(cushion) 화법

쿠션 화법이란 전달하고자 하는 말의 앞부분에 한마디를 추가하여 대화를 부드럽게 혹은 정중하게 만드는 화법이다. 특히, 상대방에게 양해를 구하거나 부탁을 할 때 더 유용하게 쓰이는데, 이는 쿠션 화법이 대화에 완충 작용을 하기 때문이다.

다양한 쿠션 언어

실례합니다, 죄송합니다만, 바쁘시겠지만, 공교롭게도, 번거로우시겠지만, 괜찮으시다면, 양해해 주신다면, 불편하시겠지만 등

⑥ 맞장구 화법

맞장구 화법이란 상대의 말에 적절한 맞장구로 열심히 듣고 있다는 것을 상대에

게 알려주는 것이다. 적절한 맞장구는 대화의 분위기를 화기애애하게 하고, 말하는 사람이 의욕적으로 대화에 임할 수 있도록 격려하는 역할을 하기 때문에 대화에 있어 매우 중요한 매너이다. 그러나 형식적인 맞장구나 타이밍이 맞지 않는 맞장구, 적절하지 않은 말의 맞장구는 오히려 대화를 단절시킬 수 있다. 따라서 상대의 마음을 읽어 주는 적절한 타이밍의 맞장구 요령이 필요하다.

맞장구의 종류

- 상대의 흥을 돋우는 가벼운 맞장구: 가벼운 반응으로 상대를 기분 좋게 한다.
  예 "저런", "어머나"
- 상대의 말에 신뢰감을 주는 동의 맞장구: 상대가 말하는 데 공감하고 있다는 것을 전달한다.
  예 "정말 그렇겠다.", "너무 기분이 안 좋았겠다."
- 상대의 메시지를 확인하는 정리 맞장구: 상대방이 말하는 것의 내용이나 의미를 정리한다.
  예 "그래서 ~했다는 거지?"
- 상대의 말을 확장시킬 수 있는 질문 맞장구: 상대방에게 질문을 하여 원활한 말의 전개와 확장을 유도한다.
  예 "그래서 어떻게 됐는데?"
- 상대에 대한 긍정의 표현 몸짓 맞장구: 상대의 말을 듣는 동안의 몸짓은 매우 강력하고 중요한 맞장구가 될 수 있다.
  예 자세, 고개 끄덕임, 눈 맞춤 등

⑦ I-Message 화법

I-Message 화법은 토머스 고든(Thomas Gordon)이 말한 것으로 상대의 잘못을 지적하기보다 자신이 어떻게 느끼는가에 초점을 맞추어 자신의 생각과 느낌을 표현하고 바라는 바를 요청하는 방법이다.

"너는 왜 그러니?", "네가 ~해서 너무 화가 나." 등의 You-Message를 사용하면 상대방이 명령, 충고, 비난의 의미로 받아들이기 쉽다. 하지만 I-Message를 사용하면 자신의 의사 표현을 하면서도 상대를 존중하는 대화가 될 수 있다.

I-Message 화법의 단계

- 1단계: 상대의 행동 표현
  예 "너는 약속 시간에 자주 늦는구나."
- 2단계: 자신의 느낌과 감정 표현
  예 "네가 약속을 잘 지키지 않으니 나에 대해 소홀히 여기는 것 같아 서운해."
- 3단계: 상대의 행동으로 자신이 받은 영향
  예 "미리 알려주었다면 내가 기다리지 않고 급한 일처리를 하고 올 수 있어 좋았을 텐데."
- 4단계: 상대에 대한 기대 표현
  예 "다음부터는 늦게 될 상황이면 꼭 미리 알려주면 좋겠어."

⑧ 아론슨 화법

아론슨 화법이란 여러 이야기를 들었을 때, 나중에 들은 이야기가 강하게 인상에 남는다는 이론으로 미국 심리학자 아론슨(Aronson)이 연구한 화법이다. 대화를 나눌 때 긍정적인 내용과 부정적인 내용을 혼합해서 사용해야 하는 경우, 이 화법을 이용하여 부정적인 내용을 먼저 이야기하고 긍정적 내용으로 대화를 마무리하면 전체적으로 이미지가 좋아진다.

아론슨 화법의 예시

예 이 자동차는 엔진 성능이 좋지만 연비가 떨어집니다.
→ 이 자동차는 연비가 떨어지기는 하지만 엔진 성능은 매우 뛰어납니다.

예 김○○ 씨는 보고서는 잘 만드는데 시간이 너무 오래 걸려.
→ 김○○ 씨는 보고서 만드는 시간이 오래 걸리긴 하지만 질이 너무 좋아.

⑨ 칭찬 화법

칭찬은 대화를 부드럽게 하고 상대방을 기분 좋게 하는 묘약과도 같다. 따라서 가장 쉽게 상대의 마음을 열 수 있는 대화의 기법이다. 상대의 장점을 찾아 진심 어린 칭찬을 건넨다면 대화를 부드럽게 만들 뿐 아니라 상대와의 관계도 좋아질 수 있다. 그러나 형식적이거나 마음이 담기지 않은 상투적인 칭찬은 오히려 아첨이나 비아냥

거림으로 받아들여질 수 있다는 점을 잊어서는 안 된다. 따라서 칭찬의 기법을 익혀 효과적으로 사용하는 지혜가 필요하다.

칭찬 기법

- 막연하지 않게 구체적으로 한다.
- 소유물보다는 재능이나 능력을 칭찬한다.
- 공개적으로 하거나 제3자 앞에서 칭찬한다.
- 결과뿐 아니라 과정을 칭찬한다.
- 예상 외의 상황에서 칭찬한다.

⑩ 유머 화법

유머 감각이 있는 사람은 뛰어난 사회적 기술(skill)을 가지고 있다. 연구에 따르면 유머감각을 지닌 사람은 개인적인 일이나 비즈니스적인 일을 성사시킬 가능성이 크다고 한다. 특히, 유머를 삶의 중요한 요소 중 하나라고 생각하는 미국인들에게 유머는 더욱 중요하게 여겨진다고 한다. 이렇듯 대화 중 유머를 적절히 활용하는 센스는 편하고 유쾌한 대화 분위기를 만드는 데 매우 중요한 요소라고 할 수 있다.

그러나 유머 감각이 없는 사람들에게 유머 화법은 매우 어렵게 느껴질 수 있다. '어떠한 소재로 어떻게 전달하는 것이 유머러스할지….'가 유머 감각이 없는 사람에게는 쉬운 일이 아니기 때문이다. 이럴 경우 자신 없는 유머를 억지로 불편하게 구사할 필요는 없다. 사람들은 유머를 잘 구사하는 사람보다 자신이 이야기할 때 잘 웃어 주는 사람에게 더 호감을 느낀다고 한다. 따라서 타인을 웃기기 어렵다면 열심히 웃는 편에 서면 되는 것이다. '탁월한 유머 감각', '작은 것에 공감하며 열심히 웃어 주는 성의' 이것이야말로 글로벌 시대를 살아가는 세계 시민이 반드시 갖추어야 할 자질이다.

3) 비언어적 커뮤니케이션 매너

비언어적 커뮤니케이션에 대한 개념의 경우, 미국의 사회학자 메라비언은 의미 전달에 비언어적 메시지가 93%를 차지하며, 말의 내용은 7%에 불과하다고 밝힌 바 있다. 인류학자인 버드휘스텔(Birdwhistell) 역시 의사소통 시 비언어적 요소가 전달하는 정보의 양이 65%에 해당하며 언어적 요소는 35% 정도라고 주장하였다.

언어적 커뮤니케이션이 정보와 사실을 전달하는 데 반해 비언어적 커뮤니케이션은 인간의 감정 상태, 잠재의식, 억제된 욕망까지 의식적·무의식적으로 전달한다. 따라서 비언어적 커뮤니케이션은 언어적 커뮤니케이션보다 더 진솔하고 신뢰성이 높다.

(1) 비언어 커뮤니케이션의 특징

① 동시다발적으로 표현된다.

동작, 자세, 표정, 말투 등 여러 보디랭귀지(body language)가 동시다발적으로 표현될 수 있다.

② 의도적인 통제가 어렵다.

인간의 감정이나 잠재의식 등이 은연중에 드러나게 됨으로 말과 글에 비해 통제가 어렵다.

③ 모호하고 불분명하다.

언어적인 메시지보다 명확하지 않고, 문화적으로 다르게 해석되는 경우가 많다.

④ 진심을 전달하기 쉽다.

언어적 커뮤니케이션은 거짓을 말할 수 있으나 비언어적 커뮤니케이션은 진심을 더 잘 드러낸다.

(2) 제스처에 대한 이해

상대에게 전달한 정보가 언어로만 전달되었을 경우, 72시간 뒤에는 10%만 남아 있는 반면, 시각적 요소와 함께 각인될 때는 65%가 남아 있다고 한다. 미국의 빌 클린턴(Bill Clinton) 대통령도 엄지손가락을 들어 올리거나 팔을 뻗는 외향적인 제스처를 사용하면서부터 지지율이 올랐다는 분석이 있으며 세계적 명연설가로 꼽히는 오바마(Barack Obama) 대통령 또한 손바닥을 바깥쪽으로 향하게 하는 제스처로 유명하다. 하워드 프리먼(Howard Freeman) 교수는 자신의 연구에서 카리스마 있는 사람은 외향적인 제스처를 쓰고, 카리스마가 부족한 사람은 몸의 안쪽으로 제스처를 취하거나 자신의 몸을 만지는 경향이 있다고 하였다. 이처럼 제스처는 정보를 전달하고 자신을 표현하며 타인을 설득하는 데 있어, 유용한 도구이다.

① 제스처의 역할

- 말을 대신하는 역할
- 말을 강조하는 역할
- 주의를 집중시키는 역할
- 자신감을 전달하는 역할
- 신뢰감을 높이는 역할

② 제스처 활용 방법

- 제스처는 팔 전체의 움직임을 잘 이용해야 하며, 크고 분명하게 사용해야 한다.
- 너무 자주 사용하거나 말과 타이밍이 맞지 않는다면 제스처의 효과가 떨어진다.
- 어색하거나 손이 떨릴 때는 도구를 사용하는 것도 좋은 방법이다.
- 손으로 가리킬 때는 손가락을 가지런히 모으되 손끝의 방향을 분명하게 하는 것이 좋다.
- 과장되고 지나치게 크기보다 간단하고 분명한 제스처가 효과적이다.
- 말과 시선, 제스처가 일치를 이루고 있어야 한다.
- 흥분한 것처럼 보여서는 안 된다.

- 같은 동작을 계속 반복해서 버릇처럼 나오는 제스처는 좋지 않다.

(3) 비언어적 대화 기법, 'SOFTEN'

① Smile

미소 짓는 부드러운 표정은 들을 준비가 되어 있다는 의미이다.

② Open arms

제스처를 쓸 때는 팔을 크게 펴는 것이 자신감이 있어 보인다. 팔짱을 끼는 등의 행동은 열린 마음으로 듣겠다는 것이 아니라 비판하겠다는 의미가 담긴 것처럼 보이므로 주의한다.

③ Forward lean

의자 등받이에 기대서 자세를 뒤로 젖히는 자세는 상대의 말에 주의를 기울이겠다는 의미가 아니다. 따라서 대화를 할 때는 상대를 향하여 상체를 살짝 기울이는 것이 좋다.

④ Touch

상대를 위로할 때 우리는 상대의 등을 두드려 주곤 한다. 혹은 손을 꼭 잡아 주는 행동은 "힘내!"라는 언어 표현보다 더 진심 어린 표현이 되기도 한다. 따라서 대화 도중에 적절한 터치는 강렬한 메시지를 전달할 수 있다.

⑤ Eye contact

상대와 대화하며 눈을 마주치지 않는 것은 상대의 말에 관심이 없거나 상대를 무시하는 행위로 보일 수 있으므로 주의한다.

⑥ Nod

상대의 말에 공감한다는 뜻으로 고개를 자주 끄떡이는 것은 좋은 비언어적 표현이다.

(4) 경청의 기술

미국에서 열린 한 Speech 대회에서 1등을 한 사람이 그 비결을 묻자 "저는 열심히 들으려고 노력한 것밖에 없습니다."라고 했다고 한다. 이처럼 커뮤니케이션에서의 경청은 매우 중요하다. 경청은 메시지의 객관적인 내용뿐 아니라 메시지 전달자의 감정까지 듣는 것이다. 즉, 경청이라는 것은 귀를 열어 소리만 듣는 것이 아니라 열심히 듣고 있다는 '태도', 공감한다는 '표정', 맞장구치는 '말'이 모두 수반되어야 한다.

공감적 경청의 기술

- 친근(Friendly): 상대방에 대한 친근한 감정 갖기
- 주목(Attention): 상대방의 말과 행동에 주목하기
- 공감(Me too): 상대방의 말에 맞장구치기
- 관심(Interest): 상대방의 말에 관심과 흥미를 나타내기, 질문하기
- 시선(Look): 상대방을 바라보기
- 중심(You are centered): 상대방이 대화의 중심임을 느끼게 하기

(5) 에드워드 홀(Edward T. Hall)의 근접학

현대 사회는 다양한 커뮤니티의 형성으로 공적 공간이 창출되고 있고, 개인의 자유와 권리가 중요하게 여겨지므로 사적인 공간의 확보 또한 중요하게 생각되고 있다. 따라서 대화 시 적절한 거리 확보로 공사(公私)의 구분을 명확하게 하고 사람들 간 갈등을 완화시키고 원만하게 소통하는 지혜가 필요하다.

① 친밀한 거리(Intimate Distance Zone)

정서적으로 가까운 사람들과의 친밀한 개인적 상호작용 거리(0~50cm)

이 정도 거리에서 이루어지는 대화는 가족이나 연인처럼 친밀한 유대관계가 전제되어야 한다. 기본적으로 친밀함의 거리는 자기방어를 위한 최소한의 사적인 공간이므로, 갑자기 이 영역을 침범하면 본능적으로 긴장감이나 공포감을 느낄 수 있기 때문이다.

② 개인적인 거리(Personal Distance Zone)

가족이나 친구, 직장 동료와의 일반적인 대화 거리(50cm~1.2m)

이 정도 거리에서 이루어지는 대화는 어느 정도의 친밀함과 함께 격식이 전제되어야 한다. 이 거리는 일상적인 대화에서 가장 무난하게 사용할 수 있는 거리이다. 이 거리에서는 스킨십이나 귓속말을 보다 조심스럽게 사용해야 한다.

③ 사회적인 거리(Social Distance Zone)

비개인적인 용무로 인한 평상적 사회 모임 등에서의 사람들과의 거리, 업무처리나 사교에 필요한 거리(1.2m~3.6m)

이 정도 거리에서 이루어지는 대화는 별다른 제약 없이 제3자의 개입을 허용할 만큼 대화의 참여와 이탈이 자유롭다. 이 정도 거리에서는 사적인 질문이나 스킨십을 허용하지 않기 때문에, 대화 상황에서 보다 정중한 격식 및 예의가 요구된다.

④ 공적인 거리(Public Distance Zone)

개인과 대중의 형식적 접촉의 거리(3.6m 이상)

이 정도 거리에서 이루어지는 대화는 연설이나 강의와 같은 공식적인 경우에 해당된다. 발표자의 입장에서는 청중을 한눈에 파악하기 위해, 청중의 입장에서는 강사에게 무례함을 보이지 않으면서 편안히 강의를 듣기 위해 이 정도의 거리가 필요하다.

(6) 문화권에 따른 거리 인식 차이

같은 문화와 환경 아래 한 공간에서 생활했던 구성원들에 비해 타 문화권 사람들 간의 거리 감각은 더욱 민감하게 요구된다. 각 나라별로 거리에 대한 인식 차이가 있기 때문이다. 사람들 사이의 공간·거리 감각은 소통에서 아주 중요한 조건이므로 국가별 거리 인식이 어떻게 다른지 이해해야 한다.

① 영국

영국인은 최소 2피트(약 61cm) 이상 떨어져 있어야 하며 비즈니스 동료와도 거의 접촉하지 않는다.

② 브라질

상대가 가까이 앉거나 서 있는 것이 문제되지 않는다. 상대와 친밀한 거리를 유지하므로 포옹이나 만지는 행위 등이 자연스럽게 일어난다.

③ 중국

중국인들은 대화 시에는 2피트 미만, 서 있을 경우에는 1피트(약 30.5cm) 정도의 거리로 가까이 서는 경향이 있다. 대화를 할 때 다른 사람의 팔을 만지거나 뒤에서 어깨를 움켜 잡는 등의 행위로 신뢰를 표현하기도 한다.

④ 호주

호주인들은 거리에 대해 민감한 편이다. 2피트보다 가까이 서 있으면 매우 친밀하거나 비밀 내용을 말하는 상황으로 생각한다. 보통 3피트에서 4피트 정도를 더 편안하게 생각한다.

⑤ 독일

독일인들도 팔을 편안히 뻗는 정도의 거리에서의 대화를 편안하게 생각한다. 또한 가까이에서 상대를 만지거나 어깨를 치는 등의 행동을 무례하게 생각한다.

⑥ 아랍 에미리트

사적인 공간의 개념이 중요하지 않기 때문에 대체적으로 사람들은 가까운 거리를 허용한다. 오히려 사람들이 너무 멀리 서 있으면 부정적으로 인식할 수 있다.

⑦ 일본

일본인들도 사적인 거리가 침해당하는 것을 싫어하므로 보통 3피트에서 4피트 정도 떨어진 것을 선호한다. 2피트 정도의 거리는 상대를 불편하게 할 수 있다.

⑧ 인도

대화할 때 적당한 거리는 약 2피트 정도이다. 특히 여성과 대화할 때는 적당한 거리 두기에 대한 충분한 주의가 필요하다.

4) 대화에서 활용할 수 있는 요소

대화 상황에서 다음의 기법을 활용하면 보다 의사 전달을 효과적으로 할 수 있다.

(1) 포즈(Pause) 사용하기

포즈란 소리를 내지 않고 잠깐 멈춰 있는 시간을 말한다. 빠르게 말하기보다 적당히 포즈를 사용하면 안정감이 느껴지고 의미를 전달하는 데도 효과적이다. 의미를 전환할 때나 강조하고 싶은 대사가 있을 때 사용하면 좋다.

(2) 강약의 변화 주기

강조하고 싶은 단어에 힘을 주어 말하는 방법이다. 목소리의 크기는 전달력에 영향을 미치기도 하고 듣는 사람을 위한 배려이기도 하다. 따라서 큰 목소리와 작은 목소리를 상황에 맞게 적절히 활용하는 것이 중요하다.

(3) 또박또박 발음하기

강조하고 싶은 단어를 구성하는 음절을 모두 천천히 또박또박 읽되, 단어를 구성하는 글자 읽는 속도를 동일하게 맞추어야 한다.

(4) 높낮이 조절하기

대화할 때 적당한 고저의 변화를 이용해서 말하면 영향력이 있는 사람으로 인식한다는 연구 결과가 있다. 목소리의 높낮이는 지루함을 없애고 집중시키는 데 좋고 말하는 사람의 이미지를 결정하는 데 중요한 역할을 한다.

(5) 감정 이입하기

무미건조하게 단어를 읽기보다 감정을 이입해 단어의 성격과 느낌을 표현하면 보다 생동감 있게 의사가 전달될 수 있다.

(6) 속도 조절하기

긴박함이나 중요하지 않은 내용을 설명할 때는 빠른 속도로 말하고, 강조해야 할 부분이나 어려운 단어, 이해가 필요한 부분에서는 느린 속도로 말하는 것이 효과적이다.

5) 주의해야 할 국가별 보디랭귀지(Body language)

제스처는 유용하게 사용할 수 있는 커뮤니케이션 수단이지만 가끔은 오해를 불러일으킬 수도 있으므로 주의를 요한다. 동일한 제스처라도 나라나 지역에 따라 해석이 다르기 때문이다. 따라서 나라마다 다르게 해석되는 제스처에 대해 미리 학습한다면 문화 충격을 방지할 수 있을 것이다.

(1) 오케이(OK)

엄지와 검지를 붙여 동그랗게 만드는 오케이 사인은 대부분 국가에서 긍정적인 의미를 뜻한다. 그러나 일본에서는 돈, 프랑스에서는 '0(영)', '가치 없음'을 의미하고, 터키, 중동 지역, 아프리카, 브라질, 러시아 등에서는 동성애 혹은 외설적인 의미를 담고 있으므로 주의해서 사용해야 한다.

(2) 브이(V)

사진 찍을 때 많이 하는 손 모양 중 하나인 브이(V)는 손바닥이 상대를 향할 때와 손등이 상대를 향할 때 국가별로 의미하는 바가 다르다.

① 손바닥이 상대를 향하는 브이(V)

일반적으로 승리(victory)를 뜻하지만 그리스, 터키 일부 지역에서는 욕이나 상대에게 모욕을 주는 표현이다.

② 손등을 상대에게 보이게 하는 브이(V)

영국과 프랑스에서는 외설적인 뜻이고, 호주와 뉴질랜드 등에서는 '당신을 죽일 수 있다'는 의미로 상대를 조롱하고 시비 거는 것으로 오해할 수 있으니 조심해야 한다.

(3) 엄지 척

엄지손가락을 세우는 표현은 대부분의 나라에서 '최고'를 의미한다. 하지만 중동 지역, 오스트레일리아, 러시아, 그리스 등에서는 부정적인 의미로 쓰인다. 중동에서는 '음란한 행위', 오스트레일리아는 '거절, 무례함', 러시아는 '나는 동성애자입니다', 그리스는 '입 닥치고 가만 있어라'라는 뜻이다. 또한 독일에서는 엄지손가락만 든 것이 하나, 일본에서는 다섯을 의미한다.

(4) 'Yes or No?' 고개 끄덕이기

일반적으로 고개를 끄덕이는 것은 긍정, 동의, 이해의 의미를 나타낸다. 그러나 터키, 그리스, 이란, 불가리아 등에서는 '부정'을 나타내고 머리를 가로젓는 것이 '긍정'의 의미이다. 또한 인도인들은 상대방의 이야기에 귀 기울이고 있다는 뜻으로 고개를 좌우로 흔든다.

(5) 한쪽 귀 잡기

한쪽 귀를 잡는 행동은 인도에서는 '후회', '실수에 대한 사과'를 의미하고, 브라질은 '이해한다', '잘 먹었다'는 의미이다. 그러나 이탈리아에서는 모욕의 의미이니 각별한 주의가 필요하다.

(6) 집게손가락으로 자신의 코를 두드리기

영국인들에게는 '비밀', 이탈리아는 친구 간의 '우정의 충고'라는 뜻이다.

(7) 자신의 턱 두드리기

이탈리아에서는 '흥미 없다', '꺼져라'라는 의미이고, 브라질에서는 '모르겠다'는 의미이다.

(8) 손바닥 펼치기

그리스와 터키에서 손바닥 전체를 드러내는 제스처는 '지옥에나 가라'라는 욕설의 의미를 담고 있다.

(9) 손바닥을 아래로 하여 손짓하기

아시아, 중동·극동 지역에서는 사람을 오라고 부르는 행위이지만 서구 지역에서는 가라는 의미로 반대로 해석되므로 주의한다.

(10) 자신에 대한 지칭

우리나라와 미국을 비롯한 많은 서구 지역 국가에서 자신을 표현할 때 가슴을 가리킨다. 그러나 일본에서는 코를 가리킨다.

REVIEW

1. 좋은 대화를 위해 미리 준비해야 할 것은 무엇인가요?
2. 불편했던 대화의 소재에 대해 자신의 경험을 이야기해 보세요.

Quiz

Q1 전달하고자 하는 말의 앞부분에 한마디를 추가하여 대화를 부드럽게 혹은 정중하게 만드는 화법을 무엇이라고 하나요?

Q2 여러 이야기를 들었을 때, 나중에 들은 이야기가 강하게 인상에 남는다는 화법은 무엇인가요?

5 직장 매너

1) 직업과 직장

(1) 직업과 직장에 대한 이해

① 직업의 의미

첫째, 개인의 성장을 가져올 수 있는 자아실현의 기회이다. 인간은 누구나 자아실현을 통해 성장하고자 하는 욕구가 있는데, 사회인의 성장 욕구는 직업을 통해 충족할 수 있다.

둘째, 사회 구성원으로서의 역할 수행 및 사회 발전에 필수적 요소이다. 인간은 직업을 통해 사회 구성원으로서의 역할을 수행한다. 사회 구성원들이 직업을 통해 각자의 역량을 충분히 발휘할 때 사회 발전이 이루어진다.

셋째, 생의 보람과 행복을 발견하는 무대이다. 인간은 직업을 통해 삶의 보람과 가치를 발견할 수 있는데, 이는 인간 행복에 영향을 미친다.

넷째, 규칙적이고 지속적인 노동과 창조 행위를 통한 생계유지 활동이다. 직업을 통한 경제적 활동은 생계유지에 필수적이다.

② 직업의 가치

- 사회적 가치
  - 직업은 사회 조직 속에서 각자가 맡은 사회적 역할이다.
  - 자신의 직업에 열성을 다하는 것이 곧 사회적 공헌이다.
- 심리적 가치
  - 매슬로우(Maslow)에 따르면 인간의 자아실현의 욕구는 주는 욕구, 성장 욕구라 한다.
  - 성숙한 인간은 직업을 통해 자신의 잠재 능력을 발전시키고 자아실현을 하고자 하는 심리적 욕구를 가지고 있다.
- 경제적 가치
  - 직업은 생계유지의 기본 수단으로 경제적 가치는 매우 중요하다.

③ 직업의 4가지 요소

- 성장: 자신의 역량과 능력 발휘를 통한 성장이 있어야 한다.
- 기여: 사회 구성원으로서 직업을 통한 사회 기여가 있어야 한다.
- 창출: 직업을 통해 삶의 행복과 보람을 창출해야 한다.
- 유지: 경제적 활동을 통한 생계유지가 이루어져야 한다.

④ 현대인의 직업윤리

직장인에게는 직업에 대한 윤리의식이 필요하다. 다양한 직종에 따라 필요한 윤리의식이 조금씩 차이가 있으나 모든 직업에 공통적으로 요구되는 직업윤리가 있다.

- 객관성의 원칙: 업무의 공공성을 바탕으로 공사 구분을 명확히 해야 하고 투명하게 일처리를 해야 한다.
- 고객 중심의 원칙: 기업은 고객을 최우선으로 하므로 직장인은 고객에 대한 봉

사를 최우선으로 실천해야 한다.

- 전문성의 원칙: 자기 업무 분야에서는 전문가로서의 능력을 키워야 하며 책임감 있게 업무에 임해야 한다.
- 정직과 신용의 원칙: 업무와 관련된 모든 것을 정직하게 수행하고, 직장인으로서의 신뢰를 지켜야 한다.
- 공정 경쟁의 법칙: 업무 관련 규정을 준수하고 공정하게 경쟁해야 한다.

⑤ 직장의 특성과 직장인의 자세

- 직장은 각기 다른 개성을 지닌 개개인이 회사의 이윤 추구라는 공동의 목표를 이루기 위해 모인 공동체이므로 개인의 목표보다는 조직의 목표가 더 중시되는 곳이다.
- 직장인은 각자에게 부여된 업무를 통해 조직의 목표를 달성해야 할 책임과 의무가 있다.
- 구성원들은 자신의 업무 처리 결과가 조직 전체에 영향을 미칠 수 있다는 것을 명심하고 합리적이고 능률적인 업무 처리를 해야 한다.
- 직장이 구성원들에게 경제적인 보상을 제공하는 것은 책임감 있는 업무 수행에 대한 대가를 지급하는 것이다. 따라서 직장인은 자신이 받는 보상에 따른 업무를 책임감 있게 수행해야 한다.
- 직장은 성별, 교육 정도, 취미, 연령 및 가치관이 서로 다른 사람들로 구성된 조직이며, 직위에 따라 종적인 관계가 형성되어 있는 곳이므로 서로의 협력과 화합이 중요하다.

> 혁신은 각기 다른 영역, 배경, 전문성을 지닌 사람들이
> 각자의 생각을 공유할 때 발생할 가능성이 높다.
>
> – 프란스 요한슨(Frans Johansson)

- 성공적인 직장생활을 위해서는 '적응력'이 필수 조건이므로 직장인은 자신의 생각, 태도 등에 있어 유연한 자세로 적응력을 높여야 한다. 직장에서의 적응력은 인간관계가 중요하므로 인간관계에 특히 신경 써야 한다.

(2) 현명한 직장생활의 원칙

① 공동의 목표를 최우선으로 생각한다.

- 공동의 목표 달성에 자발적이고 의욕적으로 참여한다.
- 조직과 부서가 처한 상황을 이해하고 부응한다.
- 훌륭한 팀워크를 이루기 위해 협조하고 동료를 배려하며 존중한다.

② 회사의 기본 방침과 업무 규정을 준수한다.

- 정직하고 양심 있는 자세로 업무에 임한다.
- 회사의 규정을 철저히 지키는 자세가 필요하다.
- 중요한 정보나 문서에 대한 인식을 명확히 하고 회사 내부 정보는 절대 누설하지 않는다.
- 중요 서류의 분실, 파손, 보관에 유의한다.

③ 자신의 업무에 프로답게 임한다.

- 업무에 대한 애정, 흥미를 가지고 주도적으로 임한다.
- 자신의 특성과 장점 살려 창의적인 활동이 되도록 한다.
- 업무 처리는 신속하고 정확하고 바르게 한다.
- 정확한 일 처리로 성실하게 임하며 자신의 행동에 책임을 진다.

④ 능률을 먼저 생각한다.

- 직장은 생산성과 능률이 중요한 곳이다.
- 자신의 업무를 오랜 시간 동안 마무리 짓지 못하는 것은 직장인으로서 옳지 않은 태도이다.

⑤ 약속은 반드시 지킨다.

- 약속한 일은 아무리 사소한 일이라도 반드시 지켜야 한다.
- 직장인에게 약속은 상대방과의 신뢰 구축에 필수적이다.

⑥ 상대방의 입장을 존중한다.

- 주위 사람들에게 피해가 되지 않도록 행동한다.
- 자신보다는 상대방의 입장에서 먼저 생각하고 존중하는 자세가 필요하다.

⑦ 인간관계를 중요시하고 원만하게 한다.

- 소문이나 험담에 관여하지 않는다.
- 동료들과 금전적 거래를 하지 않는다.
- 사내 행사에 적극적으로 참여한다.

(3) 직장생활에 필요한 3가지 요소

직장생활에는 다음의 3가지가 필수적으로 필요하다.

① 효율

낭비가 없는 합리적인 방법과 절차를 통해 업무의 목적을 달성해야 한다.

② 정확

엄격한 시간 개념을 가지고 정확하게 업무 처리를 해야 한다.

③ 조화

조직의 성과를 위해 적극적으로 협력해야 한다.

(4) 업무 삼면등가(三面等價)의 원칙

업무의 '삼면등가의 원칙'이란 직무의 수행 과정에서 책임, 권한, 책무의 3가지가 균형 있게 이루어져야 한다는 것이다.

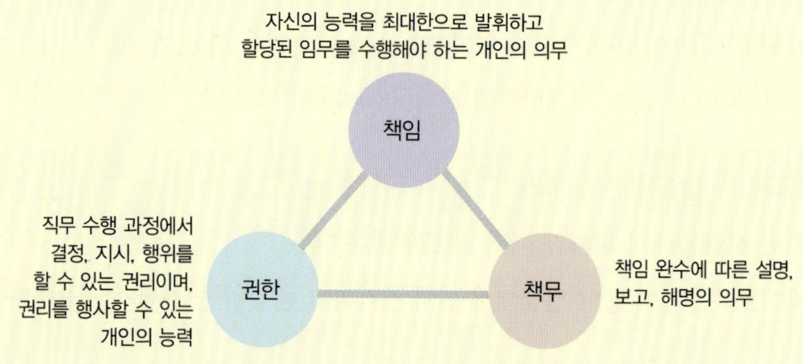

(5) 직장의 직급, 직책의 개념

직장의 직위와 직급 혹은 직책의 개념을 정리해 보면 다음과 같다.

① 직위: 직무상의 직위를 의미하며 사장, 이사, 부장, 차장, 과장, 대리 등을 말한다.

② 직급: 직위의 최소 분류 단위로 9급 공무원, 대리 2호봉 등으로 표기된다.

③ 직책: 직무상의 책임 및 권한을 뜻하며 영업팀장, 본부장, 사업팀장 등이 해당된다. 직책을 통해서 상대방이 맡은 업무의 성격을 알 수 있다.

④ 직함: 직위와 직책을 통틀어 일컫는 말로 보통 상대방이 처음 만났을 경우 "직함이 어떻게 되십니까?"라고 묻고 "품질관리팀장을 맡고 있는 김○○ 차장입니다" 하는 식으로 대답한다.

⑤ 직무: 직장에서 하는 일을 의미하며 영업이나 기획, 마케팅과 같은 업무의 성격을 말한다.

구분	의미	사례
직위	직무상 지위와 서열	대리, 과장, 차장, 부장, 사장
직급	직무의 등급: 난이도와 경력	1급, 2급, 9급
직책	직무상 책임과 권한	팀장, 본부장, 사업팀장
직함	직위+직책	영업팀장 김○○ 부장
직무	하는 일	영업, 기획, 마케팅

(6) 직장 내 지위 체계

① 상사

- 일반적으로 과장급 이상을 말한다.
- 상사의 자리는 업무 성과와 부장 승진에 대한 부담감이 생기는 자리이다.
- 부서의 업무 결과나 타 부서와의 경쟁으로 직원들이나 아랫사람의 실수에 민감한 자리이다.
- 상사의 리더십 유형은 부서의 분위기나 부서 직원의 업무 생산성에 영향을 미치게 된다.

② 중간 직급

- 일반적으로 대리 사원을 말한다.
- 상사와 사원 사이에 중간 역할과 다음 직급에 대한 승진 부담으로 불안감이 큰 위치에 있다.
- 신입 사원 관리와 상사를 챙겨야 하는 입장이기 때문에 사적·공적인 업무를 구분하는 것이 중요하다.
- 자신의 업무 외에도 후배에게 업무를 가르쳐야 하는 입장이므로 스트레스와 긴장감이 많다.

③ 일반 사원

- 직장에서 일반 사원은 상사의 의견을 존중하고 따르며 업무를 책임감 있게 수행하려는 자세가 필요하다.
- 업무를 열심히 배우려는 자세와 조직의 협력 분위기를 조성하려는 태도가 필요하다. 일반 사원의 태도에 따라 상사의 역할이나 리더십이 달라진다.

합해야, 어려운 일이나 힘든 일도 효율적으로 처리할 수 있음을 이해하고 부하 직원은 공동의 목표를 추구하기 위한 한 팀원으로 존중해야 한다. 부하 직원에 대한 신뢰를 구축하고 권한을 나누어 주어 부하 직원을 스스로 행동하게 하고, 능력 개발과 중요 과제 할당 및 실질적 지원을 제공하여 협력체재를 강화해야 할 필요가 있다.

(3) 갈등 관리

① 갈등에 대한 이해

갈등

칡 갈 葛 + 등나무 등 藤

"복잡하게 뒤엉켜 화합하지 못하는 상황"

- 조직은 개인과 개인의 관계를 전제로 이루어지는데, 두 주체가 관계를 가질 때 여러 측면에서 불일치가 있기 마련이다. 이러한 상황이 갈등을 야기하게 된다.
- 조직원들의 이해관계, 커뮤니케이션 방식, 행동 양식의 차이가 갈등의 원인이 된다.
- 갈등은 상호작용 중 이해관계의 대립으로 정의될 수 있지만, 조직에 도움이 될 수도 있으므로 갈등을 긍정적으로 바라볼 필요가 있다.

② 갈등의 원인

- 심리적 원인: 개인의 욕구, 가치관, 방어 메커니즘, 프레임 등
- 사회적 원인: 역할과 신분에 따른 갈등, 집단 간 특성, 법과 제도적 원인 등
- 조직적 원인: 수행 목표의 차이, 직급 간 차이, 리더의 운영 방식, 제도와 규정, 급여와 보상 등

사이먼과 마치(Simon & March)의 갈등의 원인

- 비수락성: 의사 결정자가 생각하고 있는 대안 및 결과가 어떤 것인지 알고 있지만 자기의 목표에 비추어 만족할 만한 것이 없어서 고민할 때
- 비비교성: 의사 결정권자가 생각한 대안의 결과는 알 수 있지만 여러 대안 중에서 어떤 것이 더 좋은 것인지를 알 수 없을 때
- 불확실성: 의사 결정권자가 생각한 대안의 결과가 무엇인지를 알 수 없을 때

③ 갈등의 역기능과 순기능

- 역기능
  - 조직의 균형을 깨뜨려 불안과 무질서를 초래한다.
  - 조직 구성원 간 단결을 방해하므로 조직의 발전을 저해하고, 심할 경우 해체될 가능성이 크다.
  - 갈등이 격화되면 개인의 인격이 무시되고 지나친 과업 지향적 문화가 조성될 수 있다.
  - 집단 간 갈등은 획일성이 강조되어 개인적 특성이나 견해가 무시될 수 있다.
  - 상대 집단에 대해 경계의식을 유발시키고 부정적 시각을 갖게 한다.
  - 자신이 속한 집단을 과대평가하고 파벌의식을 고조시킬 수 있다.
- 순기능
  - 조직의 문제점을 균형적으로 바라볼 수 있도록 하여 조직의 성장, 발전에 원동력이 될 수 있다.
  - 갈등을 통한 동기부여와 자극이 창의적인 사고와 연결될 수 있다.
  - 원만히 해결된 갈등은 조직의 통합에 기여할 수 있고, 조직 외부와의 갈등은 조직 내 단합의 원동력이 될 수 있다.

④ 현명한 갈등 관리

- 상대의 의도를 자신의 주관적 관점으로 판단하지 마라. 특히 관계가 좋지 않은 사람과 대화할 경우 선입견으로 인한 오해가 생길 수 있으므로 각별히 주의한다.

- 자신의 감정을 억누르지 말고 적절히 표현하라. 마음속에 쌓아 둔 감정을 제대로 표현하지 못하면 엉뚱한 다른 사람에게 표출될 수 있고, 업무 능률도 떨어지게 된다.
- 정체성을 훼손하는 말은 삼가라. 업무와 관련된 갈등은 일에 대한 이야기만 하는 것이 옳다. 상대방의 인격을 모독하는 말은 갈등을 심화시키고 본질에 접근할 수 없게 한다.

(4) 시간 관리

① 시간 관리의 필요성

- 시간 관리는 조직 생활의 성패를 좌우한다.

시간 관리를 못 하는 직원은 타인으로부터 신뢰감을 얻을 수도 없으므로 인간관계에 악영향을 미친다. 인간관계에 성공하지 못한다면 조직 생활에서도 성공할 수 없다. 시간 엄수는 신용의 첫걸음이다.

- 성공적인 사회생활은 효율적 시간 관리에 의해 좌우된다.

시간 관리를 현명하게 하지 못하면 부족한 업무 처리 결과가 나타날 수밖에 없다. 제한된 시간의 효율적 사용이 업무 성과를 좌우한다.

- 시간 관리는 스트레스를 줄여 준다.

영국 공무원을 대상으로 한 조사에서 위계질서 말단의 하급 관리들은 부서장급 관리들에 비해 3배 더 아프고, 사망률도 3배 더 높았다고 한다. 이는 다른 사람이 자신의 일에 대해 결정을 내리기 때문에 받는 스트레스가 크기 때문이라고 한다. 주도적으로 자신의 시간을 통제하면 시간 압박이 스트레스로 다가오지 않는다. 따라서 업무의 스트레스를 줄이고 싶다면 스스로 자신의 업무를 계획적으로 수행하는 지혜가 필요하다.

- 준비 과정이 있어야 기한 내에 완벽하게 업무를 수행할 수 있다.

근무 시작 시간과 출근 시간은 다르다. 회사에서 정한 근무 시간에 맞추어 출근을 하면 업무 시작 시간은 당연히 늦어지게 된다. 회사일은 기한이 명확하기 때문에 시간 관리로 철저히 준비를 해야 예정대로 업무가 진전될 수 있는 것이다.

- 일의 우선순위를 정해야 일처리를 성공적으로 해낼 수 있다.

시간 관리는 업무의 우선순위 결정하는 것이 선행되어야 한다. 동시다발적으로 쏟아져 나오는 업무를 차질 없이 해내기 위해서는 우선순위를 정해 철저한 시간 관리를 통한 일 처리가 필수적이다.

- 자신을 위한 시간 활용이 가능하다.

사회생활은 과도한 업무, 스트레스, 경쟁 등으로 긴장과 불안한 상황들이 자주 나타나게 된다. 따라서 바쁜 직장생활 속에서도 자신을 위한 시간 활용이 정신 건강과 자기 발전에 큰 영향을 미친다. 행복하고 건강한 직장생활을 위해서라면 자신을 위한 시간이 마련되어야 하고 이는 곧 시간 관리로부터 나타날 수 있다.

② 시간 관리 요령

- 약속을 어기는 것이 습관화되지 않도록 한다.
- 약속은 반드시 메모하는 습관을 들인다.

≪퍼스트클래스 승객은 펜을 빌리지 않는다≫

미즈키 아키코 저

비행기 1등석 담당 승무원이 발견한 3%의 성공 습관

항상 메모하는 습관이 있고, 자신의 펜을 가지고 다닌다.

메모는 최강의 성공 도구로 기록하는 행위는 신뢰감을 주고, 아이디어를 보존할 수 있게 한다.

- 오래전 정한 약속이라면 하루 전에 다시 한번 확인을 한다.
- 약속을 정할 때 만남 후 어느 정도의 시간 여유가 있는지 상대에게 미리 알린다.
- 약속 시간에 맞추어 도착하지 못할 경우 가능한 한 빨리 알린다.
- 상황에 따라 융통성 있게 시간 관리를 한다.

약속 시간 준수의 원칙

개인적 초대	➔	정시 or 약간 늦게
비즈니스를 위한 공식적 약속	➔	정시 or 약간 일찍
회의, 행사	➔	준비 상황 등을 고려하여 여유 있게 일찍

(5) 근무 매너

올바른 근무 자세는 일에 대한 태도와 마음의 표현이자 상대에게 호감과 신뢰감을 전달하는 수단이 된다. 또한 올바른 근무 자세는 업무 능률 향상에 기여하게 되므로 직장인의 근무 매너는 필수적이라 할 수 있다.

① 출근 매너

- 복장을 단정히 하고 즐거운 마음으로 출근 준비를 한다.
- 사무실에 들어오기 전에 몸단장을 점검한다.
- 명랑한 표정으로 친근감 있는 인사를 주고받는다.
- 출근 시 인사말은 "안녕하십니까?", "좋은 아침입니다." 정도가 좋으며, 전날 회식 등을 했을 경우에는 "어제는 잘 들어가셨습니까?", "어제는 맛있게 잘 먹었습니다." 등의 인사도 좋다.
- 가급적 일찍 출근을 하되, 근무 시작 10~30분 전까지는 도착하여야 한다.
- 되도록이면 상사보다 먼저 출근해서 일과의 순서를 정한다.
- 당일 예정된 계획들을 상사에게 정확하게 전달할 수 있도록 준비한다.

- 코트나 우산은 지정된 장소에 깨끗이 정돈한다.
- 책상에 있는 서류 및 비품을 정리 정돈 하고 하루 일과 계획을 점검한다.

지각을 하게 될 경우

- 지각을 하게 되는 상황을 근무 시작 전에 동료나 상사에게 미리 알린다.
- 지각 상황을 미리 알렸다 하더라도 출근 후 상사에게 가서 다시 사과의 인사를 한다.
- 핑계나 변명을 하지 말고 지각하게 된 이유를 솔직하게 전한다.
- 늦게 출근을 했으므로 시간 낭비 없이 바로 근무에 임할 수 있도록 한다.

② 업무 매너

- 회사의 규정을 준수하며 근무한다.
- 근무 시간 중에는 항상 단정하고 예의 바른 태도를 갖는다.
- 개인적인 전화나 잡담을 삼간다. 동료 간 짧은 시간 대화는 무방하나 장시간의 잡담은 근무 태만 행위이므로 주의한다.
- 임무를 부여받은 시간보다 앞당겨 마치려고 노력한다.
- 동작은 다른 사람의 일에 방해가 되지 않도록 한다.
- 앉을 때는 의자를 당기고 일어설 때는 책상 밑에 밀어 넣는다.
- 근무 중 말을 걸 때는 반드시 상대방의 이름을 부른다.
- 대화는 되도록 간략하게 낮은 소리로 하고 큰 소리로 말하거나 웃지 않는다.
- 근무 중에는 함부로 자리를 뜨지 않는다.

근무 중 자리를 뜰 경우

- 자리를 뜰 때는 업무에 지장이 없도록 신경을 쓴다.
- 행선지, 용건, 예정 시간 등을 상사나 동료에게 알린다(메모, 전언).
- 외출할 때는 상사의 허가를 받는다.
- 부재 시에 예상되는 용건은 사전에 수단을 강구해 둔다.
- 공적이든 사적이든 외출할 때는 반드시 허가를 받는다.

- 비품을 소중하게 다룬다.

비품 사용의 원칙

- 회사의 비품은 공공의 물건이므로 소중히 다루고 아껴 쓴다.
- 뚜껑이나 상자가 있는 비품은 사용 후 반드시 원상태로 둔다.
- 공동의 용품은 사용 후 반드시 정위치에 놓는다.
- 다른 부서에서 빌린 것은 즉시 돌려준다.

- 실내에서의 통행은 질서 있게 한다.

실내에서의 통행

- 통로에서는 조용히 한다.
- 방문객이나 상사와 같이 걸을 때는 왼쪽에서 조금 뒤쳐져서 걷는다.
- 실내외 출입은 문을 연 후 방문객이나 상사가 먼저 지나가도록 한다.
- 복도에서 큰 소리로 이야기하거나 서서 이야기하지 않는다.
- 통행 중 상사를 만나면 잠깐 멈추어 가볍게 인사한다.
- 좁은 통로에서는 비켜서서 길을 터 준다.
- 사람을 안내하여 계단을 오를 때는 뒤따르고 내려올 때는 앞선다.
- 계단의 도중에서 방문객이나 상사를 만났을 때는 비켜서서 길을 터 준다.

- 손님을 앞에 두고 옆 직원과 잡담을 하지 않는다.
- 근무 중 사적인 전화는 삼가며 통화 시는 용건만 간단히 한다.
- 근무 중 사무실에서 화장을 고치는 일은 삼간다.
- 근무 중 말을 걸 때는 상대방 옆으로 가서 조용히 한다.
- 업무 시간 중에 업무 이외의 사적인 일을 하지 않는다.
- 근무 시간 중 또는 방문객이 있을 때 음식을 먹지 않는다.

③ 퇴근 매너

- 그날 마무리하지 못한 일은 다음 날 연장해서 해야 하므로 잘 정리해 놓는다.
- 그날 처리해야 하는 일은 야근을 해서라도 반드시 마무리한다.

- 다음 날 해야 할 일을 체크해서 준비가 필요하다면 미리 준비해 놓는다.
- 퇴근 시간 전 미리 짐을 꾸리거나 서두르지 않는다.
- 퇴근 준비는 근무 시간이 끝난 다음에 하는 것이 원칙이다.
- 근무 시간 종료와 동시에 자리를 뜨는 것은 좋지 않다.
- 퇴근 시간에는 오늘 일의 끝맺음과 내일의 계획을 세운다.
- 책상 위의 서류와 문서를 정돈한다.
- 비품과 서적은 정해진 장소에 갖다 놓는다.
- 자신의 자리 주변을 간단히 청소한다.
- 사무실에서 가장 늦게 나가게 된다면 문단속, 안전장치, 소등 등을 점검한다.
- 상사보다 먼저 자리를 떠야 할 때는 양해를 얻고 나간다.
- 인사는 큰 소리로 명랑하게 한다.
- 퇴근할 때에는 상사, 동료, 후배들에게 "먼저 들어가 보겠습니다.", "내일 뵙겠습니다." 등의 인사를 한다.
- 보안을 위해 서랍, 캐비닛, 컴퓨터 등은 반드시 잘 정리한다.
- 폐기해야 할 문서들은 반드시 세절하고 퇴근한다.
- 정해진 통로로 출입한다.
- 회사의 물건이나 대외비 문서 등을 집으로 가져가지 않는다.

④ 점심시간, 휴식 시간 매너

- 점심시간
  - 점심시간을 명확히 준수한다.
  - 점심시간은 보통 1시간으로 정해져 있지만 점심시간 1시간을 모두 외부에서 보내고 사무실로 돌아오는 것은 옳지 않다.
  - 점심시간은 휴식 시간이지 자유 시간이 아니라는 것을 기억해라.
  - 서둘러 식사를 마치고 다음 근무를 위해 여유 있게 준비를 할 수 있도록 한다.
  - 업무 특성상 점심시간을 다 사용하지 못하고 교대를 해 주어야 하는 경우라

면 최소한의 시간을 사용하여 동료에게 피해를 주지 않도록 한다.
- 점심시간 후 늦게 사무실로 돌아왔을 경우 상사에게 죄송하다는 말씀을 전한다.
- 점심식사 시간 중 상사나 동료 험담을 하지 않는다.
- 정치, 회사의 문제, 종교 등의 이야기를 하지 않는다.
- 점심시간도 근무의 연장임을 기억하고 지극히 사적인 이야기나 질문을 하지 않는다.
- 식사 테이블에서 상사가 상석에 앉을 수 있도록 배려한다.
- 식사는 다른 사람과 보조를 맞춘다.
- 식사 중 너무 많은 이야기를 하지 않는다.

- 휴식 시간
  - 휴식 시간이라도 진행 중인 일은 마무리한 후 휴식을 취한다.
  - 휴식 시간에 자리를 뜨기 전 의자와 책상 정리를 깔끔하게 한다.
  - 휴식 중 상사나 동료에게 지킬 예절은 근무 중 예절과 같다. 자유 시간이라고 해서 너무 자유롭게 지내거나 흐트러진 자세를 보이지 않도록 한다.
  - 휴식은 근무를 위해 있는 것이므로 휴식 시간에 심신을 피로하게 해서 근무에 방해가 되지 않도록 한다.
  - 차 마시는 시간을 기회로 삼아 지나치게 많은 이야기를 하지 않는다.
  - 휴식 시간에 지나친 운동 등으로 업무에 지장을 주는 일이 없도록 한다.
  - 화장실에서 긴 이야기를 하지 않는다.

(6) 휴가 매너

① 휴가 신청을 위한 준비

- 직장의 업무 상황을 고려하여 휴가를 쓸 수 있는 상황인지 확인 후 신청한다.
- 휴가 신청은 한 달 전쯤 여유 있게 하는 것이 좋으며 적어도 1주일 전에 한다.
- 자신이 자리를 비울 때 발생할 업무 지장에 대해 최대한 대비를 한다.

- 휴가 중 행선지와 연락처를 명확히 알려주어 만약의 상황에 대비한다.
- 질병, 상 등의 갑작스러운 상황으로 인해 결근을 해야 할 경우 바로 직장에 알리고 남에게 피해가 가지 않도록 최대한 조치한다.
- 결재 건이나, 당일에 처리해야 할 중요한 일 등은 대신 처리해 줄 사람을 찾아 부탁한다. 그러기 위해서는 평소 원만한 인간관계가 필요하다.
- 휴가 신청서는 회사의 정해진 사규에 따라 양식에 맞게 작성하고 상사에게 직접 제출한다.
- 여름휴가, 연차 등의 장기 휴가 신청은 되도록 시간적 여유를 두고 하되 부서 내의 동료들에게 미리 알린다.
- 거래처를 비롯한 업무 유관자들에게 휴가 사실을 미리 알린다.

② 휴가 신청 시 지켜야 할 사항

- 부재중 자신의 일을 대신 맡을 사람을 생각해 상사에게 알린다.

많은 상사들이 책임감 있는 사원을 좋아한다. 담당자가 부재중일 때 대신 일을 맡을 사람을 생각하고 휴가 신청서에 해당 사항에 대해 명시한다. 이를 통해 상사에게 자신이 사전 대책을 세울 줄 알고 책임감이 있으며 팀을 존중하는 사람이라는 것을 알리게 된다.

- 휴가는 통보가 아니고 요청하는 것이다.

휴가 신청은 회사의 허락을 구하는 것이다. 따라서 상사에게 통보하는 것이 아닌 신청하는 것이어야 한다. 통보와 허락을 구하는 것은 작지만 큰 차이가 있다.

- 사용한 휴가 일수와 남은 일수를 상사에게 알린다.

본인이 지금까지 사용한 휴가 일수와 잔여 휴가 일수를 명기하여, 자신이 휴가 일수를 관리하고 있으며 정해진 만큼 쉬고 있다는 것을 상사에게 알린다. “부장님, 7월 30일~8월 5일까지 7일 휴가를 사용하고 싶습니다. 올해 휴가 14일 중 7일을 쓰게 되는 셈입니다. 괜찮을까요?” 식의 표현으로 허락을 구한다.

- 휴가 신청은 한 달 전에 여유 있게 한다.

휴가 신청을 미리 여유 있게 하는 것이 같은 부서, 팀 사람들이 업무 추진을 하는데 차질이 생기지 않는다. 팀원들이 모두 공유하는 일정표에 팀원들의 휴가가 공지되어 있는 것이 바람직하다.

- 휴가 신청은 서면으로 공식적으로 한다.

아무리 상사와 편하게 지내는 사이라도 업무와 관련된 일은 공식적으로 해야 한다. 따라서 사적인 이야기를 나누다가 휴가를 신청하는 것은 옳지 않다. 서류를 준비하여 공식 절차를 거쳐야 한다. 휴가 신청의 공식 절차가 따로 없는 경우라면 이메일을 보내서라도 공식적인 자료로 남기는 것이 좋다.

- 휴가를 가기 2~3일 전에 상사에게 다시 한번 휴가 일정을 상기시킨다.

휴가 신청서를 제출했을지라도 상사는 바쁜 업무로 인해 잊고 있을 수도 있다. 따라서 상사가 업무에 관한 조치를 취할 수 있도록 사전에 한 번 더 공지한다. 그러면 자신이 부재중일 때의 업무 계획이 더 확실해지고, 자신은 스트레스 없는 휴가를 즐길 수 있다.

(7) 회의 매너

회의란 기업의 업무 수행을 위한 의견 통합과 의사 결정의 과정이다. 회의를 통해 조직 구성원들의 이해와 협조가 이루어지므로 조직 구성원 간 신뢰 구축의 과정이기도 하다. 직장에서 회의는 매우 빈번하게 일어나는 업무의 과정이므로 올바른 회의 매너를 익혀 활용해야 할 필요성이 있다.

① 회의를 주관하는 매너

| 회의의 준비 |

필요한 정보와 자료 준비

- 회의에 필요한 자료, 실물, 사진, 그림 등을 충분하게 준비한다.

- 회의 참석 인원에 맞추어 배부 자료를 충분히 준비하되, 사전 이해가 필요한 자료라면 미리 배부한다.
- 회의에 필요한 필기도구, 메모지 등을 준비한다.

일정 공지

- 회의 참가자에게 회의 날짜, 시간, 장소 등을 미리 연락한다.
- 오래전 공지된 내용이라면 하루 전 다시 공지하여 착오가 없도록 한다.
- 회의 참가자가 미리 준비해야 할 부분이 있다면 지참할 수 있도록 알린다.

회의장 준비

- 회의 참석 인원이 모두 집중하여 토의할 수 있도록 자리 배치를 한다.
- 출입, 실내 동작 등이 토의에 지장을 주지 않을 수 있도록 배치한다.
- 의자, 테이블, 기타 준비 사항을 점검한다.

문서 준비

- 문서의 중요성
  - 직장인은 각종 문서로 업무 처리를 하므로 올바른 문서 작성은 직장인의 필수 사항이다.
  - 문서 작성 능력은 곧 그 사람의 능력과 같다.
  - 문서 작성 능력은 좋은 문서를 많이 접하고 문서 작성을 위해 고민하고 상사의 조언을 받으면서 향상된다.
- 문서 준비
  - 뛰어난 아이디어와 생각이 있을지라도 문서로써 표현하지 못하면 능력을 제대로 평가받지 못한다.
  - 회의 자료는 가독성 있게 핵심 내용을 정리하여 문서로 준비해야 한다.
- 문서의 역할
  - 회사의 중요 정보나 의사를 대·내외나, 상하·좌우로 연결한다. 회사의 중요한 정보를 잘 정리하여 재빠르고 정확하게 공유할 수 있는 체계를 갖추는 것이 기업 활동의 경쟁력이 된다.

- 각종 활동 결과를 보존할 수 있어 성공을 부르는 근간이 된다. 업무의 시작부터 마무리까지의 상황이 잘 정리되어 있다면 업무의 전체 진행 상황을 되짚어 볼 수 있다. 잘 정리된 문서는 기록을 통해 문제점과 개선점을 파악할 수 있게 하므로 더 큰 발전을 가져오게 된다.
- 장래에 발생할 수 있는 책임을 명확히 한다. 모든 업무 활동에서 쓰게 되는 문서는 그 일에 대한 책임 소재를 명확히 하는 증빙 서류가 된다. 업무 관계자들의 서로 간 약속의 징표가 된다.
- 업무 추진 과정에서 문서는 동의, 허락의 표시를 할 수 있는 매개체가 된다.

• 문서가 필요한 상황
- 복잡한 내용을 다룰 때: 복잡하거나 어려운 내용에 대한 회의에서는 특히 문서 작성이 필요하다. 글로 작성할 경우 이해하기가 쉬워 훨씬 더 수월한 의사소통을 이끌어 낼 수 있다.
- 업무 처리의 근거나 결과를 남길 때: 소소한 경비 처리, 작고 사소한 업무일지라도 업무에 대한 내용은 잘 정리된 문서로 작성되어야 한다.
- 상사의 결정을 요청할 때: 업무 활동에 대한 상사의 결정이나 지원은 문서로 정리하여 요청하는 것이 기본이다.

② 프리젠테이션

프리젠테이션을 위한 준비
- 회의의 주제와 대상, 시간, 장소를 미리 파악하여 주어진 시간 내에 발표할 수 있는 효과적인 프리젠테이션 자료를 준비한다.
- 보통의 경우 프리젠테이션은 15분 내외가 효과적이고, 정해진 시간을 넘지 않도록 철저히 준비하여 슬라이드 수를 제작한다.
- 빔 프로젝트, 컴퓨터, 포인터 등의 상태를 미리 점검한다.

프리젠테이션의 원칙

알기 쉽게	간결하게	인상 깊게
이해가 쉬운 말로 명쾌하게 표현	필요한 내용은 반드시 넣되, 필요 없는 것은 과감히 생략	감정을 실어 생동감 있고 공감 형성이 잘 되게 표현

프리젠테이션 매너

- Eye Contact
  - 회의 참석자와 눈맞춤이 없이 원고에 치중하면 참석자들에게 내용이 효과적으로 전달되지 못할 뿐 아니라, 참석자들이 지루해할 수 있다.
  - 한 연구에 의하면 청중과의 눈맞춤 비율이 프리젠테이션 전체의 15% 이하라면, 냉정함, 미숙함 등의 이미지를 주고 80% 정도의 비율이라면 친근함, 성실성, 능숙함 등의 인상을 주는 것으로 나타났다.
  - 한곳만 바라보거나 최상급자에게만 눈을 맞추거나 하는 것은 옳지 않다.
- 이미지
  - 프리젠테이션을 할 때의 복장은 신뢰감을 줄 수 있도록 단정하고 깔끔한 복장을 한다.
  - 복장이 너무 화려하거나 독특하지 않도록 주의한다.
  - 산만한 장신구는 피한다.
- 몸가짐과 동작
  - 내용 전달도 중요하지만 프리젠테이션을 하는 동안 서 있는 위치, 움직임 등에 신경을 쓴다.
  - 제스처를 적절히 사용한다.
  - 제스처가 너무 산만하지 않도록 한다.
- 목소리
  - 목소리의 크기와 발음은 프리젠테이션 효과에 영향을 미치므로 적당한 톤을 유지하고 발음을 명확하게 한다.

- 말하는 속도, 높이, 성량 등에 유의한다.
- 낮은 목소리로 시작하여 시간이 지남에 따라 점점 크게 하고, 강조할 부분을 강하게 한다.
- '아', '음' 등과 같이 자신의 말투에 습관이 있다면 주의한다.

③ 회의 진행

- 회의를 주관하는 옷차림과 태도
  - 컬러와 디자인이 심플한 정장이 무난하다.
  - 태도는 겸손하되 당당해야 하며 신뢰와 공감 형성에 유의한다.
  - 손동작은 적절히 제스처를 사용하되 산만하지 않도록 하고 중요 내용은 포인터로 지적한다.
  - 시선은 회의 참여자들에게 골고루 2~3초씩 두는 것이 좋다.
- 회의 진행 시 유의 사항
  - 회의를 진행할 때는 의견을 말할 수 있는 권리를 여러 사람에게 골고루 준다.
  - 회의 진행자의 발언 시간이 너무 길지 않도록 한다.
  - 의견을 제시하는 발언은 간단히, 타이밍을 맞추어, 적극적으로 한다.
  - 업무 향상에 플러스가 되는 말은 주저하지 말고 말한다.
  - 회의 목적에서 벗어난 주제의 말은 하지 않는다.
  - 의견을 달리하는 사람의 발언에도 귀를 기울인다.
  - 개인 감정이 좋지 않은 사람과 논쟁하지 않는다.
  - 혼자서 회의를 독점하지 말고, 참가자 전원이 발언할 수 있도록 한다.
  - 자신이 반대한 의견일지라도 결정된 것은 협조하며 실행에 옮긴다.
  - 회의 중 문제 분석, 대안의 제시, 의견 조정, 의사 결정 등과 같은 목표를 검토한다.

④ 회의에 참석하는 매너

- 회의에 참석하는 태도
  - 회의 참석 시간을 정확히 지킨다.
  - 지정된 좌석이 있다면 지정된 자리에 착석하고, 지정된 좌석이 없다면 상석에 유의하여 자신의 직급에 맞는 자리에 앉도록 한다.
  - 휴대전화를 무음으로 하여 회의에 방해가 되지 않도록 한다.
  - 옆 사람과 잡담을 하거나 개인 휴대전화 확인 등의 방해되는 행동을 하지 않는다.
  - 회의 도중 자리를 뜨는 것은 실례이다.
  - 졸거나 지루해하는 태도를 보이지 않는다.
  - 비언어적 태도로 공감하는 자세를 보이고 호의적인 태도로 임한다.
  - 중요하다고 생각되는 부분은 필기한다.
  - 질문의 요지를 준비한다.
- 의견 제시 요령
  - 의견을 첫 번째로 내는 것을 두려워하지 않는다. 적극적으로 자신의 의견을 말한다.
  - 코멘트는 간결 명료하고 요지에 맞게 한다.
  - 자신이 이야기하고자 하는 바를 구체적인 실례를 들어 이야기하되, 추상적으로 하지 않는다.
  - 말의 속도는 천천히 하여 여러 사람들이 모두 이해할 수 있도록 한다.
  - "제 생각이 잘못된 것인지는 모르겠지만", 혹은 "제가 아는 것은 없지만"과 같은 자기비하의 말을 하지 않는다.
  - 제안된 의견이 바람직하지 못할 때 바난하거나 비판하지 말고 대안을 제시한다.
  - 회의 중 중요한 내용을 메모하고, 자신의 의견도 메모하여 요점을 말한다.

- 발언하지 말아야 할 것
  - 반복되는 발언, 똑같은 내용을 반복하는 발언
  - 서두가 너무 길거나 필요 이상으로 상세한 발언
  - 결점만을 지적하고 개선책을 제시하지 않는 발언
  - 공격적인 발언, 타인의 말을 가로막는 발언
  - 상대의 의견과 관계없는 자기만의 발언
  - 회의의 흐름을 무시하거나 회의 주제와 관계없는 발언
  - 상대의 말꼬리를 물고 늘어지거나 중요한 부분을 생략한 발언
  - 반론을 위한 반론이나 변명이나 핑계

(8) 출장 매너

① 출장의 의미

- 출장이란 회사를 대표하여 회사의 직무를 수행하기 위하여 목적을 가지고 떠나는 여행이다.
- 출장을 떠나기 전에 목적을 정확히 파악하고 사전에 치밀한 계획을 세워 목적을 이룰 수 있도록 해야 한다.
- 출장은 회사, 부서, 팀을 대표하여 가는 것이므로 책임감을 가지고 성실하게 임해야 한다.
- 출장에서의 업무 성과는 곧 자신의 업무 능력을 보여 줄 수 있는 좋은 기회이다.

② 출장 시 유의 사항

- 출장 목적을 정확히 파악하고 사전에 치밀한 준비를 한다.
- 출발 전 출장 일정과 장소, 목적에 대해 상사와 동료에게 다시 한번 알리는 것이 예의이다.
- 상사로부터의 추가 지시 사항이 있는지 여부를 체크한다.
- 출장 기간 동안 동료들에게 폐를 끼치는 일이 없도록 사전 조치를 취한다.

- 목적지에서의 일정표를 작성하여 차질이 없도록 준비한다. 일정표를 작성할 때는 상사의 조언을 구하는 것이 좋다.
- 출장 업무 수행에 필요한 서류나 자료 등을 준비한다.
- 숙소, 교통수단 등을 미리 예약한다.
- 출장지에서는 숙소 연락처, 업무 진행 정도, 중간 변경 사항 등을 중간보고(수시보고)하는 것이 좋다.
- 출장이나 사외 근무를 빙자하여 통상 업무를 지체하거나 남에게 미루는 일이 없도록 한다.
- 출장을 마치고 돌아오면 상사에게 구두, 전화로 보고한 후 추후 공식적인 출장 보고서를 제출한다.

(9) 해외 출장 매너

해외 출장이 잦은 직장인들에게 글로벌 매너는 필수이다. 글로벌 시대에 경쟁력 있는 직장인이 되기 위해서는 세계 여러 나라의 문화와 매너를 이해하고 적절히 행동하는 것이 필요하다. 해외 출장 시 준비가 철저하지 않으면 타지에서 낭패를 보거나 출장 목적을 달성할 수 없으므로 철저한 준비로 성공적인 출장이 되도록 해야 한다.

① 해외 출장을 위한 준비

- 출장 일정 확정 및 유관 부서와의 업무 협의를 한다.
- 출장 품의는 출장 예정일 최소 1주일 전까지 한다.
- 출장 일정이 정해졌다면 해외 출장지에 알린다.
- 출장 시 필요한 자료나 업무 서류를 준비한다.
- 해당 지역의 시차, 기후, 문화, 관습 등에 대한 정보를 확인한다.
- 출장지의 항공, 기차, 버스 등의 교통편 확인 및 숙소를 예약한다.
- 출장 준비물을 준비한다.

해외 출장 시 필요한 준비물

- 출국 서류: 여권, 비자, 해외여행자보험, 국제운전면허증
- 출장비: 현금, 신용카드, 여행자수표 등
- 항공권
- 여권 사진: 여권 분실 대비
- 명함
- 개인 물품: 옷, 세면도구, 우산, 선글라스 등
- 상비약
- 연락망 점검: 휴대폰, 보조 배터리, 로밍 관련 체크, 멀티 플러그 등

(10) 지시받는 요령, 보고하는 요령

① 지시와 명령의 중요성

- 조직은 지시·명령 계통 아래에서 일을 처리하게 된다.
- 부하 직원이 어떻게 지시와 명령을 받느냐에 따라 일의 성과와 부하 직원에 대한 평가가 달라진다.
- 직장 상사는 혼자 일을 하는 것이 아니라 부하 직원과 함께 일을 수행하는 입장이므로 부하 직원이 지시한 대로 따라 주지 않으면 상사는 일을 추진하지 못하게 된다.
- 조직에서의 모든 일은 협조 체제를 통해 이루어진다. 조직 속에서 일하고 있는 이상 동료나 상사와 일을 분담하고 협력해야 한다.

② 지시받는 요령

- 이름이 불렸을 때
  - 상사의 부름에 '예'라고 밝고 명랑하고 똑똑하게 대답한다.
  - 대답 없이 상사 앞에 가거나, 대답은 했으나 신속하게 가지 않게 되면 불만이 있는 것으로 오해를 사기 쉽다.
  - 메모 준비를 하여 상사 앞에 간다.

- 업무 처리 중일 때
  - 중요한 업무 처리 중이거나 전화를 받고 있는 경우 이유를 말씀드리고 기다려 주실 것을 부탁한다.

> "네~ 과장님, 통화 중입니다. 통화 후 바로 가겠습니다."
> "죄송합니다. 과장님, 곧 가겠습니다. 잠시만 기다려 주십시오."

- 지시받는 태도
  - 메모는 6하 원칙에 의거하여 중요하고 필요한 사항을 빠짐없이 기록한다.
  - 지시를 받은 후 메모 내용을 요약하여 상사 앞에서 복창한다.
  - 지시를 받을 때 하기 싫은 내색을 한다거나 성의 없는 대답 또는 말이나 표정을 보이는 것은 금물이다.
- 의견이나 질문이 있을 때
  - 지시 도중에는 의견이나 질문을 피하고 끝까지 잘 듣는다.
  - 의견이나 질문은 상사의 지시가 끝난 후 예의를 갖추어 한다.
- 여러 지시를 동시에 받았을 때
  - 여러 지시를 겹쳐서 받았을 경우 우선순위를 확인 후 급한 것부터 추진한다.
- 상사의 지시나 명령에 그대로 따를 수 없을 때
  - 상사가 현재 상황을 제대로 파악하지 못한 채 지시를 내리거나, 혹은 상사가 시키는 대로 일을 추진하면 실패할 것이 명확한 경우에는 상황을 설명하여 상사의 재고를 구한다.
  - 자기 의견을 피력해도 그대로 받아들여지지 않을 경우에는 상사의 명령에 따르는 것이 옳다.

효과적인 의견 제시 방법

- 상사의 지시에 전적으로 반대하지 말고 전반적인 사항에는 찬성한다는 뜻을 비치면서 일부분에 대해서 자신의 견해를 조심스럽게 밝힌다.
- "이렇게 하는 것이 어떨까요?"라고 의뢰형으로 의견을 제시한다.
- "부장님 말씀대로 하겠습니다. 그런데 제 생각으론 이런 방법도 효과적일 것이라 생각합니다. 부장님 의향은 어떠신지요?"와 같이 상사의 의견에 동의하며 자신의 의견을 말하고, 상사의 의향을 묻는다.

③ 보고하는 요령

보고의 중요성

- 보고는 직장 내 커뮤니케이션의 중요 수단 중 하나이다.
- 상사의 지시와 명령에 대한 결과를 보고하는 것은 당연한 것이나, 지시와 명령이 없더라도 업무상 발생한 사실을 빠짐없이 보고하는 것이 중요한 원칙이다.
- 본인의 독단적 판단으로 중요하다고 생각되는 일만을 보고하지 않는다.
- 대부분의 상사는 세세한 것까지 수시로 보고하는 부하를 좋아한다.
- 보고를 잘한다는 것은 자신을 신뢰하고 따른다는 의미를 나타내므로 인간관계에도 도움이 된다.
- 잘못된 보고는 상사의 바쁜 시간을 뺏는 결과를 초래할 수 있다.

보고가 필요한 상황

- 일을 진행하는 과정에서 다양한 이유로 상황이 변했을 경우
- 그대로 진행하면 문제가 발생할 것이 예상되는 경우
- 자기 혼자로는 판단이 되지 않을 때
- 상사의 지식과 경험 등의 조언이 필요할 때
- 업무 추진 예정에 무리가 생겼을 때
- 위험하거나 까다로운 상황일 때
- 나쁜 결과가 나왔거나 실수를 했을 때
- 자신의 갑작스러운 상황으로 계획 추진에 문제가 생겼을 때

보고의 원칙

- 일이 끝나면 즉시 보고한다.
- 보고의 시기를 지켜 신속히 보고한다.
- 결론부터 보고한다.
- 결론 → 이유 → 경과의 순서로 보고한다.
- 수행된 사실과 의견을 구분하여 보고한다.
- 2건 이상의 보고는 내용을 나누어서 보고한다.
- 지시, 명령한 사람에게 보고한다.
- 중간보고를 한다. 업무를 마무리할 때까지 아무런 말이 없는 것보다 업무 진행 상황을 중간중간 보고하는 것이 좋다. 상사를 궁금해하지 않도록 하는 것이 지혜로운 부하 직원이다.
- 보고 사항이 있으면 바로 자기 상사에게 먼저 하라.
- 조직에는 순서가 정해져 있다. 자신의 입사 선배나 중간 직급의 상사를 무시해서는 안 된다.
- 상위 직급 상사가 내린 지시라 할지라도 상위 직급 상사에게 바로 보고를 하면 중간 직급의 상사들은 그 일에 대해 모르게 되므로 당황스러워할 수 있고, 자신과의 관계도 나빠질 수 있다.
- 명쾌한 말씨로 명확하게 보고한다.
- 책상 앞에서 보고하는 경우 50cm 정도 떨어진 거리에 약간 측면에 서서 보고를 한다.
- 책상이 아닌 경우에는 1m 정도 떨어진 곳에 서며 가까이에서 설명해야 할 경우에는 "실례합니다."라고 양해를 구하고 가까이 다가선다.

보고 유형별 방법

● 구두 보고

- 보고할 때 예의 바른 태도를 갖춘다.
- 안정되고 침착하되 자신감 있는 태도로 보고한다.

- 이해하기 쉽도록 설명한다.
- 표준어를 사용하되 전문 용어는 가능한 한 쓰지 않는다.
- 체계적이고 논리적으로 조리 있게 보고한다.

● 전화 보고

- 보고의 제목, 순서, 결론, 건의 등을 미리 메모한다.
- 보고자의 직책, 성명을 알리고 피보고자를 확인한다.
- 결론을 먼저 말하고 내용을 보고한다.
- 상대방의 상황과 시간을 고려하여 전화한다.
- 통화는 쉬운 말로 간단하게 한다.
- 중요한 부분은 반복하여 말한다.
- 통화의 종결을 명확하게 한다.

● 문서 보고

- 보고의 내용이 복잡하면 구두로 보고하지 말고 문서화하여 보고한다.
- 도표나 그래프 등을 사용해 시각화하여 효과적으로 작성한다.
- 보고 문서는 한눈에 핵심이 드러날 수 있도록 가독성 있게 작성한다.

(11) 근무 환경 관리, 정보 보안 매너

① 근무 환경 관리의 중요성

● 직장생활을 하다 보면 업무 관련 서류, 각종 보고서 등 많은 양의 자료들이 쌓이게 되는데 이를 그대로 방치하면 업무 처리에 지장이 생길 수 있다.

● 정리 정돈은 보다 효율적인 업무 수행을 할 수 있게 한다.

● 물리적 환경 관리뿐 아니라 시간 관리도 중요하므로 월 단위, 주 단위, 일 단위 일정 점검이 필수적이다.

● 상사가 자료를 요구했을 때 찾는 데 너무 오랜 시간이 걸린다면 이는 곧 무능한 사람으로 인식될 수 있다.

② 근무 환경 관리의 영역

- 자신의 책상과 의자
  - 책상 위를 깔끔하게 정리할 것
  - 업무 관련 자료를 찾기 쉽도록 정리할 것
  - 서랍 및 문구류를 정리할 것
  - 업무 외적인 물건이 책상 위에 많이 놓여 있지 않도록 할 것
  - 의자 등받이에 옷이나 소지품이 과도하게 널려 있지 않도록 할 것
  - 의자는 항상 단정하게 책상 밑으로 밀어 넣을 것
  - 의자가 다른 사람의 통행에 방해되지 않도록 할 것
- 공동으로 사용하는 캐비닛이나 책장
  - 캐비닛이나 책장에서 사용한 자료는 반드시 깔끔하게 정리하여 제자리에 보관할 것
  - 캐비닛이나 책장에 문이 있다면, 사용 전후 문을 닫아 놓을 것
- 회의실이나 탕비실과 같이 공동으로 사용하는 공간
  - 회의실을 사용할 경우 음식물 반입에 유의
  - 회의실 사용 후 정리 정돈을 철저히 할 것
  - 회의실 사용 후 쓰레기가 남아 있지 않도록 할 것
  - 회의실 책상이나 의자 정돈에 신경 쓸 것
  - 회의실 조명, 에어컨 등이 꺼졌는지 점검할 것
  - 탕비실에서 음료나 다과를 준비한 후 쓰레기나 흘린 음식물들이 없는지 확인할 것
  - 탕비실 청결 상태를 점검할 것
  - 자신이 사용한 집기류는 항상 제자리에 놓을 것

③ 정보 보안 매너

- 정보 보안의 필요성
  - 비즈니스의 정보 출구를 막기 위한 중요한 업무이다.
  - 비즈니스 정보는 어떤 경우라도 타인이나 외부로 새어 나가는 일이 없도록 정보 보안에 만전을 기해야 한다.
  - 모든 문서에는 정보가 담겨 있으므로 버릴 때는 파기하는 것이 필수이다.
  - 사소한 문서 보안을 실천하지 않음으로 회사는 막대한 손해를 입을 수 있다.
  - 작고 사소한 정보이지만 가공할 정도로 큰 위력을 발휘할 수 있다.
  - 개인 차원뿐 아니라 기업 차원에서도 중요한 화두가 되고 있는 것이 정보 보안이므로, 직장인에게 정보 보안 태도는 매우 중요하다.
- 정보 보안의 실천 범위

출입 보안	사원증을 패용하고, 지정된 통로로 출입해야 한다.
문서 보안	출력물은 즉시 수거하고, 중요 문서는 보관하거나 필요 없는 문서는 파기한다.
데스크 보안	책상 정리 정돈을 철저히 하고, 기록과 흔적에 유의한다.
컴퓨터 보안	백신 설치, 자동 업데이트, 보안 패치 프로그램 설치 등 회사 내 수시 점검 방식을 철저히 따른다.
전화(통신) 보안	비즈니스 정보를 누설하지 않는다.

- 정보 보안의 방법
  - 사내 중요 문서나 파일 등을 저장장치에 담아 집으로 가져가는 일은 금물이다.
  - 회의, 식사 등으로 자리를 비울 경우 컴퓨터 전원을 끄는 일이 어렵다면 일정 시간이 지나면 자동 잠금이 될 수 있도록 설정해 놓는다.
  - 사내뿐 아니라 사적인 자리에서도 비즈니스 정보 관련 언행에 주의한다.
  - 중요한 문서는 반드시 세절한 후 퇴근한다.
  - 중요한 정보는 저장, 백업하고 주기적으로 점검한다.

- 카메라 등의 휴대폰 사용에 유의한다.
- 비밀이 필요한 문서는 정해진 장소에 보관한다.
- 대외비 등 대외 유출을 금해야 하는 비밀문서는 관리 번호를 명기하되 페이지마다 명기하고 반드시 회수한다.

3) 의전 매너

(1) 의전의 개념과 중요성

- 개인 간 서로를 배려하고 존중하는 것에 대한 표현을 예절이라고 한다면, 조직, 단체, 국가 간 공식적 관계에 적용하는 것을 의전(儀典, protocol)이라고 한다.
- 의전은 일반적인 상식과 상대방에 대한 배려를 바탕으로 한 공식적인 의례 기준과 절차를 내포하고 있다.
- 의전은 예(禮)에 그 뿌리를 두고 있으며 사회적 질서를 창조하고, 조직의 통합을 이끄는 역할을 한다.
- 의전은 장소, 처해진 상황에 따라 가변적이므로 중점을 어디에 두느냐에 따라 의전의 기준이 달라질 수 있다.
- 의전은 상호관계를 맺고 있는 상대방이나 집단을 잘 이해할 수 있도록 안내하고 배려하기 위해 필요하다.
- 조직과 사회, 국가 간의 관계를 원만하게 이끄는 '보이지 않는 손'으로서의 역할을 수행한다.

(2) 의전의 원칙(5R)

① 상대방에 대한 존중(Respect)

'서로가 다르다'는 사실을 인정하고, 상대방에 대한 존중(respect)과 배려(consideration)가 필요하다.

② 상호주의(Reciprocity)

의전에서는 베푼 만큼 상대방의 배려를 기대하는 것이 보편적이다. 따라서 상대방의 기대에 못 미치는 실수를 범하지 않도록 주의해야 한다.

③ 문화의 반영(Reflecting culture)

의전은 특정 시대, 특정 지역, 특정 조직의 문화를 반영하며 시대, 문화, 상황에 따라 변동이 가능하다.

④ 서열(Rank)

의전 행사의 기본은 참석자들 간 서열을 정하는 일이다. 참석자들의 지위, 역할, 행사와의 관련성 등을 종합적으로 고려하여 서열을 정해야 한다. 서열상의 문제는 까다롭고 민감한 부분이므로 각별히 신경 써야 한다.

⑤ 오른쪽(Right) 상석

문화적·종교적으로 왼쪽을 불경스럽다거나 불결하게 여기는 사고로부터 국제적 흐름이 오른쪽 상석의 원칙을 발전하게 했다. 의전에서는 오른쪽 상석의 원칙을 따라야 한다.

(3) 의전 행사의 기획

① 계획 수립 단계

- 행사의 성격이나 규모 등 기본 방향을 명확하게 설정해야 한다.
- 행사의 목표에 따라 거행 일시, 장소, 참석 주빈, 초청 인사 규모, 진행 절차 및 소요 예산 등 필요한 사항을 다각도로 검토한 뒤 상사의 지시를 따른다.
- 행사에 직접적으로 영향을 줄 수 있는 날씨, 이동 수단과 소요 시간 등의 외적 변수를 고려하여 행사 계획에 반영하고 대비한다.

주최(主催)와 주관(主管)

- 하나의 행사를 공동으로 추진하는 경우, 그 역할에 따라 주최와 주관을 구분한다.
- 한 조직이 직접 행사를 담당하는 경우를 '주관'이라 한다.
- 한 조직이 그 소속 기관과 함께 업무와 관련된 행사를 거행하는 경우에서 소속 기관은 '주최', 산하 기관은 '주관'이라 한다.

- 회장, 사장, 임원과 같은 최상위 직급의 참석이 필요한 행사는 비서실과 사전 협의를 거쳐 행사 일시를 조정한다.
- 중요한 행사의 시작 시각은 보통 오전 10시로 하는 것이 일반적이나 참석 인사의 이동 시간, 오찬 등을 감안해 오전 11시 또는 오후 2시에 거행하기도 한다.
- 행사 장소의 위치, 수용 능력, 참석 인사의 이동 시간과 입장로 및 퇴장로, 주차장 수용 대수 등을 종합적으로 고려하여 행사를 계획한다.

② 관련 기업 인사 초청

- 초청 인사를 선정할 때는 그 행사와 관련이 많은 인사를 고루 초청하여 행사의 대표성과 중요성을 표현하는 것이 중요하다.
- 초청 인사는 행사장 수용 인원을 감안하고 참석률을 고려하여 적절히 선정한다.
- 초청장은 행사를 주관하는 기업의 얼굴이라 할 수 있으므로 기업의 이미지와 행사의 의미를 담아 품위 있게 제작한다.
- 초청장에는 행사의 공식 명칭, 개최 일시, 장소, 그리고 초청자의 직위와 성명, 연락처 등을 명시한다.
- 외국인의 행사 참석 여부에 대한 회신 요청은 초청장 좌측 하단에 'R.S.V.P.' (Répondez, s'il vous plaît) 또는 'Please reply'로 표기한다.
- 참석 대상자에 대한 정확한 인원 파악이 필요하지 않은 리셉션, 다과회 등의 경우에는 불참 때만 통보해 달라는 'Regrets only'를 표기한다.
- 날짜가 촉박하거나 소규모 만찬의 경우에는 전화로 초청 사실을 미리 알리고

나중에 초청장을 보내는 수도 있는데, 이때는 'R.S.V.P.' 대신에 'To remind'라고 표기한다.

- 외국인을 초청하는 경우, 영문이나 해당국 언어로 된 초청장(invitation card)과 행사의 참석에 필요한 사항을 미리 알리는 안내문(information)을 별도 작성해 발송한다.
- 초청장은 2주일 정도, 늦어도 10일 전에는 받아볼 수 있도록 발송하는 것이 예의이다. 부득이한 경우, 사전에 전화로 연락한 후에 초청장을 따로 보내야 한다.
- 최근 비즈니스상에서는 이메일 초청장도 무방하게 여겨지고 있다.

③ 행사 준비 상황의 최종 점검

- 최상급자의 행동 계획

행사일(D-day)이 가까워지면 그 행사의 최상급자는 준비 상황, 자신의 역할 등에 대해 확인하기를 원하므로 기업의 최상급자가 자신의 역할을 제대로 수행할 수 있도록 그간의 행사 준비 상황과 행사 당일 행동 계획에 대해 최종 브리핑을 한다.

- 행사 장소 현장 점검

행사 전날까지 행사 진행을 위하여 필요한 시설과 장비, 초청 인사 안내 준비, 행사 팸플릿 등 모든 준비를 완료하고 '추진 상황 점검표'(check list)를 만들어 준비 상황을 최종 점검한다.

(4) 내방객 영접

영접은 그 사람의 지위와 방문 목적, 시기 및 기간 등을 고려하여 절차와 내용을 융통성 있게 하는 것이 좋다. 최근에는 국내 기업이나 기관의 인사는 물론 외국인들의 방문도 증가하고 있으므로 영접을 세심하게 신경 씀으로써 좋은 인상을 남길 수 있도록 노력해야 한다.

① 내방객 영접 준비

- 양측 간의 협의를 통해 내방이 확정되면 그에 따른 영접 계획을 수립한다.
- 내방객(또는 일행)의 지위나 방문 목적, 시기, 장소 등에 따라 그 영접 수준과 절차가 달라질 수 있다.
- 영접 계획에는 도착 시 영접, 사무실 환담 및 간담회 개최, 선물 교환, 환송 계획과 함께 필요 시에는 현장 답사, 오찬 또는 만찬 등이 포함될 수 있다.

② 선물

- 미리 마련한 선물이 있는 경우에는 그 선물과 더불어 회사의 홍보용 자료도 함께 전달하는 것이 좋다.
- 특별히 마련해 둔 선물이 없는 경우에는 그 회사의 간단한 기념품을 전달하되, 법률과 회사의 규정에 어긋나지 않도록 한다.

③ 환송 및 후속 조치

- 일정을 진행하는 중의 의전도 중요하지만 '환송 절차'도 중요하므로 소홀히 하지 않도록 한다. 마지막까지 성의를 표하는 모습을 보이는 것이 바람직하다.
- 단 내방객의 지위, 방문 목적 등에 따라 영접 또는 환송하는 직급을 적절히 배정하여 예우의 격(格)을 높일 수 있도록 한다.
- 내방객 환송 후 약속한 사항에 대해 향후 추진할 사항을 기관장에게 보고하고 관련 부서에 통보하는 등의 후속 조치를 취해야 한다.

(5) 상석의 판단

① 응접실, 회의실에서의 상석

응접실과 회의실에는 상석이 있다. 이에 대해 잘 숙지하여 자리 배치를 해야 상급자와 손님에 대한 예의를 갖출 수 있다.

탁자형 응접실

- 우리 회사의 응대자보다 하급자가 방문하는 경우
  - 회의나 미팅 시 응대해야 하는 우리 회사의 담당자보다 하급자가 방문하는 경우에는 담당자가 상석에 앉고 외부 내방객은 순위에 따라 앉는다.

- 우리 회사의 응대자와 동급이거나 상급자가 내방하는 경우
  - 우리 회사의 응대자와 동급이거나 상급자가 내방하는 경우에는 최상석을 비워 둔 채 방문한 상급자나 동급자를 그다음 상석에 앉게 하고, 우리 회사의 응대자는 그 맞은쪽에 앉는 것이 원칙이다.

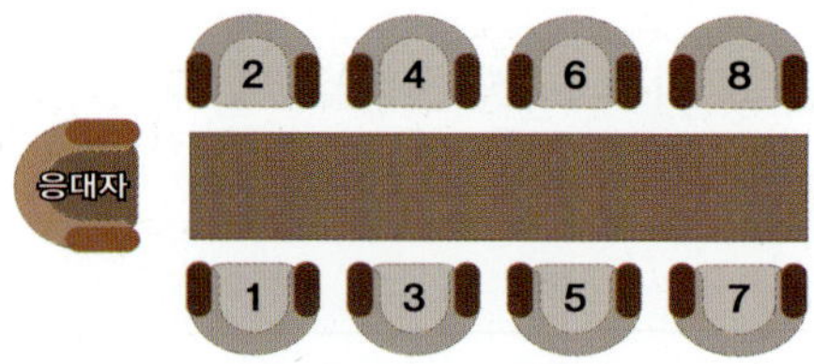

응대자보다 하급자가 내방하는 경우

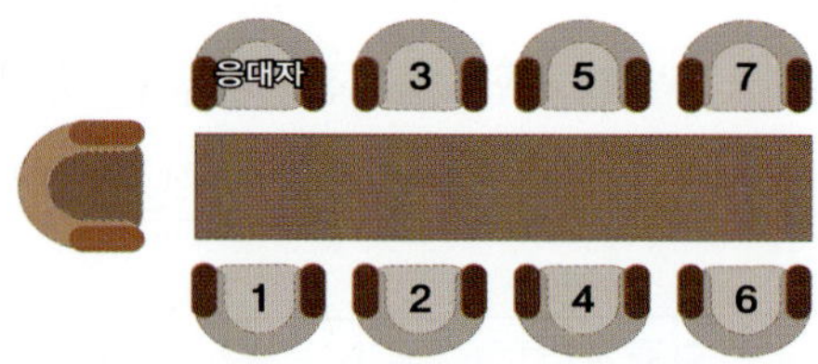

응대자과 동급이거나 상급자가 내방하는 경우

원탁형 응접실

평상시 좌석 배치

내방객이 있을 경우 좌석 배치

- 우리 회사 사람들끼리 원탁에 앉을 경우에는 출입구에서 가장 먼 맞은편이 최상석이고, 최상석을 중심으로 왼쪽, 오른쪽순으로 상석을 정한다.

- 내방객이 있을 경우는 1, 2번이 공동 상석이다. 단, 1, 3, 5, 7은 내방객, 2, 4, 6, 8은 우리 회사의 직원들이 서열대로 앉는다.

상석의 판단

- 중앙과 좌우 쪽이 있을 경우에는 중앙
- 북쪽과 남쪽 중에서는 북쪽
- 앞쪽과 뒤쪽 중에서는 앞쪽
- 편한 곳과 불편한 곳 중에서는 편한 곳
- 높은 곳과 낮은 곳 중에서는 높은 곳
- 출입문, 화장실, 카운터에서 될 수 있으면 멀리 떨어진 곳
- 안전한 곳
- 창밖이나 그림 등이 보이는 전망이 좋은 곳
- 등 뒤에 장식이나 병풍이 쳐져 있는 곳
- 겨울에는 따뜻한 곳, 여름에는 시원한 곳

- 상석 판단 시 여러 항목이 서로 충돌할 경우, 종합적 상황 판단을 하여 적절한 장소로 결정한다. 보통 자신이 가장 앉고 싶은 장소를 선택하면 상석에서 크게 어긋나지 않는다.

대면형 간담회장, 회의장

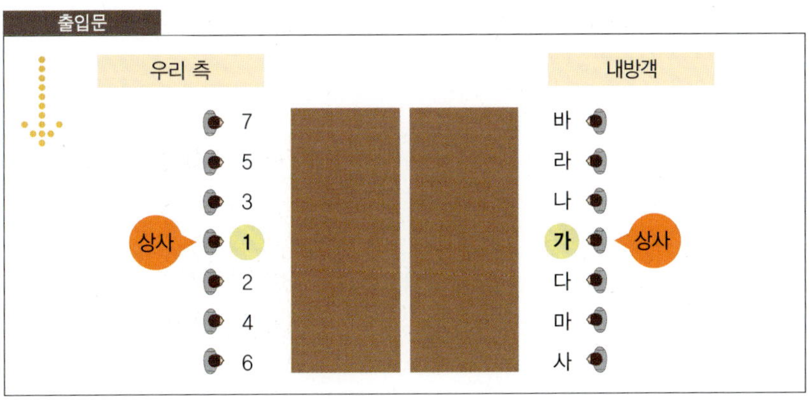

- 출입문과 가까운 곳에는 우리 측이 앉고, 예우 차원에서 상대방을 출입문에서 먼 곳에 앉게 안내한다.
- 각 측의 가운데 좌석이 최상석이므로 최상급자가 앉도록 한다.

U자형 간담회장, 회의장

- U자형 간담회장, 회의장에서 양측의 최상급자가 나란히 앉을 때 상대측 최상급자를 상석인 오른쪽인 1번 석에 배치한다.
- 이때는 출입문 위치를 고려하지 않는다.
- 다른 사람들은 각 측의 최상급자가 있는 편에, 서열대로 앉는다.

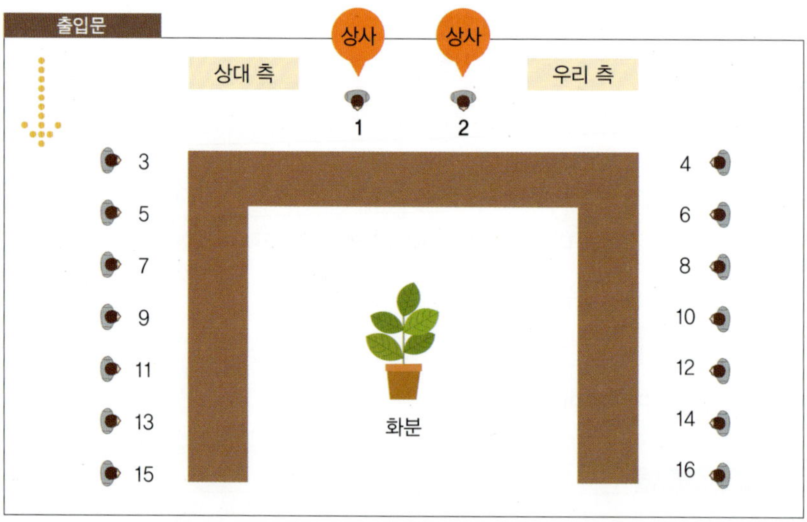

REVIEW

1. 직업이 갖추어야 할 4가지 요소에 대해 말해 보세요.
2. 직장에서 매너가 왜 중요한지 말해 보세요.
3. 의전의 원칙 5R에 대해 말해 보세요.

Quiz

Q1 업무의 '삼면등가의 원칙'에 포함될 3가지는 무엇인가요?

6 공공 시민 매너

1) 교통수단 이용 매너

(1) 교통수단에서의 상석

우리는 생활하며 다양한 교통수단을 이용한다. 각 교통수단의 용도나 특성에 따라 지켜야 할 매너가 조금씩 다르긴 하나 공통적으로 지켜야 할 보편적인 매너가 있다. 그것은 여러 사람이 함께 이용하는 것이므로 주변 사람을 불편하지 않게 해야 하는 것이다. 주변 사람을 불편하게 하는 것은 크게 두 가지이다.

첫째는 신체적으로 불편하게 하는 것이다. 예를 들면, 옆 사람과 신체적으로 접촉을 한다거나 공간을 혼자서 너무 많이 차지하여 옆 사람의 공간을 침해하는 것 등이다.

둘째는 소음으로 불편하게 하는 것이다. 대중교통수단을 이용할 때 휴대전화를 큰 소리로 받는다거나 음악의 볼륨을 크게 해서 듣는다거나 사적인 잡담으로 시끄럽게 하여 타인을 불편하게 하는 것이다.

대부분의 교통수단에서 이 두 가지의 행동만 조심해도 다른 사람에게 폐를 끼치는 일은 없을 것이다. 그러나 이 두 가지 사항 외에도 비즈니스 상황에서 반드시 명심해야 할 것이 있다면 그것은 바로 상석의 판단이다. 상석에 대한 지식이 없다면 상사나 비즈니스 파트너를 기분 나쁘게 할 수도 있고 센스 없는 사람으로 오해받게 될 수도 있다. 따라서 상석에 대한 올바른 이해를 통해 비즈니스 상황에서 적절히 활용해야 할 필요가 있다.

(2) 승용차 좌석의 순위

① 운전기사 또는 하급자가 운전할 경우

승용차에서 운전기사(또는 하급자)가 운전할 경우에는 운전석의 대각선 뒷좌석(오른쪽 뒷좌석)이 최상석이고, 운전기사 뒷자리가 두 번째, 운전기사의 옆 좌석이 세 번째, 뒷줄 가운데 자리가 하석이다.

② 상급자가 손수 운전할 경우

상급자가 손수 운전할 경우에는 운전자의 옆 좌석이 최상석이고, 이때는 동승자 가운데 연장자 또는 차상급자가 운전자의 옆 좌석에 앉는 것이 원칙이다. 단, 탑승자의 연령, 지위 또는 성별 등을 감안하여 상황에 맞게 탄력적으로 적용하는 센스가 필요하다.

운전기사가 있는 경우

상급자가 직접 운전할 경우

(3) 열차 좌석의 순위

- 기차의 진행 방향을 기준으로 2인석에서는 두 사람이 나란히 앉게 되면 창가 좌석이 상석이다.
- 네 사람이 마주 앉는 좌석일 경우에는 기차의 진행 방향 창가가 최상석이고, 그 맞은편 창가가 두 번째, 최상석의 통로 쪽 옆 좌석이 세 번째, 세 번째 맞은편이 네

번째이다.

- 유럽의 경우 2층 구조로 된 기차가 많은데, 2층으로 된 침대칸은 아래쪽 침대가 상석이다.

(4) 비행기 좌석의 순위

- 2인용 좌석에서는 창 쪽 좌석이 상석이고, 통로 쪽 좌석이 두 번째이다.
- 3인용 좌석에서는 창 쪽 좌석이 최상석이고, 통로 쪽 좌석이 두 번째, 가운데 좌석이 세 번째이다.

(5) 보행 시 매너와 순위

① 2명인 경우

- 진행 방향 오른쪽에 상급자가 위치하고, 하급자는 그보다 약간 뒤에서 걷는 것이 원칙이다.
- 동급자끼리 또는 하급자가 상급자에게 보고를 하거나 대화를 할 경우에는 나란히 걷는다.
- 예외적으로 하급자가 상급자를 안내하는 상황이거나 위험한 지역에서는 상급자보다 약간 앞장서서 안내한다.
- 차량 운행이 잦은 도로에 인접한 길을 남녀가 걸을 때는 차도와 인접한, 위험한 쪽에 남성이 위치한다.

② 3명인 경우

- 진행 방향 중앙에 최상급자가 위치하고, 그 오른쪽이 두 번째, 최상급자의 왼쪽이 세 번째 자리이다.
- 3명 가운데 최상급자와 차상급자가 둘만의 대화를 나눌 경우에는 세 번째 위치한 사람은 약간 뒤에서 걷는다.

③ 여러 사람인 경우

- 여러 사람이 길을 걸을 때는 최상급자를 중심으로 오른쪽에는 차상급자가, 최상급자의 왼쪽에는 행선지를 안내하거나 보고(설명)하는 사람 등이 위치한다.
- 차상급자와 안내나 보고하는 사람 외의 사람들은 최상급자를 중심으로 약간 뒤에서 걷는다.

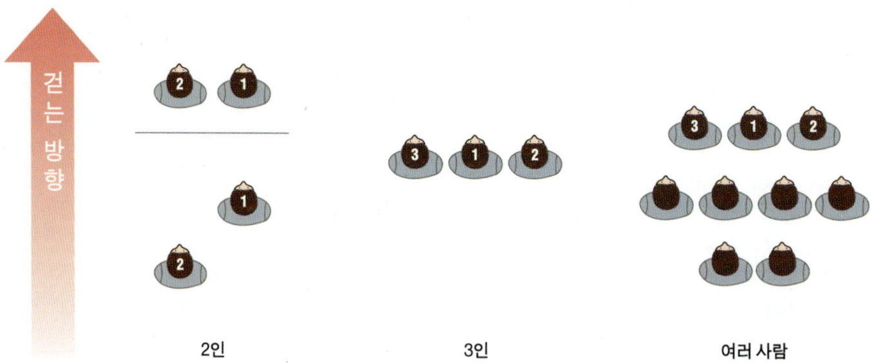

(6) 복도 통행 시의 매너

- 상급자, 연장자, 손님이 복도의 중앙 쪽으로 오도록 한다.
- 안내나 수행을 할 때는 약간 앞쪽에서 뒷사람이 따라오는 것을 확인하며 천천히 걷는다.

(7) 엘리베이터 이용 매너

① 탈 때

- 누가 먼저 타느냐의 문제보다 상대를 배려하는 것의 문제이므로 다음의 두 가지 중 적절한 방법을 선택하면 된다.

방법 1	상사나 고객과 탈 때 밖에서 열림 버튼을 누른 후 상사와 고객이 안전하게 먼저 탈 수 있도록 안내하는 방법
방법 2	상사나 고객과 탈 때 먼저 탑승하여 상사와 고객이 탑승하는 동안 문이 닫히지 않도록 열고 있는 방법 (엘리베이터의 안전성을 상사나 고객에게 확인시켜 준다는 의미도 포함)

- 상사나 고객만 엘리베이터에 탑승할 경우에는 밖에서 문이 완전히 닫힐 때까지 배웅하는 것이 매너이다.

② 상석

- 엘리베이터에도 상석과 말석이 있으므로 상석에 상사와 고객이 위치할 수 있도록 안내한다.
- 출입문에서 먼 안쪽이 상석, 출입문이 있는 앞쪽이 하석이다.
- 엘리베이터 버튼을 누르는 곳 대각선 안쪽이 최상석이다.

③ 내릴 때

- 상사나 고객이 먼저 내리고 안내자는 나중에 내린다.
- 상사나 고객이 모두 내릴 때까지 열림 버튼을 누르고 있어야 한다.
- 복잡한 엘리베이터에서 내려야 하는 상황이라면, 출구와 가까운 안내자가 먼저 내려 밖에서 열림 버튼을 누른 후 상사와 고객이 안전하게 내릴 수 있도록 안내하는 것이 좋다.

(8) 에스컬레이터 이용 매너

- 에스컬레이터에서는 걷거나 뛰지 않는다.
- 한 줄 서기로 비켜 주기를 하고 있으나, 균형이 맞지 않아 위험할 수 있다.
- 올라갈 때는 상급자, 손님, 여성, 노약자, 어린이가 먼저 탄다.
- 내려올 때는 상급자, 손님, 여성, 노약자, 어린이가 나중에 탄다.

(9) 계단 이용 매너

- 올라가는 사람과 내려오는 사람이 마주쳤을 경우 상급자, 연장자가 먼저 갈 수 있도록 양보한다.
- 계단에서 다른 사람을 추월할 경우 "실례합니다."라는 말로 양해를 구한다.
- 올라갈 때는 남성이 먼저 가는 것이 매너이다.
- 내려갈 때는 여성이 먼저 내려갈 수 있도록 배려하는 것이 매너이다.

2) 관람 매너

(1) 관람 매너의 중요성

음악, 미술, 공연 등 다양한 문화 활동을 즐기는 사람들이 늘어나면서 공연과 전시 감상 등이 많은 사람들에게 친숙하게 느껴지는 것이 현실이다. 또한 문화 활동은 국가 간 세대 간 소통과 화합에서 더욱 크고 중요한 역할을 담당하고 있다. 그러나 '관크[관객 크리티컬(critical)의 줄임말]'라는 신조어가 생길 만큼 관람 매너를 지키지 못하는 사례가 많이 있다. 좋은 공연은 관객이 만든다는 말이 있다. 특히나 완성된 작품을 반복 재생하는 영화나 음악과 달리 대부분의 공연은 라이브로 이루어지므로 관람객의 매너는 공연에 많은 영향을 미치게 된다. 따라서 좋은 공연을 관람하고 싶다면, 우선 좋은 관객이 되어야 하는 것이다.

(2) 공연 관람을 방해하는 관크 행동

① 시야를 가리는 행동

의자에서 등을 떼고 허리를 세워서 앉는 경우는 뒷사람의 시야를 가리므로 깊숙이 의자에 기대어 앉는 것이 바람직한 행동이다. 특히, 공연을 감상하러 가면서 모자를 쓰거나 머리에 큰 리본을 달거나 올림머리 등을 하는 것 또한 옳지 않다.

② 지나친 애정 표현

공연장에서 지나친 애정 표현은 다른 관객의 집중을 방해하는 좋지 않은 행동이다.

③ 자리 이동

빈자리가 있다고 다른 자리로 이동하는 경우이다. 다른 자리로 이동할 때의 시야 가림도 문제이지만 원래 좌석의 주인이 왔을 경우 자리를 다시 내주어야 하므로 주위 사람들의 감상에 아주 큰 방해가 된다. 특히 자신이 예약한 좌석보다 높은 등급의 좌석으로 이동하는 것은 굉장히 무례한 행동이다.

④ 핸드폰 불빛

어두운 공연장에서 핸드폰 불빛, 스마트워치나 스마트 밴드 같은 웨어러블 디바이스들(wearable devices)의 불빛은 공연자들과 관객들 모두에게 방해가 된다. 공연에 열중하고 있는 공연자들의 집중력을 떨어뜨릴 뿐 아니라 갑작스런 환한 불빛으로 인한 눈부심으로 관객들에게도 불편을 줄 수 있다. 핸드폰 불빛으로 인한 피해를 막기 위해 미국, 중국, 일본, 호주와 같은 나라에서는 벌금을 부과하거나 레이저 불빛으로 경고를 주거나 휴대폰 전파를 차단하는 등의 제재를 가하고 있다. 우리나라에는 자발적으로 휴대폰 불빛에 대한 주의를 주는 만큼 스스로 세심하게 주의할 필요이 있다.

⑤ 불쾌한 냄새

공연장은 주변 사람들과 매우 가까이 앉게 되는 구조이므로 약간의 냄새도 불편하게 느껴지기 쉽다. 대부분의 공연장에는 음식물 반입이 금지되어 있으므로 공연장 규정에 잘 따르는 것이 중요하며, 공연 전 냄새가 심한 음식을 섭취하거나 진한 향수를 뿌리거나 진한 화장 등으로 옆 사람을 불편하게 하지 않아야 한다. 특히, 신발을 벗고 공연을 관람하여 옆 사람에게 냄새를 풍기는 것도 조심해야 한다.

⑥ 소음

공연장에서 흔히 나타나는 소음은 주변 사람들과의 잡담, 휴대폰 벨소리나 진동음 등이다. 옆 사람에게 장면마다 설명을 한다거나 잡담을 하는 것, 휴대전화를 받는 등의 행동은 다른 관객의 집중을 방해하는 대표적인 관크 행동이다. 또한 휴대폰 진동 소리도 방해가 되기에 충분하므로 휴대폰은 꺼놓거나 무음으로 해 놓아야 한다. 이 밖에도 껌을 씹는다거나 기침을 하는 것도 관람 매너에 어긋나므로 껌은 미리 뱉고, 기침이 나지 않도록 물을 마시거나 사탕 등을 미리 먹어 두는 것도 좋은 방법이다.

(3) 공연 관람을 위해 지켜야 할 매너

① 작품 정보 사전 점검

- 공연 내용에 대해 관람 전 미리 알아 두는 것은 공연 감상에 도움이 될 수 있다.
- 시간 여유를 가지고 미리 도착해서 공연장에 비치되어 있는 프로그램북이나 팸플릿 등을 보고 공연을 감상하는 것도 좋은 방법이다.

② 관람 연령 확인

- 모든 공연에는 관람 연령 제한이 있다. 보통 성인을 위한 공연에는 취학 이전의 어린이는 입장을 제한한다.
- 어린이 동반 공연이라 할지라도 너무 어린 연령일 경우에는 입장이 불가능한 경우가 많으므로 사전에 입장 가능 연령에 대해 확인하고 공연장에 가야 한다.

③ 공연 시간 확인

- 공연 시작 30분 전에 도착하여 미리 좌석을 확인하고, 10분 전 여유 있게 입장하는 것이 공연 감상에 도움이 된다.
- 늦게 도착해서 다른 사람의 시야를 가리거나 지나갈 수 있도록 비켜 달라고 하는 것은 매우 무례한 행동이다.
- 대부분의 공연장은 공연자와 관객이 공연에 집중할 수 있도록 공연이 시작된 이후에는 입장을 금지한다. 늦게 도착했다면 휴식 시간에 입장하거나 극장 직원의 안내에 따라 적당한 시기에 입장하는 것이 좋다.

④ 복장 점검

- 공연장에 입장할 때는 단정하되 편안하게 공연에 몰입할 수 있는 복장이 좋다. 가령 바스락거리는 소리가 많이 나는 패딩이나 반짝이는 액세서리가 달린 디자인 등의 복장은 다른 관객들에게 방해가 될 수 있으므로 주의해야 한다.
- 음악회, 오페라 등을 관람하는 경우는 정장 착용이 원칙이며, 소극장 연극과 같은 편안한 공연인 경우에는 평상복도 무방하다.

⑤ 반입이 금지되는 물건 점검

- 음식물, 꽃다발, 장우산 등은 클로크룸(cloakroom)에 맡기고 들어가는 것이 좋다.
- 큰 가방이나 배낭, 부피가 큰 옷 등도 다른 사람의 시야를 가릴 수 있으므로 맡기고 입장해야 한다.
- 반려동물은 당연히 입장이 제한되므로 동반하지 말아야 한다.

⑥ 공연장 안에서의 매너

- 착석
  - 남녀 동반인 경우 여성이 앞에 서서 가게 하여 먼저 착석하도록 하는 것이 매너이다.
  - 남자가 좌석을 찾아야 하는 경우나 좌석을 안내받아야 하는 경우에는 남성이 앞장서서 안내를 받은 후, 해당 좌석의 열이 시작되는 부분에서 여성이 먼저 앉을 수 있도록 유도한다.
  - 티켓에 명시된 좌석에 앉는 것이 원칙이다. 객석마다 티켓 가격이 다르므로 더 좋은 좌석으로 이동하는 것은 금물이다.
  - 어린이와 입장했다면 옆 사람에게 피해가 가지 않도록 어린이의 행동을 조심시킨다.

- 소지품 정리
  - 클로크룸이 없다면 부피가 큰 옷이나 소지품은 의자 밑에 두는 것이 좋다.

- 좌석에 앉은 후 외투를 벗는 등의 행동은 옆 사람에게 불편을 주거나 뒷자리에 앉은 사람의 시야를 가릴 수 있으므로 미리 벗고 입장한다.
- 공연이 완전히 끝나지 않은 상태에서 외투를 입는 등의 행위는 금물이다.
- 퇴장 시에는 남성이 여성의 외투를 입는 것을 도와준다.

- 공연 관람
  - 관람 중 핸드폰 사용을 금지하고 무음으로 해 놓는 것이 원칙이다.
  - 감상과 연주에 방해가 될 만한 행동, 즉 부채질을 하거나 동작을 크게 하는 행동, 옆 사람과 소곤거리는 행동, 앞좌석을 발로 건드리는 행동 등은 하지 않는다.
  - 동영상이나 사진 촬영, 셀카 촬영 등을 하지 않는 것이 원칙이므로 촬영이 허용되는 경우에 한해 촬영한다.
  - 적절한 타이밍에 박수를 보낸다. 다른 관객의 여운을 방해하지 않도록 보통 연주가 완전히 끝나고 3초 정도 후에 박수를 보낸다.

⑦ 적절한 박수와 추임새

- 음악회
  - 음악회에서 지휘자나 연주자가 등단했을 때 박수를 보낸다.
  - 공연 중 교향악이나 협주곡 등 악장의 수가 3~4악장으로 구성되어 있는 곡은 모든 악장이 끝난 후에 박수를 보낸다.
  - 성악의 경우 프로그램을 보통은 3~4곡씩 묶어 놓는데, 한 묶음이 끝날 때마다 박수를 보낸다.
  - 기악 연주는 한 악장으로 되어 있거나 소품일 경우는 곡이 끝날 때마다 박수를 보낸다.
  - 연주가 끝난 마지막 순간, 아무 소리도 나지 않는 정적의 순간까지도 작품의 한 부분으로 감상해야 한다. 따라서 지휘자가 뒤돌아 인사를 할 때 혹은 연주자가 일어나 인사를 할 때 박수를 보낸다.

- 재청(앙코르)을 할 때에는 지휘자가 퇴장한 후에도 박수를 보낸다.

● 오페라와 발레

- 가수와 무용수가 아리아나 고난도 기교를 구사할 때 박수를 보낸다.
- 오페라의 경우 아리아나 이중창 등이 끝나면 박수를 보낸다.
- 발레는 줄거리나 춤의 골격과는 상관없이 춤만을 볼거리로 즐기는 디베르티스망이라는 장이 삽입되고 솔리스트(주역 무용수)들이 그랑빠, 빠뒤드 등의 명칭을 붙여서 고난도 기교를 보여 준다. 발레의 경우 디베르티스망 장면마다 박수를 보낸다.

● 연극

- 연기자의 연기에 큰 감동을 받았을 때, 명대사가 나왔을 때 박수를 보낸다.
- 다음 연기나 다음 대사로 넘어가는 잠시의 휴지 기간, 최후의 막이 내렸을 때 박수를 보낸다.

● 한국 창작 춤과 현대 무용

- 한국 창작 춤과 현대 무용은 깊은 내면세계를 보여 주는 과정이므로 감상에 있어 무용수나 관객의 집중력이 더욱 필요하다. 따라서 공연 도중 절대로 박수를 보내지 않는다.
- 모든 공연이 끝난 후 무용수가 인사할 때 박수를 보낸다.

● 궁중 음악과 민속 음악

- 궁중 음악의 경우는 집박(執拍)하는 사람, 즉 지휘자가 입장할 때부터 인사할 때까지 박수로 음악을 청하고, 음악이 끝날 때도 집박이 박을 치면 박수로 답례하는 것이 매너이다.
- 정악의 경우 음악의 끝은 일정한 신호 없이 조용히 마무리되는데 이때 음악의 여음이 잦아든 다음 박수로 답례한다.

정악(正樂)

- 넓은 의미의 아악을 일컫는 말
- 궁중 음악의 일부를 포함하여 민간 상류층에서 연주되어 오던 모든 음악을 지칭

- 민속 음악의 경우 청중들은 음악에의 느낌을 비교적 자유롭게 표현해도 좋다.
- 판소리나 사물놀이의 경우 "얼~쑤", "좋~다", "잘~한다", "얼씨구~", "그렇지~" 등의 맞장구(추임새)로 연주자와 관중들 모두 흥을 돋우는 것이 매너이다.

커튼콜(curtain call)

- 공연이 끝난 후 출연진들이 관객의 박수에 답하여 다시 무대로 나오는 것
- 연극, 오페라, 음악회 등에서 공연이 훌륭하게 끝나고 막이 내린 후 관객이 찬사의 표현으로 환호와 박수를 계속 보내어 퇴장한 출연진들을 다시 무대로 불러냄
- 커튼콜을 받은 출연진들은 감사의 인사나 앙코르 공연으로 화답
- 몇 번의 커튼콜을 받았느냐는 그 공연이 얼마나 성공적이었는가를 가늠하는 잣대가 되기도 함
- 관객의 중요한 매너 중 하나

(4) 전시 관람 매너

① 전시 관람 사전 점검

- 대부분의 대형 전시는 도슨트(docent) 프로그램을 운영하고 있다. 사전에 도슨트 시간을 확인하여, 전문가의 설명을 들으며 작품을 감상하는 것도 좋은 방법이다.
- 오디오가이드 대여도 이루어지므로 미리 확인하여 좋은 관람이 될 수 있도록 한다.
- 전시마다 촬영 가능 여부가 다르므로 사전에 반드시 확인한다.
- 휴대 금지 물품(카메라, 우산, 가방 등)이 있다면 지정 장소에 맡긴다. 다른 사람의 시야를 가릴 수도 있지만 전시품을 건드리거나 파손할 우려가 크다.
- 소지하고 들어가도 될 만한 크기의 가방, 백팩 등은 다른 사람의 관람에 방해

가 되지 않도록 한쪽으로 멘다.

- 구두굽 소리가 심하거나 슬리퍼 끄는 소리가 나면 관람에 방해가 되므로 신발 착용에 유의한다.
- 사찰이나 성당에 입장할 때는 모자를 벗어야 하며, 이슬람 사원에 입장할 때는 신발을 벗어야 하는 등 해당 장소의 규정을 따른다.
- 셀카봉이나 삼각대를 가지고 입장하지 않는다. 다른 사람들의 관람을 방해할 뿐 아니라 예술품에 손상을 입힐 수 있기 때문이다.
- 킥보드, 롤러브레이드, 인라인 탑승자 및 애완동물 동반자는 입장하지 않는다.
- 슬리퍼나 너무 자유분방한 복장은 정숙한 관람을 해치므로 단정한 복장을 한다.

② 전시 관람 매너

- 작품을 감상할 때에는 감상의 순서와 속도를 맞추는 것이 매너이다.
- 신발 소리를 내지 않고 정숙한 분위기를 유지한다.
- 유명한 작품이나 특정 작품 앞에서 장시간 머무는 것은 실례이며, 적당한 시간 관람 후에는 다음 사람에게 양보한다.
- 관람 상황이나 코스에 따라 먼저 지나가야 하는 경우에는 다른 사람의 관람에 방해가 되지 않도록 관람자 뒤쪽으로 지나간다.
- 볼펜, 사인펜 등의 필기도구를 사용하는 것은 금물이다. 연필로 필기하는 것이 좋다.
- 미술 작품이나 전시품에 지나치게 근접하지 않도록 하며 금지 라인을 지켜야 한다.
- 주위 사람들과 의견 교환을 해야 할 경우에는 주위에 방해가 되지 않도록 조용하게 한다.
- 작품에 너무 가까이 다가가는 것은 옳지 않다. 작품에 입김이 닿지 않도록 하고 손으로 만지지 않는다.
- 허용된 경우가 아니라면 사진 촬영, 특히 플래시가 터지는 일은 절대 금해야 한다.

- 관람 중 휴대전화를 받거나 주변 사람에게 설명을 한다거나 하는 등의 행동은 다른 사람의 관람을 방해하므로 주의한다.
- 박물관 벽에 기대어 쉬는 등의 행동은 금물이다. 관람할 체력이 안 된다면 벤치를 찾아 휴식을 취한다.
- 관람 중 술, 담배, 음료 섭취 등의 행동을 금한다.

3) 통신 매너

(1) 전화 응대 매너

① 전화 매너의 중요성

- 전화는 간편하게 사용할 수 있을 뿐 아니라 정확하게 자신의 의사를 전달할 수 있어 업무상 매우 유용한 수단으로 사용되고 있다.
- 표정이나 몸짓이 보이지 않고 오로지 음성에만 의존하므로 상호 간의 태도나 감정이 더 민감하게 전달되며, 오해가 생길 우려가 커서 고도의 능력을 필요로 하는 주요 업무라고 할 수 있다.
- 직장인의 전화 응대 태도는 업무 처리에 있어서도 매우 중요하지만 본인과 기업의 이미지와 직결됨을 명심하고 자신의 전화 응대 태도를 늘 점검할 필요가 있다.
- 말만 정중한 것이 아니라 자신의 의사나 기분을 정확하게 전달하고 이해시키는 것이 중요하다.

② 전화 응대의 4가지 원칙

- 준비: 전화 걸기 전 내용을 정리하고 준비
- 신속: 신속하고 간결하고 요령 있게
- 정확: 빠짐없는 메모와 요점 복창
- 정중: 친절하고 예의 바르게

③ 친절한 전화 응대를 위한 준비

- 태도는 눈으로 보이지는 않지만 목소리로 전달되므로 바른 자세와 밝은 표정으로 말한다.
- 상냥한 목소리 톤인지 목소리를 점검한다.

전화 응대에 적당한 음계

음계	내용
솔	처음 만날 때의 인사, 밝고 상냥한 분위기 전달, 주의 집중에 효과적인 음계이다. 친절함을 나타내므로 전화 응대에 특히 적당하다.

- 신호가 2번 울리면 왼손으로 전화를 받는다.
- 전화기 옆에는 언제나 메모할 준비를 해 놓는다.
- 예의 바르게 응대하고 발음은 정확하게, 목소리는 명랑하게 한다.

④ 전화 응대 매너

- 전화를 걸 때
  - 전화 걸기 적당한 시간인지 확인한다. 부득이한 경우가 아니라면 업무 시작 전이나 퇴근 이후 전화하지 않는다.

    비즈니스 상황에서 전화 걸기에 적당한 시간

    오전 10시~11시 / 오후 2시~3시

  - 전화 거는 목적을 6하 원칙에 따라 정리한다.
  - 통화 도중 자료나 메모지를 찾는 일이 없도록 전화 걸기 전 필요한 서류나 자료를 갖추어 놓는다.

    "안녕하십니까? ○○회사 총무팀 홍길동입니다. ○○○님과 통화할 수 있을까요?"

  - 상대가 전화를 받으면 먼저 자신의 소속과 이름을 밝힌다.

- 용건은 결론부터 말한다.

"다름이 아니오라 이번 주 월요일 오전 10시 회의가 오전 11시로 변경되었습니다."

- 상대방이 자신의 전달 내용을 복창하지 않을 경우, 전화를 건 쪽에서 용건을 다시 한번 복창하여 상대방의 이해 여부를 재확인한다.
- 끝인사를 하고 손으로 수화 버튼을 눌러 전화를 끊은 후 수화기를 내려놓는다.

"감사합니다.", "잘 부탁드립니다.", "좋은 하루 보내십시오."

- 전화를 받을 때
  - 벨이 2번 울리면 전화를 받는다. 늦게 받았을 경우 정중히 양해를 구한다.

"감사합니다. ○○회사 총무팀 홍길동입니다."
"늦게 받아 죄송합니다. ○○회사 총무팀 홍길동입니다."

- 왼손으로 전화를 받고 오른손으로는 메모지와 필기구를 준비한다.
- 자신의 소속과 이름을 상황에 맞게 밝힌다.

회사 외부 기관의 전화를 받을 경우 "안녕하십니까? ○○회사 총무팀 홍길동입니다."
회사 내부의 전화를 받을 경우 "안녕하십니까? 총무팀 홍길동입니다."

- 전화를 건 상대방을 확인한다. 상대가 이름을 말하지 않을 경우 먼저 공손하게 묻는다.

"네~ ○○○씨 안녕하십니까?"
"실례지만, 누구십니까?"

- 용건을 메모하며 들은 후 요점을 복창한다.

"○월 ○일 오후 2시 방문을 3시로 연기하고 싶다는 말씀이시지요?"

- 날짜, 시간, 장소, 행사명 등은 재차 확인하도록 한다.
- 전화 도중 의논을 해야 할 경우는 잠시만 기다려 주실 것을 정중히 부탁하고 송화기를 손으로 막고 이야기를 하거나 보류 음악이 나가도록 한다.
- 의논하는 시간이 오래 걸릴 경우 다시 전화를 걸겠다고 말씀드리도록 한다.
- 전화 통화 중 끊어졌을 경우 전화를 건 쪽에서 다시 거는 것이 원칙이지만 고객이나 윗사람의 전화번호를 알고 있다면 받은 쪽에서 다시 거는 것이 예의이다.
- 끝맺음 인사를 하고 상대방이 수화기를 놓은 것을 확인하고 조용히 수화기를 내려놓는다.

전화 언어 예절

잘못된 표현	좋은 표현
기다리십시오.	잠시만 기다려 주시겠습니까?
뭐라구요?	죄송합니다만, 다시 말씀해 주시겠습니까?
자리에 없습니다.	죄송합니다만, OOO씨는 자리에 없습니다. 메모 남겨 드릴까요?
말씀하세요.	예, 메모 준비되었습니다.
그렇게만 전하면 되나요?	예, 알겠습니다. 다른 전하실 말씀은 없으신지요?

상황별 전화 응대 요령

- 전화를 상사에게 바로 연결하는 경우
  - 상사의 윗사람이 전화를 바꾸라고 할 경우나 평소 용건을 여쭈어보지 않고 연결해도 될 만큼 상사와의 친분이 있는 경우는 전화 건 용건을 상대방에게 묻지 않고 바로 연결한다.

상사의 윗사람일 경우

"팀장님~ 부장님 전화입니다. 연결하겠습니다."

친분이 있어 본인이 상대방의 목소리를 아는 경우: 사내 사람 or 거래처 사람

본　인: 안녕하십니까? 총무팀 홍길동입니다.

상대방: 팀장님과 통화하고 싶은데요.

본　인: ○○님 안녕하세요?

상대방: 네~ 잘 지냈어요?

본　인: 네, ○○님. 잠시만 기다려 주시겠어요? 바로 연결하겠습니다.

- 전화를 담당자에게 연결하는 경우

 - 찾는 이를 확인 후 상대가 기다리지 않도록 신속히 처리한다.

"네~ ○○○과장님 말씀이십니까?, 잠시만 기다려 주십시오."

- 상대방에게 소속과 용건을 물어본 후 연결할 경우

본　인: 안녕하십니까? ○○회사 총무팀 홍길동입니다

상대방: 팀장님 좀 바꿔 주시겠습니까?

본　인: 실례지만 어느 분이시라 여쭐까요?

상대방: ○○회사 ○○○라고 합니다.

본　인: 네~ 안녕하세요?

상대방: 네~ 안녕하세요.

본　인: ○○님, 죄송합니다만, 제가 용건을 여쭤봐도 될까요?

상대방: 제가 직접 말씀드리겠습니다.

본　인: 네, 잘 알겠습니다. 잠시만 기다려 주시겠습니까?

상대방: 네.

상사에게

본　인: 팀장님, ○○회사, ○○○님 전화왔습니다. 용건은 직접 말씀드리신다고 하십니다. 연결할까요?

상사의 허락을 받은 후 상대방에게

본　인: ○○○님, 기다려 주셔서 감사합니다. 지금 연결하겠습니다.

- 전화를 돌릴 때에는 송화구를 손으로 막아 상대방에게 들리지 않도록 하고 연결한다.
- 전화를 연결하는 시간이 길어질 경우 중간 양해를 구한다. 늦어지는 이유를 밝힌 후 다시 걸게 하거나, 이쪽에서 다시 걸게 할 것인지 물어본다.

> "전화 통화가 좀 길어지고 있습니다. 조금 더 기다리시겠습니까? 아니면 잠시 후 저희 쪽에서 다시 전화를 드릴까요?"

- 타 부서로 돌려 줄 경우에는 전화가 끊어질 경우를 대비해 전화번호도 함께 안내한다.

● 담당자 부재 시의 전화 응대

- 상대가 없더라도 전화한 사람에게 다시 전화하라고 하지 않는다. 상대방에게 전화를 걸게 할 것이 아니라, 이쪽에서 전화를 거는 것이 예의이다.
- 담당자가 자리를 비울 경우에는 현명하고 재치 있는 응대를 해야 한다.
- 부재중인 이유와 예정을 알려준다.
- 상사의 부재 이유를 지나치게 자세히 설명하여 정보를 무의식중에 전달하거나, 부정적으로 전달하여 좋지 않은 이미지를 주지 않도록 해야 한다.

> "팀장님은 아직 출근하지 않으셨습니다." (×)
> "총장님은 오늘 오전 외부 일정으로 조금 늦게 출근하십니다." (○)
> "팀장님은 지금 ○○○전무님과 면담 중이십니다. " (×)
> "팀장님은 지금 면담 중이십니다." (○)

- 찾는 사람 대신 용건을 물어볼 경우에는 정중히 물어본다.

> "괜찮으시다면, 메모를 남겨 드릴까요?"
> "실례지만, 제가 대신 처리해 드릴 수 있을까요?"
> "돌아오시면 전화를 드리도록 할까요?"

- 부재중에 걸려온 전화는 메모하여 즉시 담당자의 책상 위에 눈에 잘 띄도록 올려놓는 습관을 들인다. 책상 위에 둘 경우에는 전화 메모를 보았는지 여부를 확인하는 것이 좋다.
- 상대가 전하는 말이 없어도 본인이 돌아왔을 때 전화가 왔었다는 것을 전해 준다.

전화 메모

____________님,

자리를 비우신 동안에 전화 왔었습니다.

일　시: 2000년 0월 0일(오전/오후) 0시 0분
발신자: 성명 ____________
　　　소속 ____________
　　　전화번호 ____________
내　용: ____________

수신자:

- 끝맺음 인사를 할 때는 이름을 알려주어 책임의 소재를 명확히 한다.

> "잘 알겠습니다. 말씀하신 대로 전하도록 하겠습니다. 저는 ○○○입니다."

- 담당자가 통화 중일 경우의 전화 응대
  - 담당자가 통화 중일 경우에는 죄송하다는 인사말과 함께 통화 중이어서 연결이 곤란함을 정중하게 말한다.

- 상대방이 기다릴 것인지, 메시지를 남길 것인지, 상사가 통화 후 전화해 주기를 원하는지 등을 확인한다.
- 통화가 길어져 상대방이 오래 기다려야 할 경우 중간중간 상황을 알려주고 상대방의 의사를 재확인한다.

> "팀장님은 지금 통화 중이십니다. 잠시만 기다려 주십시오." (×)
> "팀장님은 지금 통화 중이십니다. 죄송합니다만, 잠시 기다려 주시겠습니까? 아니면 통화 마치시는 대로 저희가 전화를 드릴까요?" (○)

- 직위가 높은 사람에게 전화를 걸 경우
  - 직위가 높은 사람에게 직접 전화하기보다 비서에게 전화를 하여 용건을 전하고 적당한 조치를 기다리는 것이 좋다.
  - 상대방이 비서가 없어 직접 전화를 드리게 되는 경우에는 예의 바르게 용건을 전달하도록 한다.
- 항의 전화의 경우
  - 항의 내용은 상대의 감정이 상하지 않도록 끝까지 공감하며 듣는다.
  - 항의 내용을 정중하고 예의 바르게 확인한다.
  - 자기 소관이 아닐지라도 짜증을 내거나 건성으로 대답하지 않는다.
  - 문의 내용은 더욱 신속하고 친절하게 안내한다.
  - 본인이 대답하기 어려운 내용일 경우 담당자에게 인계한다. 이때 잘못 인계하여 불만 고객이 더 화가 나는 일이 없도록 업무 내용을 정확히 판단하여 담당자에게 인계한다.
  - 담당자에게 인계할 경우 상대방에게 상황과 이유, 담당자가 누구인지를 정확히 설명한 후 인계한다.

(2) 정확하고 품격 있는 이메일 매너

① 이메일 매너의 중요성

- 전자우편(E-mail: Electronic mail)은 쉽고 간편하면서도 빠르게 정보의 공유와 전달이 가능하고 우편이나 팩스보다 비용이 저렴하기 때문에 기업에서 업무를 처리하는 데 가장 널리 이용하고 있는 기능 중 하나이다.
- 또한 상대방이 보내온 메시지나 자료를 컴퓨터에 저장할 수 있고, 여러 사람이 공유하거나 전달할 수 있으며, 출력할 수도 있는 장점이 있다.
- 이메일은 의례적인 요소를 생략하는 것이 일반적이나 그렇다고 형식이 완전히 무시되는 것은 아니다. 이메일에서도 상대방과 상황을 고려하여 예의와 격식을 갖추어야 한다.
- 이메일은 업무에 널리 사용되므로 업무의 성과와 직결되기도 하지만 자신의 경쟁력과도 직결되는 것이므로 이메일 매너는 중요하다.

② 이메일 사용 시 주의할 점

- 매일 우편함을 확인하고 정리한다.
- 받은 즉시 삭제할 것인지, 참고용으로 저장할 것인지, 중요 문서로 표시하여 저장할 것인지, 다른 사람에게 전달할 것인지, 나중에 읽기 위해 보관할 것인지 등을 결정하여 처리한다.
- 짧고 쉽게 쓴다. 본문에서는 장황한 인사말을 빼고 곧바로 본론으로 들어가는 것이 좋다.
- 내용을 한눈에 파악할 수 있는 제목을 붙인다. 받는 사람이 제목만 보고도 지금 읽어야 하는 것인지 그렇지 않은 것인지를 파악할 수 있도록 배려하는 것도 중요하다. 하루에 수십, 수백 통의 메일을 주고받는 사람도 있으므로, 제목만 보고도 내용을 알 수 있도록 해 주는 것은 직장인의 기본 매너이다.
- 필독, 비업무성 등 문서의 성격을 알 수 있는 용어를 제목의 말머리에 덧붙인다.
- 발신자 이름은 실명으로 한다.

- 업무상 메일인 경우 결론부터 적는다.
- 단락에 따라 한 줄씩 공간을 주어 읽기 쉽게 한다.
- 내용이 너무 길어질 경우는 첨부 파일을 활용한다.
- To(수신)와 cc(참조)의 용도를 구분한다.
- 상사나 여러 사람이 알아야 할 내용인 경우에는 반드시 cc(참조)를 한다.
- 중요한 부분은 시각 효과를 주어 가독성을 높인다.
- 회신(reply)할 것인지 새 메일을 보낼 것인지 신중히 판단한다.
- 의사소통을 위해 이전 문서가 필요할 때는 회신(reply) 기능으로 메일을 보낸다.
- 오해가 생기지 않도록 명확한 표현을 쓴다.
- 업무용 메일에 이모티콘 사용은 최소화하여 가볍지 않게 품위를 지키도록 한다.
- 맞춤법이 틀리거나 엉성한 문장은 내용의 신뢰감을 떨어뜨리므로 반드시 점검한다.
- 이메일은 예기치 않은 통신상의 사고로 전달되지 않을 수도 있고, 제대로 발송되었다고 하더라도 상대방이 열어 보지 않을 수도 있으므로 중요한 내용의 이메일을 보낼 때는 "지금 보내겠습니다." 혹은 "지금 보냈습니다." 등의 전화를 걸어 확인하는 것이 좋다.
- 이메일에 대한 답장은 너무 늦지 않게 보낸다. 수신 확인이 되는데도 답변이 늦는다면 불쾌감을 느끼게 할 수도 있다.
- 이메일의 '서명 기능'을 활용해 회사명과 부서, 자신의 이름, 연락처 등을 입력해 놓고 이메일을 보낼 때마다 자동으로 기재되도록 한다.
- 첨부 파일의 용량이 클 경우 상대방의 메일함을 꽉 채울 수 있으므로 압축하여 보낸다.
- 자신도 모르는 사이에 법에 정보통신 관련 법률에 저촉되는 일이 없도록 고객의 정보나 회사의 정보가 누출되지 않도록 주의한다.

이메일 문서의 예

수신: 영업팀 OOO
제목: 영업 향상 프로젝트 관련

안녕하십니까?
영업 능력 향상을 위한 프로젝트 회의가 다음과 같이 결정되었습니다.
이메일로 5월 10일(금) PM 5시까지 참석 여부를 알려주시면 감사하겠습니다.
각 팀의 제안서 사본은 파일로 첨부하여 기획팀의 OOO대리에게 보내주시기 바랍니다.
감사합니다.

영업 향상 프로젝트 회의
일시: 5월 14일(화) AM 10:00~11:00
장소: 본사 10층 대회의실
의제: 1. 각 팀 제안서 발표
2. 의견 교환
3. 채택 여부 결정

기획팀 OOO대리(내선 100번)

이메일의 장단점

장점	단점
• 객관적인 기록을 남길 수 있다. • 업무 진행 과정을 알 수 있다. • 시간의 구속이 없다. • 동시다발적이다. • 객관적이고 이성적인 커뮤니케이션이 가능하다.	• 자신의 실수가 증거로 남는다. • 업무 진행 과정이 기록으로 남는다. • 감정의 전달이 어려워 오해가 생길 수 있다.

③ 이메일의 단계별 작성 요령

- 메일 제목
  - 이메일의 제목은 첫인상과 같다. 상대가 메일의 제목만으로 내용과 긴급함을 판단할 수 있는 제목을 쓴다.
  - '긴급', '회신 요망', '중요'와 같은 메시지를 제목 말머리에 넣는 것도 좋은 방

법이다.

- 내용을 짐작할 수 없는 제목은 삼간다(예 안녕하세요?).

● 발신/수신인

- 발신 시에는 실명을 쓰며, 수신 시에는 수신자명을 설정한다.
- 동명인 수신인이 여러 명 있는 경우를 대비해 발신 시에는 정확한 이름, 회사 등을 밝히도록 한다.
- 수신자의 이름 설정 시 정확한 회사, 부서, 직급 등이 설정되도록 신중하게 점검한다.
- 참조는 보고의 목적으로 외부 발송 시 내·외부 업무, 과제 유관성이 있는 사람들에게 참조하여 보낼 때 작성한다.
- 숨은 참조는 개인 정보 보호 목적으로 개인 정보 유출 시 문제가 되는 경우 혹은 단체 발송 시 수신인이 그 사실을 모르게 하기 원할 때 사용한다.

● 인사말

- 인사말을 작성할 때는 꾸미거나 형식적인 느낌이 들지 않도록 간결하게 작성한다.

● 내용

- 결론을 먼저 작성하고, 그 뒤에 이유와 대안 제시에 대해 작성한다.
- 표준어와 쉬운 표현을 사용하며, 내용 전달과 무관한 불필요한 전문 용어, 외국어, 외래어의 사용은 금한다.
- 메일 내용은 간결하고 정확하게 전달한다.
- 파일 첨부 시에는 본문에 첨부 파일 내용을 안내하고, 첨부 파일명을 명확하게 작성한다.

● 오탈자 점검

- 오탈자는 개인의 이미지에 치명적이며, 문서의 신뢰성을 떨어뜨린다.

④ 영문 이메일 작성 요령

영문 이메일 작성 시 유의할 점

- 약어에 대해 이해할 것
  - 영문 이메일에서 매우 다양한 단축 용어들이 사용된다. 따라서 단축 용어에 대해 숙지하여 실수하는 일이 없도록 한다.

용어	의미
Reply to all	•원래 메일을 받은 또 다른 사람들 모두에게 그 답장을 보낸다는 의미
cc (carbon copy)	•참조의 의미로 받는 사람 외에 지정한 여러 사람들에게 메일이 보내지는 기능 •cc로 받은 이메일은 이후의 모든 커뮤니케이션에도 cc가 되어야 한다는 뜻이기도 하므로 답장을 할 때는 reply all을 하는 게 예의
bcc (blind carbon copy)	•숨은 참조의 의미로 이메일을 보내야 할 사람의 주소를 삽입할 수 있으나 받는 사람에게 알릴 필요가 없는 조심스러운 경우에 사용
forward	•이메일을 다른 사람에게 전달하는 기능 •'fw.'라고 줄여서 쓰기도 함

외국 기업에서 많이 사용하는 이메일 약어

- ASAP(As soon as possible): 최대한 빨리
- FYI(For Your Information): 참고 바람
- CC(Carbon copy): 참조
- BCC(Blind carbon copy): 비밀(숨은) 참조
- BR(Best regards): 안부를 전합니다, 감사합니다

- 이메일 계정은 이름을 사용할 것
  - 비즈니스상 메일이라면 자신의 이름과 성을 가지고 만든 이메일 주소를 사용하는 것이 기본 원칙이다.

- 회사 이메일로 적합한지 확인할 것
  - 회사 이메일로 gmail, hotmail, hanmail, naver 등을 사용하는 경우가 많다.

그러나 법인을 설립하지 않았거나 회사 이름이 정해지지 않았거나 하는 등의 이유가 아니라면 회사 이메일을 사용하지 않을 경우, 회사에 대한 신뢰도를 떨어뜨릴 수 있으므로 주의한다.

- 서두의 시작을 올바르게 할 것
  - 업무상 메일은 상대의 이름을 사용해 시작하는 것이 좋다(예 Dear Tom). 이메일의 첫머리는 Dear와 함께 상대방의 성과 함께 시작하는 것이 기본이기 때문이다. 이후 쉼표(,) 혹은 콜론(:)을 사용하는데, 이것은 상대방의 관계에 의해 달라진다. 상대에게 처음으로 편지를 쓰는 경우, 상대가 자신보다 윗사람인 경우 등과 같이 공식적인 사이라면 콜론을 쓰고(예 Dear Mr. Walters:), 상대와 몇 번 이메일을 주고받은 경우나 친분이 있는 경우에는 쉼표를 사용할 수 있다(예 Dear Mr. Walters,). 한편, 상대방으로부터 받은 이메일에 쉼표가 사용된 경우라면 동일하게 쉼표를 사용해도 무방하다.

- 짧고 간략하게 쓸 것
  - 영어 이메일은 분명하고 간략하게 쓰는 것이 중요하다. 영문 메일에서는 한국에서 사용하는 일반적인 서론은 필요하지 않다. 상대방에게 전달하고 싶은 의뢰나 지시 등을 간결하게 요점만 쓰는 것이 기본이므로 서두에 목적을 명확하게 밝히고, 본론에 적절한 문장과 의견을 정확하게 밝히는 것이 중요하다. 'first, second, next, and finally'와 같은 표현을 사용함으로써 읽는 사람이 요점을 잘 파악하도록 하는 것도 좋다.
  - 마지막 부분에는 "If you have any other questions please feel free to contact me." 등의 문장으로 계속 연락해도 좋다는 표현을 남기는 것도 좋은 방법이다.

- 한 통의 메일에 한 가지 용건을 포함할 것
  - 한 통의 메일로 전하는 것은 가급적 한 가지의 용건으로만 제한하고 제목에 어떤 내용인지를 명확히 드러내는 것이 좋다.

- 정중함과 예의를 갖출 것
  - "I want"와 같이 상대에게 요구를 강하게 하는 것처럼 들리는 표현은 피해야 한다. "I would like"와 같이 존중을 나타내는 표현이 좋으며, 어떠한 제안을 할 때는 "I am interested in" 등과 같이 말하는 것도 좋은 방법이다.
  - 이메일로는 유머나 농담이 제대로 전달되기 어렵기 때문에 농담이나 이모티콘 등은 가급적 사용하지 않는다.

- 마지막 인사에 신경 쓸 것
  - 마지막 인사로는 "I am looking forward to your reply.", "Thank you." 혹은 'Sincerely' 등과 같은 표현으로 좋은 인상을 남기는 것이 중요하다.
  - 공식적인 사이인 경우에는 'Kind regards'라는 표현을 사용하는 것이 가장 바람직하고, 상대방에게 무언가를 의뢰하는 경우 감사를 담아 'Many thanks'라는 표현을 쓸 수 있다.
  - 개인적인 친분이 있는 경우 'Thanks' 혹은 'Best regards' 등의 간략한 표현을 사용해도 좋다.

⑤ 센스 있는 인터넷, sns 사용 매너

- 업무에 필요한 자료를 검색하거나 업무용 서신을 주고받는 수단으로서의 인터넷은 직장인들에게 필수적이며 그 사용 빈도는 나날이 증가하고 있다.
- 인터넷 발전은 사회와 문화를 급속도로 변화시켜 기업이나 개인 모두에게 없어서는 안 될 필수 문화로 자리 잡았다. 그러나 인터넷 오남용으로 인한 다양한 문제와 사건이 발생하고 있으므로 사용자의 의식과 매너가 중요하다.
- 근무 시간 중 뉴스 검색, 온라인 쇼핑, 사적인 이메일, 미니홈피나 블로그 관리, 웹서핑, 주식 투자, 메신저를 이용한 수다, 온라인 게임 등의 개인적인 용도로 사용하는 것은 금물이다.
- 오해의 소지가 있는 인터넷 사용은 자제하고, 사내 전산망의 메인 계정을 통해 개인적인 내용을 주고받지 않도록 한다.

- 사내 연락과 개인 연락을 동시에 사용하다가 실수를 하는 일이 없도록 주의한다.
- 불필요한 사이트에 가입하지 말고 악성 코드에 감염되는 일이 없도록 주의한다.

메신저 사용 매너

- 상대에 따라 적절한 단어, 문장, 이모티콘을 사용할 것
- 안부 메시지는 정성을 담아 보낼 것
- 답신 메시지는 바로 보낼 것
- 아무 때나 접속하여 대화를 시도하지 말 것
- 많은 시간을 투자하지 말 것
- 문장 작성은 간결하게 할 것
- 상대방과 마주 보고 대화하는 자세로 할 것
- 토의 주제나 대화의 초점을 벗어나지 말 것
- 다른 사람의 사생활과 시간을 존중할 것
- 진행 중인 대화의 주제에서 벗어나지 않을 것
- 채팅의 무분별한 사용, 적절치 않은 용어 사용 등에 주의할 것
- 채팅 방에서 만나고 헤어질 때는 인사할 것

커뮤니티 활용 매너

- 가입만 하고 출석이나 활동을 소홀히 하지 말 것
- 커뮤니티 취지에 맞는 내용을 게재할 것
- 자신의 이미지를 관리할 것
- 남들에게 피해 주는 활동을 피할 것
- 양보다 질 위주로 관리할 것

REVIEW

1. 공연 관람을 위해 지켜야 할 매너에 대해 말해 보세요.
2. 공연별 박수 매너에 대해 말해 보세요.
3. 전화나 이메일 등을 받고 불쾌했던 경험과 그 이유에 대해 말해 보세요.

Quiz

Q1 관람 매너를 지키지 못하는 사례를 들어 생긴 신조어는 무엇인가요?

Q2 운전기사 또는 하급자가 운전할 경우 VS 상급자가 손수 운전할 경우 승용차 상석의 최상석은 어디인가요?

7 경조사 매너

사회생활을 하다 보면 결혼식이나 장례식을 비롯한 다양한 경조사에 참석해야 하는 일이 생기게 된다. 경조사에 참석하는 것은 인간관계를 유지하는 데 필요하며, 직장 내 상사나 동료들과의 친분을 돈독히 하는 데에도 매우 중요하다.

경조사는 중요하고 특별한 행사이므로 격식을 갖추어 그에 합당한 표현과 행동이 요구되는 자리이다. 경조사 매너를 지켜 행동할 때 자신의 이미지는 물론 회사의 이미지도 좋아질 수 있고, 더불어 인간관계를 돈독히 유지할 수 있다. 따라서 경조사의 상황별 매너를 올바르게 이해하는 것은 사회생활에서 큰 도움이 될 수 있을 것이다.

1) 결혼식 및 장례식 매너

(1) 결혼식 매너

① 복장

- 격식 차린 정장이 기본이다.
- 화사한 타이나 액세서리도 가능하다.
- 신부를 돋보이게 하기 위해 흰색의 정장은 피하는 것이 좋다.
- 복장에 신경을 쓰는 것은 초대한 집안에 대한 예의이자, 하객의 축하하는 마음을 나타내는 것이다.

② 인사 시기

- 결혼식 당일에 축하하는 것이 원칙이나 결혼식에 참석을 못 할 경우 미리 축하하고 축의금도 미리 보낸다.

③ 인사말

- 결혼식에 참석했을 때는 신랑, 신부에게 축하의 말을 전하는 것 외에도 신랑·신부 부모님과 가족들에게 자신을 소개하고 인사하는 것이 예의이다.

> "혼인을 축하합니다. 행복하시길 빕니다."
> "아드님(따님)의 혼인을 축하드립니다. 며느님(사위님)이 아주 훌륭하십니다."

④ 선물의 종류

- 신혼살림 용품이나 현금이 적당하다.

⑤ 유의할 점

- 식사 장소가 따로 마련되어 있는 경우, 결혼식에 참여하지 않고 식사에 치중하는 것은 옳지 않다.
- 사진 촬영이나 기타 일정에 적극 참여하여 행사의 분위기를 즐겁게 조성하는

것이 매너이다.

- 신랑, 신부의 지인으로 참석하였더라도 부모님들께 인사하는 것이 예의이다.

(2) 샤워(Shower) 파티

'샤워(shower)'란 원래 소나기나 폭설 또는 물을 끼얹는 목욕이라는 뜻이다. 그러나 결혼식을 앞둔 신부에게 베푸는 파티를 '브라이덜 샤워(bridal shower)', 출산을 앞둔 임산부에게 베푸는 파티를 '베이비 샤워(baby shower)', 신랑 신부를 위한 파티를 '잭 앤 질 샤워(Jack and Jill shower)' 또는 '웨딩 샤워(wedding shower)'라고 한다.

① 브라이덜 샤워(Bridal shower)

- 시기: 결혼식 2개월~2주 전
- 참석자: 신부의 여자 친구, 여자 친척, 신랑 측의 여자 친척
- 선물: 신부가 가정을 꾸밀 때 필요한 물건

② 베이비 샤워(Baby shower)

- 시기: 첫 임신 기간 중
- 참석자: 친척, 친구, 동료
- 선물: 아기에게 필요한 용품

③ 잭 앤 질 샤워(Jack and Jill shower) 또는 웨딩 샤워(Wedding shower)

- 시기: 결혼식 2개월~2주 전
- 참석자: 신부의 여자 친구, 여자 친척, 신랑 측의 여자 친척(최근에는 신랑, 친척, 여자 참석자들의 남편이나 약혼자들도 초청)
- 선물: 신랑 신부에게 필요한 물건, 신혼살림에 필요한 물건

세계 각국의 결혼 문화와 축하 선물

나라	문화	축하 선물
미국	•신랑 신부와 친한 친구들을 들러리로 세우는데 이는 결혼식 날 신부를 질투하는 악귀로부터 보호한다는 의미	•신랑 신부에게 필요한 물건 •축의금
프랑스	•성당에서 많은 하객들과 함께하는 전통 결혼식과 구청이나 시청 등에서 증인 2명과 함께하는 현대 결혼식으로 나뉨	•신랑 신부에게 필요한 물건 •축의금은 하지 않음
독일	•전야제, 결혼 예식, 피로연까지 3일 동안 이루어짐 •파티에 초대받은 손님들은 각자 접시를 가져와서 '접시 깨기'를 하는데 이는 복과 사랑을 기원하는 의미	•신혼부부에게 선물을 줄 때 흰색과 검은색 포장지 사용은 금물
영국	•결혼식에 신부가 오래된 것, 새로운 것, 빌린 것, 푸른 것 4가지를 지니도록 하는데 이는 신부의 지나온 삶, 친정 가족, 새로운 미래에 대한 축복, 남편에 대한 사랑, 아내의 정절을 의미	•신랑 신부에게 필요한 물건 •축의금은 하지 않음
일본	•축의금을 큰 금액으로 하고 신랑과 신부 측에서 선물하는 답례품 또한 고가이므로 친한 사람들만 초대하여 소수만 참여함	•축의금 봉투는 금줄로 장식된 매우 화려한 봉투를 사용
중국	•중국 결혼식은 신랑이 차를 타고 신부를 데리러 가는 것을 시작으로 아침부터 저녁까지 성대하게 치르며 체면에 민감한 만큼 결혼식 규모에 신경을 씀 •결혼식 답례품으로 사탕과 담배를 주는데 이는 결혼 생활이 사탕처럼 달콤하기를 기원하고 행복이 담배 연기처럼 퍼져 나가기를 바라는 의미가 있기 때문	•결혼 날짜와 축의금은 2, 6, 8과 같은 짝수를 선호 •붉은색을 경사와 복의 상징으로 여기므로 홍바오(红包)라고 하는 빨간색 봉투에 축의금을 넣어 줌

(3) 장례식 매너

① 조문의 의미와 준비

- 조문(弔問)은 조상(弔喪)과 문상(問喪)을 합친 말로 '조상'은 영정 앞에서 예를 표하는 것이고, '문상'은 상주에게 인사하는 것을 말한다.
- 조문하는 방식은 각 지역, 가문, 종교에 따라 약간씩 차이가 있으므로 해당 상가의 가풍에 따라 주는 것이 바람직하다.

- 종교 등 개인적인 신념이 다를지라도 가급적 해당 상가의 가풍을 존중하는 것이 바람직하다.

② 조문 시기

- 가까운 친지나 상례에 도움을 주어야 하는 사이가 아니라면 초상 소식을 듣고 즉시 가기보다는 성복(成服) 끝내기를 기다려 문상하는 것이 예의이다.
- 가까운 친지나 친밀한 사이라면 염습이나 입관을 마치기 전에 해도 무방하다.

③ 복장

- 조문객의 옷차림은 화려한 색상의 의복이나 화장, 액세서리는 피하며, 가급적 어두운색 계통의 가지런한 옷차림이 무난하다.
- 남성은 검정색 양복이 원칙이나 감색, 회색도 실례가 되지는 않는다.
- 드레스셔츠는 반드시 흰색으로 입고, 넥타이·양말·구두는 모두 검은색이 좋다.
- 밝은색 넥타이를 착용하였는데 갑작스럽게 조문을 갈 경우는 이를 매지 않고 조문하는 것이 바람직하다.
- 여성은 검은색 상의에 검은색 스커트나 바지의 정장을 입는 것이 가장 무난하다.

④ 조문의 순서

- 조문 시에는 빈소 입구의 호상소에 부의금을 전한 뒤 방명록에 서명한 다음 조문한다.
- 경우에 따라서는 조문 후 호상소에 부의금을 전달하고 방명록을 적을 수도 있다.
- 빈소에 들어서면 상주와 가벼운 목례를 나눈 후 영정 앞에 분향한다.
- 선향(線香, 막대 향)을 분향할 경우에는 향에 불을 붙였다가 가볍게 흔들어 끈 다음 두 손으로 향로에 꽂는다.
- 향을 입김으로 불어서 끄는 것은 실례이다.
- 분향 후 별도로 술이 비치되어 있는 경우에는 술을 올리기도 하는데, 술을 올릴 경우, 잔에 따른 후 향 위에 시계 반대 방향으로 세 번 돌리고 영정에 올린다.

- 직장에서 여러 사람이 단체로 조문할 때에는 한 사람이 대표로 하고, 나머지 조문객들은 조용히 서서 기다린다.
- 조문객이 뒤에서 많이 대기하는 경우에는 향이나 술을 올리는 절차를 생략할 수 있다.
- 기독교식은 향이나 술을 올리고 절하는 절차 대신에 빈소에 준비해 놓은 국화를 들고 영정 앞에 헌화 후 뒤로 한 걸음 물러서서 고개 숙여 묵념이나 기도를 한다.
- 헌화용 꽃은 고인에게 꽃향기를 가까이 바친다는 의미에서 꽃송이가 영정을 향하게 한다.
- 향이나 술을 올린 다음 뒤로 물러나 영정을 향해 잠시 묵념한 후 큰절을 한다.
- 상주와는 한 번 맞절을 하는데, 상주와 하는 절은 평절 조문객이 너무 많을 경우 상주의 건강이나 시간 등을 고려하여 선 채로 반배를 하기도 한다.

남자 큰절	여자 큰절
•두 번 •큰절과 평절이 모양이 같음 •큰절과 평절은 횟수의 차이	•네 번(최근에는 여성도 두 번 or 한 번) •큰절은 공수한 손을 이마에 올리고 하는 절 •평절은 손을 가지런히 옆으로 내리고 하는 절

- 상주와 마주 꿇어앉거나 선 채로 간략한 위로의 인사말을 건네는 것이 예의이다.
- 일반적으로 인사말은 "삼가 조의를 표합니다.", "얼마나 가슴 아프십니까?", "얼마나 상심이 크십니까?", "뭐라고 위로의 말씀을 드려야 할지 모르겠습니다." 등이 무난하다.
- 가까운 친척이나 친지 등을 제외하고는 상주에게 고인의 사망 원인이나 과정 등을 너무 자세히 묻는 것은 결례이다.
- 상주 측에서 제공하는 다과, 식사 등이 있으면 간단히 먹고 빈소를 떠난다.
- 특별한 경우가 아니면 조문객이 상주에게 작별 인사를 하지 않는 것이 예의이며, 상주 또한 빈소를 지켜야 하므로 조문객을 일일이 전송하지 않는 것이 원칙이다.
- 가까운 사이라면 상가에서 같이 밤샘을 해 주는 것도 우리의 문화이다.

- 비록 '호상(好喪)'이라는 말이 있더라도 상가에서 크게 웃고 떠드는 것은 조심해야 한다.
- 호상이란 복을 누리면서 천수를 다한 사람의 장례란 의미가 있지만 죽음은 모두 아쉬움과 슬픔이 있는 법이므로 정중하게 예의를 갖춘다.
- 상가에 머무는 동안에는 휴대폰의 음악 수신음이 외부에 흘러나오지 않도록 유의한다.

(4) 축의금, 부의금

- 축의금과 부의금을 쓸 때는 속지를 마련하면 그 행사에 대한 예의와 정성의 마음을 표현할 수 있다.
- 속지의 내용에는 축하의 문구, 금액, 날짜, 자신의 이름을 적는다.
- 속지는 가로쓰기나 세로쓰기 모두 무방하나 봉투를 보통 세로쓰기로 쓰므로 세로쓰기로 동일하게 하는 것도 좋다.

○○○님의 결혼을 진심으로 축하드리며
정성을 담아 일금 ○○○원을 드립니다.

년 월 일

○○상사 ○○○ 드림

속지 가로쓰기의 예(축의금)

삼가 조의를 표합니다
일금 오만원정
년 월 일
○○상사
○○○ 드림

속지 세로쓰기의 예(부의금)

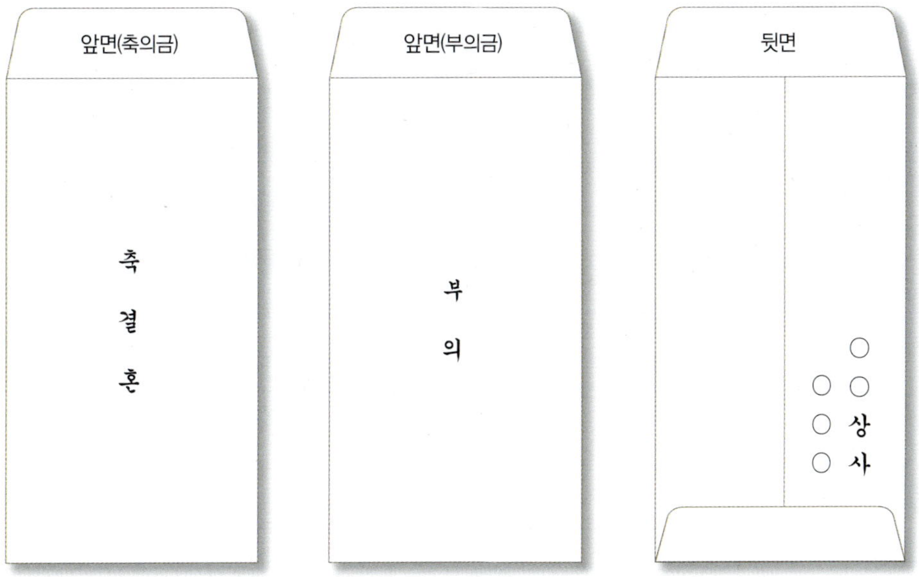

봉투 쓰기의 예

(5) 수연례, 돌잔치 매너

① 수연례

- 어른들의 장수를 축하하기 위한 것으로, 육순, 회갑, 칠순, 팔순 등 어른들의 모든 생신에 통용되는 명칭이다.
- 직장 동료들의 부모님이나 퇴임한 상사의 수연례에는 반드시 참여하여 그 자리를 빛내 주는 것이 예의이다.
- 수연례에 참여할 때는 자리를 빛내기 위한 화사한 차림, 단정한 차림의 정장이 좋다.
- 수연례에서는 어르신의 생신을 축하드리는 인사말과 함께, 앞으로 더 건강하고 행복하게 지내실 것을 기원하는 말씀을 건네는 것이 예의이다.
- 수연례에는 보통 현금으로 축의금을 낸다.

생신의 명칭

명칭	생신
육순(六旬)	60세 생신
회갑(回甲), 환갑(還甲)	61세 생신
진갑(進甲)	62세 생신
미수(美壽)	66세 생신
희수(稀壽), 고희(古稀)	70세 생신
희수(喜壽)	77세 생신
팔순(八旬)	80세 생신
미수(米壽)	88세 생신
졸수(卒壽)	90세 생신
백수(白壽)	99세 생신
상수(上壽)	100세 생신

② 출산 및 돌잔치

- 동료의 출산 소식을 들었을 경우에는 같은 부서의 동료들끼리 축하하는 것이 좋다.
- 신생아는 면역력이 약해 외부인이 방문하는 것은 옳지 않으며, 병원이나 산후 조리원에서도 외부인의 출입을 금하는 경우가 많으므로 축하를 위해 방문하는 것은 금물이다.
- 출산 축하 선물로는 꽃, 아기 옷이나 용품, 현금 등이 무난하다.
- 직장 동료들로부터 돌잔치 초대를 받았을 경우, 참여하여 축하해 주는 것이 좋다.
- 돌잔치에 참여해서는 아기가 건강하고 훌륭하게 자라기를 기원하는 덕담을 건넨다.
- 돌 축하 선물로는 아기 금반지, 현금, 아기용품 등을 하는 것이 보통이다.

세계 각국의 생일 파티 음식과 문화

나라	음식과 문화
프랑스	프랑스 사람들은 크레이프(crepe)를 먹는데, 이는 계란과 우유, 럼주, 소금으로 간을 한 반죽으로 만든다. 생일인 사람이 프라이팬에 있는 크레이프를 접시에 정확하게 올리면 부자가 된다는 풍습 때문이다.
호주	호주에서는 어린이 생일에 '페리 브레드(fairy bread)'라는 것을 먹는데, 식빵 위에 버터를 바르고 달콤한 구슬 알갱이를 뿌려 만든다.
브라질	브라질에서는 생일마다 브리가데이루(brigadeiro)를 만들어서 선물한다. 이는 초콜릿 파우더, 버터와 연유로 손쉽게 만드는데 생일에는 둥근 모양으로 만들어 먹는다.
가나	'오토(oto)'라는 음식을 먹는데 이것은 삶은 계란과 매쉬얌(yam), 야자 열매의 기름인 팜유를 써서 만든다.
북미	북미 어린이들은 생일 파티에 온 손님에게 답례품을 전달하는데, 캐나다는 룻백(loot bag), 미국에서는 구디백(goodie bag)이라고 부른다. 이때 5~10달러 정도의 초콜릿, 사탕, 미니 장난감, 문구류 등을 넣어 준다.
중국	장수를 기원하는 '장수면'을 먹는다. 이는 면발이 하나로 이어져 있는 것인데 면이 긴 이유는 길게 오래 살라는 의미이다. 1살 된 아기의 생일에 책, 장난감, 돈을 가져와서 축하하는 풍습이 있다. 이때 아기가 집는 물건으로 아기의 미래를 점찍는 풍습이 있다.
일본	3, 5, 7세의 생일을 중요하게 여겨 'Seven-Five-Three' festival에 참여하도록 한다. 대상 아이들은 신사에 가서 건강과 힘을 비는 의식을 가진다.
영국	생일 케이크 안에 골무와 동전을 넣는데, 동전은 부를 의미하고 골무를 발견한 사람은 결혼을 못할 것이라고 믿는 풍습이 있다.
아일랜드	생일을 맞은 아이를 거꾸로 들어 바닥에 쿵쿵 찧는 행위를 하는데 이는 행운을 빌어 주는 풍습이다.

2) 승진 및 개업 축하 매너

(1) 승진이나 개업 축하 복장

- 정장 또는 단정한 복장

(2) 인사 시기

- 승진이나 개업 사실을 알았을 때

(3) 인사말

- "승진을 축하합니다. 앞으로 더 훌륭한 경륜을 펼치시길 기대합니다."
- "개업을 축하합니다. 무궁한 발전과 번영을 기대합니다."

(4) 선물

- 직장생활에 필요한 물품
- 화분 등과 같이 개업장에 필요한 것
- 축하금

(5) 축하금 속종이 서식

○○○의 승진(개업)을 축하합니다.
더욱 발전(번창)하시길 빌면서
작은 정성으로 일금 ○○○원을 드립니다.

년 월 일

○○○ 드림

3) 병문안 매너

(1) 복장

- 너무 화려하지 않은 단정하고 깔끔한 복장

(2) 방문 시기

- 다른 환자들에게 피해가 가지 않도록 병원의 면회 시간을 준수할 것
- 너무 늦은 시간, 식사 시간, 회진 시간 등을 피할 것
- 가능하다면 방문 전 환자의 가족에게 연락하여 방문 시간을 상의할 것

(3) 문병 선물

- 책
- 과일 또는 건강식품(보호자와 섭취 가능한 음식에 대해 상의)
- 꽃(병실이 다인실인 경우 알레르기 환자들을 위해 피하는 것이 좋음)
- 현금

(4) 주의할 점

- 최소 인원이 다녀올 것
- 오래 지체하지 말 것
- 수술 직후나 심각한 병일 경우 가족을 만나 마음을 전할 것

4) 경조사 용어의 종류

상황	용어	의미	언제
혼인(婚姻)	축결혼(祝結婚) 축화혼(祝華婚)	•결혼을 축하함	•결혼식 날 축의금 봉투에
수연(壽宴)	축수연(祝壽宴) 축회갑(祝回甲) 축희연(祝喜筵) 축고희(祝古稀)	•장수함을 축하함 •회갑, 칠순 잔치를 축하함	•장수를 축하하는 잔치에
명절	송구영신(送舊迎新) 중추가절(仲秋佳節)	•묵은해를 보내고 새해에 안녕하시기를 기원 •추석 맞음을 축하	•연초에 •추석에
축하	축개업(祝開業) 축승진(祝昇進) 축우승(祝優勝) 축입학(祝入學) 축당선(祝當選)	•개업, 승진, 우승, 입학, 당선 등을 축하	•개업, 승진, 우승, 입학, 당선 등
문병	기쾌유(祈快癒)	•빨리 쾌유되기를 기원함	•병문안
문상	부의(賻儀) 근조(謹弔) 조의(弔意)	•슬픔을 애도함	•초상 시 문상

REVIEW

1. 지인의 결혼식에 참석한다고 가정하고 어떤 복장으로 참석할지 말해 보세요.
2. 장례식에서 조문하는 순서에 대해 말해 보세요.

Quiz

Q1 '브라이덜 샤워(bridal shower)'란 무엇인가요?

Q2 '베이비 샤워(baby shower)'란 무엇인가요?

8 여행 매너

1) 출입국 매너

(1) 여권

① 여권이란?

- 여권은 소지자의 국적 등 신분을 증명하는 공문서의 일종으로서, 외국을 여행하려는 국민은 여권을 소지할 의무가 있다(「여권법」 제2조).
- 여권의 종류로는 일반여권, 관용여권, 외교관여권이 있으며, 이는 각각 1회에 한하여 외국 여행을 할 수 있는 여권(단수여권)과 유효 기간 만료일까지 횟수에 제한 없이 외국 여행을 할 수 있는 여권(복수여권)으로 구분할 수 있다(「여권법」 제4조).

② 전자여권이란?

- 전자여권(ePassport, electronic passport)이란, 여권 내에 칩과 안테나를 추가하고 개인 정보 및 바이오 인식 정보를 칩에 저장한 기계판독식 여권을 말한다.

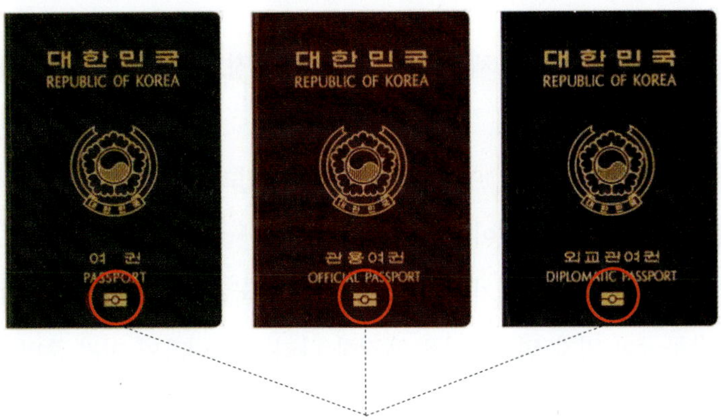

전자여권 로고

- 전자여권은 여권 커버에 전자여권 로고가 있으며, 여권 번호가 M으로 시작한다.

③ 일반여권 발급

일반여권	•여권을 처음으로 발급받는 경우, 유효 기간 만료로 신규 발급받는 경우
발급 대상	•대한민국 국적을 보유하고 있는 국민
접수처	•구청, 시청 등과 같은 전국 여권사무 대행기관 및 재외공관
구비서류	•여권발급신청서, 여권용 사진 1매 (6개월 이내에 촬영한 사진. 단, 전자여권이 아닌 경우 2매) •신분증 •병역 관계 서류 •수수료

(2) 비자(Visa)

- 비자는 국가가 외국인에 대하여 입국을 허가하는 증명서로 사증(査證) 또는 입국사증이라고도 한다.
- 'Visa'는 라틴어의 'vise'가 어원이며, 이는 '배서하다, 보증하다, 보장하다, 확인하다, 인정하다, 증명하다, 사증(査證)하다' 등의 의미를 갖고 있다.
- 비자는 여권이 정식으로 발행된 것이며 유효한 것임을 증명하고 여권 소지자를 안전하게 자기 나라에 입국시키도록 본국 관리에게 추천하는 등의 기능을 한다.
- 국가 간 비자면제협정을 체결하여 3개월(90일) 정도의 단기간 체류 때에는 비자를 면제하는 나라가 많다.
- 우리나라도 프랑스, 독일, 영국, 일본, 베트남, 필리핀 등 여러 나라와 비자 면제협정을 체결하여 비자 없이 이들 나라에 단기간 체류할 수 있게 하고 있다.
- 여권이 있다 하더라도 비자는 해당 나라에 입국하는 데 반드시 필요한 서류이므로 방문국이 비자 면제협정을 체결한 나라가 아니라면 미리 준비해야 한다.

(3) 세관검사

- 해당 나라에 출국할 때 그 나라의 세관에서 한 번 하고, 우리나라로 돌아와서 입국할 때 우리나라의 세관에서 한 번 더 하게 된다.
- 비행기 착륙 후 엑스레이로 수하물을 검사하여 세관검사를 하는 것 외에도 세관신고서를 직접 작성하는 것도 포함된다.
- 세관신고서는 해외여행 시 해당 나라로 입국 전 비행기에서 승무원이 나눠 주는 경우가 일반적이다. 기내에서 작성하지 못했다면 공항에서 입국신고를 할 때 해도 무방하다.
- 보통은 각 나라 언어, 혹은 영어로 유의 사항, 인적 사항, 세관 신고 사항, 신고 물품, 면세 범위 등의 내용에 따라 기재하면 된다.
- 신고 물품이 있는 경우, 신고서 뒤편의 기재란에 반입한 물품을 기재하면 된다.
- 면세 한도를 초과한 물품이 있거나 특별 검사 대상 물건이 있는 경우 솔직하게 세관에 신고하는 것이 최선의 방법이다.
- 세관에 자진 신고하지 않고 적발되었을 경우 가산세, 벌금 등의 처벌을 받을 수 있으므로 주의한다.

여행자 휴대품 신고서에 신고해야 할 물품

- 면세 범위를 초과하는 물품(해외 취득 가격 합계액이 US$ 600을 초과하는 물품)
- 상용에 공할 것으로 인정되는 물품
- US$ 10,000을 초과하는 외화 또는 원화와 원화표시 여행자수표, 원화표시 자기앞수표 등
- 총포, 도검류, 마약, 음란물 등
- 위조·모조·변조 화폐
- 국제협약(CITES)에서 거래를 제한하는 멸종 위기의 야생 동·식물 및 그 부분품, 가공품(사향, 상아, 웅담, 호랑이 뼈, 호랑이 가죽, 코뿔소 뿔, 악어가죽 등)

여행자 휴대품으로서 통관이 제한되는 물품

- 총포, 도검, 화약류 단속법에서 규제하는 물품(총기류, 도검, 실탄)
- 마약법 및 향정신성 의약품 관리법에서 규제하는 물품(마약류, 대마초, 환각성 물품)
- 동·식물 검역법에 의한 검역 대상 물품
- 멸종 위기에 처한 야생 동식물의 국제 거래에 관한 협약(CITES)에서 규제하는 동식물 또는 물품(야생동물의 박제, 사향, 웅담, 악어 핸드백 등)
- 식물·과일 채소류·농림산물류(반출입 제한 물품)
- 동물(고기·가죽·털 포함)·축산물(반입 제한 물품)
- 애완동물 사료

(4) 수하물

- 수하물은 직접 기내로 가져가는 기내 수하물(휴대 수하물)과 따로 부칠 수 있는 위탁 수하물로 구분된다.
- 대부분의 경우 기내 수하물은 무료지만, 위탁 수하물의 경우 운임에 포함이 되어 있을 수도 있고, 별도의 요금을 지불해야 하는 경우도 있다.
- 위탁 수하물은 항공사별, 좌석 등급별 허용 무게가 다르므로 미리 확인하는 것이 좋다.
- 기내 수하물의 경우에도 규정 무게와 크기가 있으므로 기내 반입 허용 크기나 무게를 초과하지 않도록 주의한다.
- 액체류 기내 반입에는 개별 용기당 100ml 이하와 같은 반입 규정이 있으므로 위탁 수하물로 보내야 한다.
- 휴대용 배터리, 전자담배, 라이터 등의 경우는 위탁 수하물 금지 품목이므로 위탁 수하물에 포함시키지 않도록 주의한다.

(5) 비행기 탑승 수속

- 해외 출국을 위한 탑승 수속은 시간이 오래 걸릴 수 있으므로 여유 있게 시간을 가지고 공항에 도착해야 한다.

- 해당 항공사 체크인 카운터 혹은 셀프체크인 기계를 통해 체크인을 한다.
- 체크인을 위해서는 여권, 비자, e-ticket이 필요하다.
- 위탁 수하물을 부친다.
- 출국 심사를 받는다.

2) 항공기 이용 매너

- 이·착륙 시에는 안전벨트를 착용해야 하고, 테이블, 창문 덮개, 등받이 등을 원래대로 해 놓아야 한다. 이러한 상황에서는 승무원들이 안내를 하므로 승무원들의 안내에 적극 협조해야 한다.
- 승무원을 호출해야 할 경우 큰 소리로 부르지 않는다. 승무원 호출 버튼을 누르거나 승무원이 지나갈 때 조용히 손을 드는 등의 행동으로 도움을 요청한다.
- 앞뒤 좌우의 사람들이 불편하지 않도록 의자의 젖힘에 신경을 쓴다.
- 옆 사람이 불편하지 않도록 행동, 소지품, 옷 등의 관리에 유의한다.
- 화장실 사용 시간은 최소한으로 하여 뒷사람을 배려한다.
- 화장실이 사용 중일 때는 빨간 불에 'occupied', 비어 있을 때는 녹색 불에 'vacant'라고 쓰여 있으므로 노크하지 않는다.
- 기내 화장실은 남녀 구분이 없으므로, 깨끗한 정리는 기본이다. 변기 물은 반드시 내리고 세면대는 물기를 닦아 사용한 흔적을 없애는 것이 예의이다.
- 세면대가 막혔다면, 그냥 자리를 뜨기보단 승무원에게 상황을 전달해 주는 것이 좋다.
- 기내 화장실은 금연이며, 이·착륙 시에는 사용할 수 없으므로 주의한다.
- 통로 쪽 통행을 방해하지 않는다.
- 식사 후나 음료나 간식 등의 섭취 후 정리 정돈에 유의한다.
- 기내는 기압이 낮아 술이 빨리 취하므로 평소 주량보다 적게 마시는 것이 좋다. 술에 취하는 등의 행동으로 기내 안에서 소란스럽게 하지 않도록 주의한다.

- 빈 좌석이 있다고 하여 함부로 자리를 옮기는 등의 행동을 하지 않는다.
- 착륙 후 비행기가 정지하기 전 미리 일어서서 짐을 챙기는 일이 없도록 한다.

3) 호텔 이용 매너

(1) 호텔 예약

- 호텔 직원의 안내에 따라 체크인(check-in)과 체크아웃(check-out)을 한다.
- 국가, 호텔에 따라 규정이 다를 수 있으므로 프런트 담당 직원의 안내를 따른다.

체크인 시 유의할 점	체크아웃 시 유의할 점
•보통의 경우 오후 2시 이후 이루어짐 •도착이 늦을 경우 사전에 연락 •숙박 카드를 정확히 기재 •객실 배정을 받은 후 직원의 안내에 따라 투숙	•보통 오전 11시에서 정오 사이에 이루어짐 •시간을 초과할 경우 초과 요금 지불 •비행기 출발 시간을 고려하여 여유 있게 체크아웃 •유료 서비스 이용 사항 확인 후 계산

(2) 호텔 이용

① 객실 이용

- 객실 이용 인원을 준수한다.
- 개인의 취향이나 편의에 따라 객실과 침대의 유형을 선택한다(싱글베드, 더블베드, 트윈 베드 등/ 디럭스, 스위트 등).
- 객실 열쇠 분실 시 배상을 해야 하므로 외출 시 프런트에 맡기는 것도 좋다.
- 객실 청소를 위한 하우스 키퍼 출입을 원치 않을 경우 DD카드(Do Not Disturb)를 문 밖 고리에 걸어 둔다.
- 객실 내에서 취사는 금지이다.
- 객실 내에서의 큰 소음으로 주변에 피해를 주지 않도록 주의한다(고성방가, 음악, TV).
- 퇴실 시에는 어느 정도의 정리 정돈을 해 주고 나오는 것이 매너이다. 보통 수

건은 모아서 욕조에 넣어 두고 쓰레기나 물품 등은 대충 정리한다.

- 퇴실 시 침대 이불 위나 베개 위에 팁을 놓고 나오는 것이 필수이다.

② 욕실 이용

- 샤워 시 욕조 밖으로 물이 튀지 않도록 조심해서 사용해야 한다.
- 샤워 커튼이 있는 경우 커튼을 욕조 안에 넣어 사용한다. 호텔 욕실 바닥에 배수구가 없는 경우가 많아 욕조 밖으로 물이 많이 흘렀을 경우 일일이 닦아 내야 하는 문제가 생긴다.
- 큰 수건, 중간 수건, 작은 수건 등을 용도에 맞게 사용한다.
- 수건을 다 사용한 경우 욕조 안에 넣어 두는 것이 매너이다.

남부 유럽의 비데(Bidet)

- 스페인, 포루투갈, 이탈리아 등 남부 유럽에는 일반 가정의 97%에서 변기 옆에 낮은 세면대처럼 생긴 비데가 있다.
- 이름은 비데(bidet)이지만 우리나라와 쓰는 용도에 있어 약간의 차이가 있다. 우리나라에서의 비데는 오직 화장실에서 용변을 본 뒤 뒤처리를 위해서만 사용한다. 그러나 남부 유럽에서는 용변을 본 후 뒤처리 외에도 손이나 발을 닦을 때도 사용한다. 특히, 키가 작은 어린아이들이 손을 닦을 때 유용하게 사용된다고 한다.
- 우리나라와 남부 유럽의 비데(bidet)는 이름은 같지만 용도 면에서 약간의 차이가 있음을 기억하자.

③ 룸서비스

- 객실 내에서 주문할 수 있는 서비스로, 호텔마다 룸서비스 메뉴가 있으므로 참고하여 주문한다.
- 레스토랑보다 10~15% 이상 비싸며, 별도의 팁을 주어야 한다.
- 모닝콜 서비스, 세탁 서비스, 비즈니스 서비스 등이 가능한지 확인 후 이용한다.

④ 부대시설 활용

- 피트니스 시설(수영장, 사우나 등)을 유용하게 활용한다.
- 운영 시간, 유료인지 무료인지 등을 확인한다.
- 객실 내의 목욕 가운이나 슬리퍼를 신고 돌아다니지 않는다.

REVIEW

1. 기내에서 매너 없는 행동으로 불편했던 사례가 있었다면 말해 보세요.
2. 호텔에서 지켜야 할 매너에 대해 설명해 보세요.

Quiz

Q1 소지자의 국적 등 신분을 증명하는 공문서를 무엇이라 하나요?

Q2 국가가 외국인에 대하여 입국을 허가하는 증명서로 사증(査證) 또는 입국사증을 무엇이라 하나요?

GLOBAL
MANNERS

for global citizen

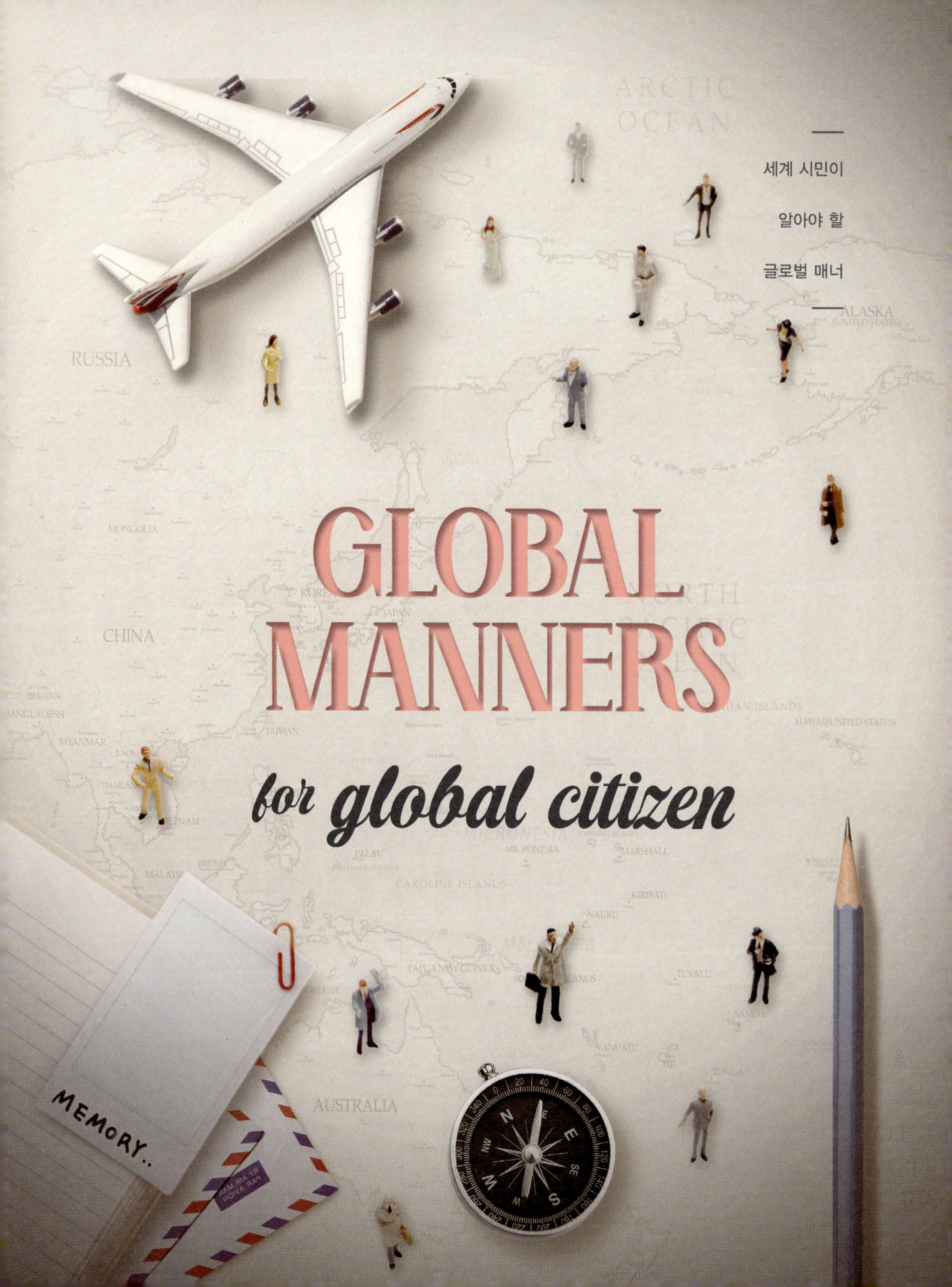
세계 시민이
알아야 할
글로벌 매너
GLOBAL MANNERS
for global citizen
MEMORY..

Chapter

04

테이블 매너와 파티 매너

세계 시민이

알아야 할

글로벌 매너

1 테이블 매너

1) 테이블 매너의 중요성

사람들은 음식을 함께 먹으며 행복해하기도 하고 서로 마음을 나누기도 한다. 만남 후 다시 만나고 싶은 생각이 드는 사람들은 식사 자리에서도 타인을 배려하고 행복한 시간으로 만들 줄 아는 사람이다. 글로벌 시대에 여러 문화권의 사람들과 교류하기 위해서는 다른 문화의 식사 예절을 알아야 하고 그들의 문화를 인정하는 것이 필요하다. 특히, 해외 출장이나 여행 등으로 외국인들과의 만남이 잦은 현대인들에게 타 국가의 테이블 매너를 익히는 것은 필수적이라 할 수 있다.

또한 테이블 매너는 그 사람의 교육 수준, 가정 환경, 됨됨이, 실력 등을 평가하게 하는 중요한 요소이기 때문에 거래처 등과의 식사 자리가 많은 직장인에게 테이블 매너는 중요한 업무 능력으로 여겨지고 있다. 따라서 품격 있는 테이블 매너를 사람들과의 만남에 활용한다면 글로벌 시대에 경쟁력을 높이고 인간관계를 폭넓게 하는 데 도움이 될 것이다.

2) 테이블 매너의 기본

(1) 사전 예약

비즈니스 관련 식사나 개인적 식사 자리 모두 식사를 통해 상대를 존중하고 배려하고 있다는 느낌을 전달하는 것이 중요하다. 사전 예약을 하지 않을 경우, 좌석이 없거나 좋지 않은 자리에서 식사를 해야 하는 일이 생기게 된다. 따라서 상대방을 불편하지 않게 하고, 존중받고 있다는 느낌을 전달하기 위해서는 첫 단계인 '사전 예약'을 기억해야 한다.

(2) 장소와 메뉴 선정

식사 장소와 메뉴를 선정할 때는 상대방의 취향이나 식성, 종교, 문화 등을 고려해야 한다. 가령 힌두교는 소고기와 술을 금하며, 불교는 모든 고기를 금한다. 한편 유대교는 코셔(Kosher) 인증 마크가 있는 식당을, 이슬람교는 할랄(Halal) 음식점을 예약하는 것이 좋다. 일식의 스시와 같은 날것을 싫어하는 사람들도 있다. 따라서 좋은 식사가 되기 위해서는 식당이나 메뉴를 정할 때 상대방의 의사를 묻는 것이 예의이다.

(3) 상석의 판단

식사 장소에서는 모임의 성격을 파악하여 테이블의 위치, 좌석 배치 등에 세심하게 신경 쓰는 것이 좋다. 특히, 직장은 서열이 존재하므로, 여러 명이 함께할 때는 위계질서를 고려해 상석과 하석의 자리 배치를 하는 센스가 필요하다. 일반적으로 타인의 방해를 받지 않는 조용한 곳, 전망이 좋은 곳, 출입구나 화장실에서 먼 곳 등이 상석이다.

3) 서양식 테이블 매너

서양식 테이블 매너는 냅킨 사용부터 포크와 나이프, 스푼 사용에 이르기까지 지켜야 할 방식이 엄격하게 정해져 있다. 서양인들은 오래 대화하며 식사 시간을 길게 갖는 편이므로 상대방을 파악하는 데 테이블 매너가 유용한 잣대가 된다. 실제로 서양인들에게 테이블 매너는 교양과 상식으로 여겨질 만큼 중요하다. 글로벌 시대를 살아가는 현대인들에게 서양식 테이블을 접할 일은 매우 많고, 최근에는 결혼식과 같은 큰 행사에서도 서양식 테이블 상차림을 흔하게 볼 수 있다. 따라서 성공적인 비즈니스와 원만한 대인관계를 위한 테이블 매너 습득은 필수적이라 할 수 있다.

Formal Table Setting

(1) 자리에 앉기

- 주빈이 없고 부부가 함께 초대했을 경우 부부가 나란히 같이 앉거나 양끝에 같이 앉는다.
- 부부 동반일 경우 부부는 통상 떨어져 앉고, 남녀가 섞어서 앉는 것이 일반적이다.
- 식탁에 앉을 때는 다리를 가능한 한 붙이고 의자 뒤로 깊숙이 앉는다.
- 손목을 식탁에 가볍게 놓는 것은 무방하나 팔꿈치를 식탁 위에 올려놓는 것은 옳지 않다.
- 식사 도중 팔짱을 끼거나 머리를 만지는 행동은 결례이다.
- 식탁 밑에서 신발을 벗거나 다리를 흔들지 않는다.
- 부득이한 경우가 아니라면 식사 중 자리를 비우는 것은 실례다. 따라서 식사 전에 미리 화장실을 다녀오고, 전화 통화는 마치고 나서 자리에 앉는 것이 예의이다.

(2) 몸가짐

- 식사 중 포크나 나이프를 들고 대화를 하거나 물건을 가리키는 것은 금물이다.
- 식탁에서 지루하다고 몸을 비틀거나 하품을 하며 시계를 자주 들여다보는 등의 행동은 하지 않는다.
- 서양에서는 공공장소나 개인 간의 만남에서 트림하는 것을 예의 없는 것으로 취급하므로 주의한다.
- 실수로 재채기나 하품을 하였을 경우 옆 사람에게 "Excuse me"라고 사과한다.
- 식탁에 앉아서 립스틱을 바르거나 화장을 고치는 것은 교양이 없는 행동으로 여겨지므로 조심한다.
- 식탁에서 코를 푸는 행위를 허용하는 나라도 있으나 우리나라의 경우, 식탁에 앉아서 코 푸는 것은 상대방에게 실례가 되므로 불가피한 경우에는 몸을 뒤로 돌려 소리가 나지 않게 하거나 화장실을 이용한다.
- 이쑤시개가 준비되어 있더라도 식탁에 앉아서는 쓰지 않는 것이 예의이다.
- 식사 중 포크, 나이프, 냅킨 등을 떨어뜨렸을 경우 새것으로 주문한다.

(3) 대화

- 식사 중 대화는 모든 사람이 함께 참여할 수 있는 소재로 한다.
- 정치, 종교 등 심각한 주제의 대화는 옳지 않다.
- 옆 사람과 자연스럽게 대화하되, 옆 사람 너머로 멀리 있는 사람과 큰 소리로 이야기하는 것은 금물이다.
- 혼자서 대화를 독점하거나 혼자 조용히 침묵하는 것은 매너에 어긋난다.

(4) 핸드백과 가방

- 핸드백은 자신의 등 뒤에 놓되 식탁 위에 놓지 않는다.
- 짐을 맡기는 곳이 따로 없다면 남성의 가방은 의자 옆에 내려놓는다.

(5) 냅킨

- 냅킨은 반을 접은 채로 벌어진 쪽이 자기 앞으로 오게 무릎 위에 반듯이 놓는다.
- 냅킨은 주최자나 연장자가 펼쳐 무릎에 놓은 이후 펼친다. 보통은 요리를 주문한 후 소믈리에가 와인을 따르고 빵이 나온 후 펼친다.
- 식사 중 부득이 자리를 잠시 비워야 할 경우에는 냅킨을 의자 위에 놓는다.
- 식사 후에는 냅킨을 식탁 위에 둔다.
- 식사 중 냅킨을 식탁 위에 놓는 것은 식사를 마쳤다는 의미이므로 식사 중 자리를 비울 때는 놓지 않도록 한다.
- 냅킨은 입술 주변을 가볍게 닦는 데 쓰며, 식기를 닦거나 수건처럼 땀을 닦는 데 사용하지 않는다.
- 식탁에 물, 음료수를 엎질렀을 경우 냅킨을 쓰지 않고 웨이터를 불러 처리한다.

(6) 포크와 나이프

- 포크와 나이프는 바깥쪽부터 안쪽으로 하나씩 사용한다.
- 가급적 포크는 왼쪽으로 잡으나, 음식을 자른 후 나이프를 접시 위에 걸쳐 놓고 오른손으로 옮겨 잡는 것도 무방하다.
- 고기를 먹을 만큼 자른 후 포크로 찍어 먹되, 손에 든 나이프와 포크는 세워 들지 않는다.
- 포크와 나이프를 접시 위에 여덟팔자(八)로 놓으면 식사 중임을 의미하고, 오른쪽 옆쪽으로 가지런히 놓으면(11자) 식사가 끝났음을 의미한다.

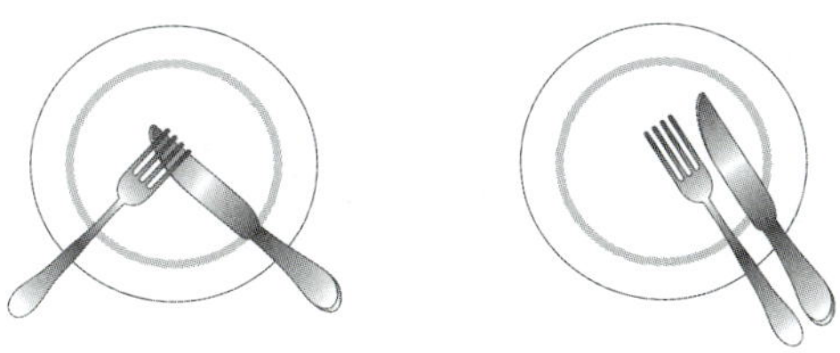

식사 중　　　　식사 마침

- 포크와 나이프를 놓을 때는 칼날이 안쪽으로 오도록 놓는다.

(7) 빵과 수프

- 빵은 나이프를 쓰지 않고 한입에 먹을 만큼 손으로 떼어 먹되, 입으로 베어 먹지 않는다.
- 손으로 빵을 가른 후 버터나이프로 버터를 바른다.
- 빵은 수프가 나온 후에 먹기 시작하여, 디저트가 나오기 전까지 먹는 것을 마친다.
- 수프 그릇을 손으로 잡고 바깥쪽으로 약간 숙인 다음에 오른손의 스푼으로 바깥쪽으로 떠서 먹는 것이 원칙이나 최근에는 그릇을 그대로 두고 먹는 것도 무방하다.
- 수프를 먹을 때는 "후루룩~" 소리를 내지 않는다.

"To make a noise is to suggest an animal."

(8) 핑거볼(Finger Bowl)

- 핑거볼은 손가락을 씻는 물로 손가락만 씻으며, 손 전체를 집어넣지 않는다.
- 핑거볼은 한쪽 손을 씻고, 다른 쪽 손을 교대로 씻되, 두 손을 넣는 것은 금기이다.
- 새우나 게의 껍질을 벗길 경우 손을 사용하는데, 이때는 핑거볼에 손가락을 깨끗이 씻고 사용한다.

(9) 스테이크

- 고기를 주문할 때 굽기 정도는 개인의 취향에 따라 주문하되, Rare, Medium Rare, Medium, Medium Well, Well-done 등으로 주문한다.
- 스테이크는 바깥쪽에서 안쪽으로 조금씩 잘라 가며 먹는다.

(10) 술

① 식전주(아페리티프: Apéritif)는 세리(Sherry), 베르뭇(Vermouth), 칵테일(Cocktail) 등을 마신다.

세리(Sherry)	스페인 특산 백포도주
베르뭇(Vermouth)	와인에 여러 가지 약초와 향료를 넣은 것
칵테일(Cocktail)	여러 가지 술을 섞은 혼합주

② 식중주: 음식과 어울리는 와인을 마신다.

③ 식후주(디제스티프: Digestif)로는 리큐르(LiQueurs), 꼬냑(Cognac), 브랜디(Brandy) 등을 마신다.

리큐르(LiQueurs)	사과, 오렌지 등 과일로 만든 술
코냑(Cognac)	프랑스 코냐크 지방에서 생산된 브랜디
브랜디(Brandy)	증류한 와인

(11) 기타

- 빵과 샐러드는 왼쪽, 물잔과 와인잔은 오른쪽 것이 자신의 것이다.
- 생선 요리는 뒤집지 말고 위쪽을 먼저 먹은 후 뼈를 추려내고 아랫부분을 먹는다.
- 레몬은 나이프로 눌러 즙을 짜는 것이 좋다.
- 소금, 후추 등 멀리 있는 것을 집거나 먼 위치의 음식을 먹어야 할 경우 손을 뻗는 행위는 타인의 공간을 침범하는 것으로 생각하여 무례하게 느끼므로 옆 사람에게 부탁하여 받는다.
- 음식 맛을 보기 전에 소금이나 후추로 간을 맞추려는 행위는 조리한 사람에게 상당한 결례가 될 수 있다.
- 테이블에는 음식이 놓일 자리가 정해져 있으므로 웨이터의 세팅에 맡긴다. 웨이터가 세팅하려는 접시를 받아서 테이블에 놓으려 하거나 식사 후 그릇을 포개 놓거나 하는 등의 행동을 하지 않는다.
- 생선의 작은 뼈를 입속에서 꺼낼 때는 포크로 받아서 접시 위에 놓는다.

4) 동양식 테이블 매너

한국, 중국, 일본 세 나라는 지리적으로 매우 가깝게 인접해 있어 오랜 시간 동안 정치적·문화적 교류를 해온 바 있지만 식생활 매너에서는 차이가 크다. 한·중·일 3국은 각자의 지리적·문화적 특성에 맞는 각국의 독특한 식문화를 형성해 왔기 때문이다. 같은 동양이라고 해서 자기 나라의 테이블 매너의 방식대로 행동한다면 실수를 범할 우려가 크다. 특히, 한·중·일 3국의 음식 문화는 세계적으로 유명하여 여러 문화권에서 인기 있는 음식으로 인정받고 있다. 따라서 세계 시민으로서 한·중·일 3국의 테이블 매너를 익히는 것은 매우 중요하다고 볼 수 있다.

(1) 중식 테이블 매너

① 중국 음식 문화의 특징

- 중국 음식은 다양한 재료와 요리법, 향신료 사용으로 음식에 관해서는 세계 최고의 수준을 자랑하고 있다.
- "식사하셨어요(니 츠이 판 러 마)?"라는 인사말을 자주 사용하는 것으로 알 수 있듯이 중국인들에게 음식은 매우 중요한 관심사이다.
- 날것으로 먹는 음식은 거의 없으며 익힌 음식이 주를 이룬다.
- 맛, 색, 향의 아름다움을 중시한다.
- 지역별 기후, 환경, 재료에 따라 음식의 종류와 조리법이 매우 다양하다. 일반적으로 "남쪽은 달고 북쪽은 짜며 동쪽은 맵고 서쪽은 시다."라는 말로 중국의 지역별 요리의 차이를 표현할 수 있다.
- 식탁 가운데 놓인 요리를 개인 접시에 덜어 먹는 문화이므로 젓가락이 길다.
- 중국 음식은 튀김 요리가 많아 숟가락으로 뜰 경우 기름과 함께 먹게 되므로 젓가락을 사용하는 문화가 발달했다.

② 중국 요리의 구분

요리 계통(菜系)	특징
광동 (廣東, 광둥)	•광저우(廣州) 요리가 가장 대표적 •'지지고(煎), 튀기고(炸), 볶은 다음 전분을 얹고(hui), 찌는(燉)' 등의 다양한 조리법을 사용 •깔끔하고 담백하며 쫄깃쫄깃하고 신선한 것이 특징
절강 (浙江, 저장)	•항저우(杭州) 요리가 가장 대표적 •신선하고, 부드럽고, 연한 맛이 특징 •향이 풍부하고 느끼하지 않은 깔끔한 맛
산동 (山東, 산둥)	•지난(濟南)과 지아오둥(膠東) 두 지역의 음식으로 구성 •파와 마늘을 많이 사용한 진한 맛이 특징 •해산물이나 각종 동물의 내장으로 만든 요리가 많음
강서 (江蘇, 장쑤)	•양저우(揚州), 쑤저우(蘇州), 난징(南京) 요리에서 발전 •'찌고(燉), 푹 고고(men), 천천히 끓이는(wei)' 조리법이 유명 •탕의 국물 맛을 중요하게 생각하는 것이 특징
호남 (湖南, 후난)	•후난(湖南) 일대 지역의 음식을 지칭 •고추와 참기름을 많이 사용하며 맵고 신맛이 특징
사천 (四川, 쓰촨)	•청두(成都)와 충칭(重慶)의 양대 유파로 나뉨 •진하고 그윽하며 다양한 맛이 특징 •고추, 후추, 산초 세 가지를 반드시 사용
복건 (福建, 푸지엔)	•푸저우(蒲州) 요리가 가장 대표적 •해산물을 주원료로 사용한 달고 신맛의 요리가 특징 •색깔이 곱고 맛이 깔끔함
안후이 (安徽)	•완난(皖南) 요리가 가장 대표적 •소시지를 부재료로 사용하며, 각설탕으로 맛을 냄 •불을 약하게 하여 은근하게 찌는 것으로 유명
베이징 (北京)	•중국 북방을 중심으로 발달한 궁중 요리와 같은 고급 요리 •튀김과 볶음 요리와 같이 진하고 기름진 맛의 요리가 발달 •면류·만두·전병의 종류가 많은 것이 특징
상하이 (上海)	•양쯔강 하류 지역을 중심으로 발달한 요리로 상하이 요리라고 부름 •해산물을 재료로 하는 음식이 많으며, 색이 화려하고 선명함 •간장과 설탕을 많이 사용한 진하고 달콤하며 기름진 음식이 특징

③ 중식 테이블에서 유의할 점

- 중국인들은 수저로 밥그릇을 두드리는 행위, 밥 위에 수저를 꽂는 행위 등은 금한다.
- 식사를 다 마친 후에는 숟가락을 엎어놓는 것을 예의로 여긴다.
- 밥그릇을 엎어놓는 것은 병이 나서 탕약을 먹은 후 엎는 것을 연상하게 하므로 금한다.
- 술잔을 사이에 두고 젓가락을 양쪽으로 갈라놓는 것은 헤어짐을 의미하므로 조심한다.
- 젓가락의 길이가 다른 것은 불길한 의미로 해석되므로 짝을 잘 맞추어 놓는 것이 중요하다.
- 중국인들은 사용하고 있던 밥그릇 말고 다른 밥그릇을 사용하지 않는다. 이는 두 집 살림을 차린다는 미신이 있기 때문이다.
- 식사 접대 시 주인은 출입구 가까이에, 주빈은 주인과 정면에 앉는다.
- 모든 요리는 주빈부터 시작하는 것이 원칙이다.
- 요리가 나오면 새로운 요리가 담긴 접시를 주빈의 정면으로 가도록 회전판을 돌려 준다.
- 배불리 먹고도 남았다는 의미로, 음식은 약간 남기는 것이 좋다.
- 일단 자신의 접시에 옮겨 담은 음식은 남기지 않는 것이 좋다.
- 음식이 모든 사람에게 1회전한 후 남은 음식은 마음껏 덜어도 좋으나, 한 바퀴 돌기 전에는 다른 사람들이 음식을 덜 것을 고려하여 너무 많이 담지 않도록 유의한다.
- 식사를 하며 이야기를 나누는 것을 좋아하므로 적절한 소재로 분위기를 띄우는 것이 중요하다.
- "술이 없으면 자리를 마련했다고 할 수 없다."는 속담이 있을 만큼 중국 식문화에 술은 필수품이다.

④ 중식 테이블 매너

- 중국 식당에서는 냅킨과 물수건이 함께 제공되는데, 이때 물수건으로 얼굴을 닦는 일은 없어야 한다.
- 젓가락으로 요리를 찔러 먹어서는 안 되며, 식사 중에 젓가락을 사용하지 않을 때는 접시 끝에다 걸쳐 놓는다.
- 수저의 사용이 엄격히 구분되어 있어 숟가락은 탕을 먹을 때에만 사용하고 요리나 쌀밥, 면류를 먹을 때에는 젓가락을 사용한다.
- 중국에서는 밥이나 면류, 탕류를 먹을 때 고개를 숙이지 않으며 필요 시 그릇을 받쳐 들고 먹는다.
- 중식에서는 녹차, 우롱차, 홍차 등의 차가 나온다. 한 가지 음식을 먹은 후에는 한 모금의 차로 남아 있는 음식의 맛과 향을 제거하고 새로 나온 음식을 먹는다.
- 2단 원탁 테이블이므로 윗단을 돌릴 때는 시계 방향으로 돌린다. 이때 상대방이 요리를 덜고 있는 중에 회전판을 돌리지 않도록 유의한다.
- 음식은 연장자나 주빈이 먼저 덜은 후 먹기 시작한다. 윗단의 요리를 덜 때에는 나눔 젓가락을 사용한다. 각 요리가 나올 때마다 나눔 젓가락이나 숟가락이 나오므로 자신의 젓가락이나 숟가락으로 음식을 덜지 않도록 한다.
- 요리가 바뀌면 개인용 접시도 바꾸어 덜어 먹는다.
- 개인용 접시나 국그릇은 손으로 들지 않고 식탁에 놓은 채로 먹는다.
- 음식을 덜 때는 자신의 접시를 2층 윗단의 요리 접시 가까이로 가져가서 덜어도 무방하다.
- 만두, 빵은 손으로 잘라 몇 번에 나누어 먹는다.
- 중국 요리에는 생선 요리가 올라오게 되는데, 생선 요리는 주빈 쪽으로 머리가 향하게 놓는다.
- 식사가 시작되면 주인이 손님들에게 돌아가며 술을 권하는데 보통 첫잔은 완전히 비운다.
- 상대방의 술잔에 술이 얼마가 남았든 첨잔하는 것이 예의이다.

- 중국인들은 술을 서로 권하며 마시는 문화이기는 하나, 술잔을 돌리지는 않는다.

(2) 일식 테이블 매너

① 일본 음식 문화의 특징

- 향신료 사용이 적고 자연 그대로의 소재를 살린 건강한 맛을 중요하게 여긴다.
- 식재료와 식기의 조화 및 공간미를 살리는 것이 특징이다.
- 재료 본연의 맛을 살리고 시각적으로 아름다운 음식이 특징이다.
- 2013년 프랑스 요리, 지중해 요리, 멕시코 요리에 이어 세계에서 4번째 '유네스코 인류 무형 문화유산'에 등재될 만큼 유명한 요리이다.
- 어패류를 이용한 요리가 발달하였기에 신선도와 위생을 제일 중요시한다.
- 요리의 양이 적고 소식하는 문화이다.
- 요리가 시각적으로 아름답고 섬세하며 계절감이 뚜렷하다.
- 외국의 음식 문화를 현지화하여 다시 국제화시킨 요리가 많다.
- 주식과 부식이 구분되어 있으며 주식으로 밥을 먹는다.
- 맑은국과 날것, 구이, 조림으로 이루어진 일즙삼채(一汁三菜)가 일반적이다.
- 음식을 담는 그릇이 음식에 따라 다르며, 국 종류는 뚜껑이 있는 칠기, 날것은 깊이가 있는 접시, 구이는 넓은 접시, 찜 종류는 뚜껑이 있는 그릇이다.
- 일본 술인 사케와 조화되도록 만들어져 있다.

② 일본 요리의 구분

- 지역적 분류

구분	특징
관동(関東) 요리	•도쿄 중심으로 발달 •무가(武家) 및 사회적 지위가 높은 사람들을 위한 의례 요리 •간장을 많이 사용하여 맛이 진하고 달고 짠 것이 특징
관서(関西) 요리	•오사카와 교토 중심으로 발달 •미적 감각을 중시함 •간을 강하게 하지 않아 부드러우며 재료 자체의 맛을 살리는 것이 특징

● 형식적 분류

구분	특징
본선 요리 (本膳料理: 혼젠 요리)	•관혼상제 때 정식으로 차리는 의식 요리 •식단의 기본은 일즙삼채, 이즙오채, 삼즙칠채
회석 요리 (會席料理: 가이세키 요리)	•가이세키는 모임의 좌석이라는 뜻 •혼젠 요리의 변형한 연회용 요리
차회석 요리 (茶會席料理: 차가이세키 요리)	•맛차 등과 함께 내는 요리 •재료 자체의 모습을 살린 검소한 식물성 요리
정진 요리 (精進料理: 쇼진 요리)	•스님들이 먹는 사찰 음식 •채소나 콩류로 만든 채식 식단
보채 요리 (普菜料理: 후짜 요리)	•중국식 정진 요리로, 중국 사찰 음식의 일종 •육식을 피하고 두부, 식물류를 많이 사용하여 조리
탁복 요리 (卓袱料理: 싯포쿠 요리)	•중국, 일본, 포르투갈, 네덜란드 요리를 혼합하여 만든 요리 •가장 대표적인 요리는 나가사키(長岐) 요리 •몇 사람의 손님이 식탁을 중심으로 해서 큰 그릇에 담은 요리를 나누어 먹는 호화로운 요리
정월 요리 (御節料理: 오세치 요리)	•1월 1일에 먹는 일본의 명절 음식 •신년 축하와 자손의 번영, 풍년, 건강 등을 기원하는 의미로 가족, 손님과 나눠 먹는 요리
기타	•생식 요리: 가열하지 않고 먹는 요리 •종합 요리: 일본, 중국, 서양식을 혼합한 요리 •냄비 요리: 냄비에 끓이고 굽고 하는 요리 •가정 요리: 가정에서 적합한 요리로, 총채 요리(나물 반찬) •향토 요리: 각 지방의 특색이 있는 요리

③ 일식 테이블에서 유의할 점

- 식사 매너를 매우 중요하게 여기므로 자세, 인사 등 소홀히 하는 부분이 없도록 유의한다.
- 식사를 위해 자리에 앉을 때는 아랫사람이 먼저 앉고, 식사 후에는 연장자가 먼저 일어선다.
- 문에서 먼 쪽, 장식 벽면, 벽장 앞이 상석이다.

- 식사가 끝날 때까지 허리를 굽히지 않고 자세를 바르게 하고 음식 먹는 소리가 나지 않게 먹는다.
- 식사 시작 전에 "잘 먹겠습니다(이타다키마스)."라고 인사하고, 식사 후에는 "잘 먹었습니다(고치소우사마데시타)."라고 인사한다.
- 그릇을 포개 놓지 않고 내려놓을 때는 조심스럽게 내려놓는다. 일본인들에게 그릇은 음식 이상으로 신경을 쓰는 부분이므로 소중히 다루어야 한다.
- 먼 곳에 있는 음식을 상대에게 젓가락으로 건네주고 받는 것은 금물이다. 과거 일본에서는 시체를 화장하고 난 후 남은 뼈를 주워 담을 때, 젓가락에서 젓가락으로 건네주었으므로 화장터에서 하는 행위를 식사 중에 하는 것은 결례이다.
- 음식 먹을 때 소리를 내지 않고 조심해서 먹는다.

④ 일식 테이블 매너

- 왼손으로 밥공기를 들고 입 가까이에 가져간 후 오른손으로 젓가락을 사용하여 먹는다.
- 밥 한 번에 여러 가지 반찬을 먹지 않는다.
- 국은 두 손으로 들어 입 가까이에 대고 여러 번에 나누어 조금씩 마시되, 건더기는 젓가락으로 먹는다.
- 생선회나 음식은 작은 접시나 왼손으로 받치고 먹는다.
- 초밥은 젓가락이나 손으로 집어 먹는다. 젓가락으로 집을 때는 가로로 하여 초밥을 집는다.
- 초밥을 맛있게 먹으려면 담백한 재료부터 기름진 재료 순서, 즉 흰색, 붉은색, 푸른색 생선 순서로 먹는 게 좋다.
- 간장은 생선 쪽에 찍어 먹어야 맛도 좋고 뭉쳐 있는 밥알도 흐트러지지 않는다.
- 나무젓가락을 가를 때는 가로로 눕혀서 가른다. 세로로 세워서 가르는 것은 실례이다.
- 식사 중 젓가락을 내려놓을 때는 가로로 놓는다.

- 젓가락 받침이 없을 때는 젓가락 봉투를 사용해 가로로 놓는다.
- 생선구이는 머리부터 먹되 뒤집지 않는다.
- 생선구이를 뒤집는 것은 배가 뒤집힌다는 의미로 해석하여 비즈니스의 경우, 일이나 의사를 뒤집겠다는 뜻으로 받아들일 수 있으니 유의한다.
- 손에 들고 먹던 음식을 놓을 때는 원래 있던 자리에 놓되, 사용이 끝난 빈 접시는 포개 놓지 않는다.
- 사시미 등의 작은 접시, 무침 등의 작은 그릇, 된장국, 달걀찜, 튀김을 찍어 먹는 국물이 담긴 그릇, 네모난 도시락, 덮밥 그릇, 밥공기 등은 손으로 들고 먹는 것이 가능하다.
- 큰 접시, 생선조림, 생선구이, 튀김 접시, 모둠 회 접시 등은 들고 먹지 않는다.
- 요리를 먹을 때는 중심 부분부터 먹지 않는다.
- 일본인들은 한 개의 그릇에 왼쪽, 오른쪽, 중앙으로 맛의 균형을 고려하여 담음으로, 형태를 깨지 않도록 먹는 것이 매너이다.
- 일본인들은 음식을 먹을 때 소리 내지 않고 조용히 먹는 것이 매너이나 우동, 소바, 라면은 소리 내어 먹는다.
- 뚜껑이 있는 그릇의 경우 왼손으로 그릇을 잡고 오른손의 집게와 엄지로 뚜껑을 열어, 물기를 떨어뜨리기 위해 세운 다음, 뚜껑의 위쪽이 밑으로 가게 해서 옆에 놓는다.
- 술을 곁들일 경우, 술잔에 술이 1/3 정도 남았을 때 첨잔을 한다.

⑤ 젓가락 사용 시 주의할 점

- 젓가락을 들고 무엇을 먹을까 망설이지 않는다.
- 음식을 젓가락으로 집었다가 다시 놓지 않는다.
- 젓가락에 붙은 음식을 빨아 먹지 않는다.
- 접시에 있는 음식을 젓가락으로 찔러서 집지 않는다.
- 젓가락으로 요리를 찔러 보지 않는다.

- 상 위에 국물을 뚝뚝 흘리며 국건더기를 집지 않는다.
- 밥공기의 테두리에 입을 대고 젓가락으로 밥을 밀어 넣지 않는다.
- 멀리 있는 그릇을 젓가락으로 끌어당기지 않는다.
- 젓가락을 내려놓을 때 밥공기 등에 올려놓지 않는다.
- 젓가락으로 그릇을 두드려 사람을 부르거나 재촉하지 않는다.
- 공동의 음식을 자신의 젓가락으로 집어 먹지 않는다.
- 그릇과 젓가락을 함께 들지 않는다.
- 젓가락으로 음식을 주고받지 않는다.

⑥ 기타 주의해야 할 식사 예절

- 일본인들은 특별한 경우가 아니면 식사비를 각자 지불(割勘: 와리캉)한다. 우리나라처럼 연장자나 직책이 높은 사람, 남성이 혼자 지불하는 방식은 거의 하지 않는다. 편의상 한 사람이 한꺼번에 계산을 했더라도 바로 정산하여 1인당 비용을 각출한다. 따라서 우리나라 방식대로 계산을 했을 경우, 내실이 없다고 여겨지거나 기분파로 보일 수 있는 우려가 있으므로 신중하게 계산하는 것이 좋다.
- 일본의 국그릇은 밑부분이 좁기 때문에 그릇을 상에 놓고 먹다가 그릇이 엎어지는 경우가 생길 수 있다. 따라서 국그릇은 반드시 왼손으로 쥐고 먹는다.
- 식사 시 밥을 한 그릇만 먹으면 인연이 끊어진다고 생각하기 때문에 더 먹는 것이 좋다.

(3) 한식 테이블 매너

① 한국 음식 문화의 특징

- 한국은 국, 탕, 찌개 등 따뜻하고 물기가 많은 습성(濕性) 음식이 주류를 이루고 있다.
- 습성 음식의 특성상 숟가락의 사용이 두드러졌고, 탕이나 찌개 등을 중간에 놓고 공동으로 먹는 문화이므로 긴 숟가락이 발달되었다.

- 밥을 먹을 때는 숟가락을 들고 국물이 있는 국이나 찌개를 떠먹은 후 본격적으로 음식을 먹기 시작했다. 과거 임금도 수라상을 받으면 동치미 국물을 먼저 떠서 마셨다.
- 한국의 식기는 놋을 재료로 사용하였으므로 무게와 열전도율로 인한 불편함을 막기 위해 상 위에 놓은 채로 식사를 하였다.
- 식기를 상에 두고 수저를 이용해 식사를 하므로 젓가락 무게에 비중을 두지 않았으므로 금속 재질의 젓가락을 사용하게 되었다.
- 숟가락을 바르게 쓰는 것을 복을 부르는 척도라 생각해서 수저를 오른손으로 사용한다거나, 한 손에 동시에 들고 사용하지 못하게 하는 등 엄격하게 교육하였다.
- 한국의 식문화는 주식과 부식, 일상식과 특별식 등이 혼재되어 있다.
- 비빔밥, 김치와 같이 재료들을 섞어서 맛을 내는 종합미가 발달했다.

② 한식 테이블에서 유의할 점

- 식사 장소에 시간을 지켜 참석하는 것이 매우 중요하다.
- 하급자, 접대자가 미리 도착하여 고객, 상사가 도착하면 식사를 시작할 수 있도록 준비하는 것이 기본이다.
- 우리나라의 경우 상사가 자리에 앉은 후 아랫사람이 앉는 것이 순서이다.
- 출입문에서 먼 쪽, 상의 한가운데, 병풍이나 그림을 등지는 곳이 상석이다.
- 좌식 자리인 경우 발로 방석을 밟지 않도록 유의한다.
- 상대에게 방석을 넘겨주어야 할 경우, 상 아래로 건넬 수 있도록 한다.

③ 한식 테이블 매너

- 식사 전 머리를 숙여 감사의 인사말을 하고 식사를 시작한다.
- 웃어른이 먼저 숟가락을 들고 음식을 먹기 시작한 다음에 아랫사람도 시작한다.
- 숟가락으로 국이나 김치 국물을 떠먹은 후 밥을 먹는다.

- 숟가락과 젓가락을 동시에 쥐고 먹지 않는다.
- 밥이나 국을 먹을 때는 그릇을 손으로 들지 않고 먹는다.
- 반찬의 양념을 털어 내거나 뒤적거리며 골라 먹지 않는다.
- 여러 번 잘라 먹어야 할 경우, 잘라 먹고 남은 부분을 자신의 밥그릇에 놓고 먹는다.
- 자신이 좋아하는 음식이라고 한 가지 음식만을 먹지 않는다.
- 음식이 입안에 있을 때는 말하지 않는다.
- 음식을 사이에 두고 대화할 때는 입을 가리고 하는 등 상대방에게 실례가 되지 않도록 한다.
- 식사를 끝내는 것도 다른 사람들과 적절히 맞추어 끝낼 수 있도록 조절한다.
- 만약 식사가 먼저 끝났다면 숟가락을 국그릇에 걸친 채 상사나 상대방이 끝나기를 기다렸다가 내려놓는다.
- 식사 후 음식에 대한 칭찬과 감사의 인사를 전한다.

REVIEW

1. 서양 테이블 매너에서 냅킨 사용법에 대해 말해 보세요.
2. 한·중·일 테이블 매너의 차이에 대해 말해 보세요.

Quiz

Q1 빵과 샐러드, 물과 와인은 어느 쪽의 것을 먹어야 하나요?

Q2 포크와 나이프는 어느 쪽 것부터 사용하나요?

2 술과 차 매너

1) 술자리 매너

사회생활을 하다 보면 비즈니스 관계에서나 사적인 관계에서 술자리가 생기게 마련이다. 업무 능력이 뛰어난 사람이라 할지라도 술자리에서 매너 없이 행동하게 되면 이미지에 손상이 가는 것은 물론, 대인관계에도 문제가 생기게 된다. 술자리에서 너무 격식 차린 모습으로 행동하는 것도, 너무 편안하게 행동하는 것도 좋지 않다.

글로벌 시대에서 살고 있는 현대인들에게 세계의 다양한 술을 접하는 것은 낯선 일이 아니다. 그런데 술은 다양한 종류만큼이나 마시는 방법에서도 차이가 있다. 따라서 올바른 술자리 매너를 익혀 분위기를 활기 있게 만들고 친숙한 대인관계 형성에 도움이 될 수 있도록 해야 할 것이다.

(1) 술을 따르고 받는 법

- 술을 따를 때는 우리나라의 경우 연장자에게 먼저 따른다. 서양의 경우에는 나이 많은 여성, 나이 어린 여성, 주빈, 그리고 시계 방향으로 따른다.
- 우리나라의 경우 윗사람에게 술을 따를 때는 무릎을 꿇고 두 손으로 공손히 따른다.
- 술을 따를 때는 술잔의 7부 정도가 되도록 따라야 하며 술잔이 넘치지 않도록 유의한다.
- 한국, 일본, 중국에서는 술을 받을 때 오른손으로 잔을 잡고, 왼손은 살짝 받친다. 서양에서는 두 손으로 받지 않으며 글라스를 들어 올리지 않는다.
- 와인이나 양주의 경우에는 테이블에 잔을 둔 채로 술을 받는다.
- 동년배일 경우라도 경어를 쓰는 사이라면 두 손으로 따른다.
- 아랫사람일 경우 한 손으로 따르되 오른손으로 따른다.
- 우리나라의 경우 어른 앞에서 술을 마실 때는 자세를 반쯤 옆으로 돌려 예를

표한다.

- 여러 사람이 함께 참석한 자리에서는 술을 못하더라도 첫잔은 받아서 함께 건배를 하는 것이 예의이다.
- 술이 약한 사람이나 술 마시기를 거부하는 사람에게 억지로 술을 권하는 것은 결례이다.

(2) 술자리에서 유의할 점

- 세계 많은 국가에서 식사와 곁들여 약간의 술을 마시는 것을 선호하므로 술 취한 모습을 보이는 것은 옳지 않다. 너무 급하게 마셔서 자제력을 잃는 일이 없도록 해야 하며, 식사와 함께 천천히 술을 마시는 습관이 필요하다.
- 우리나라의 경우 처음부터 끝까지 같은 술을 마시는 게 보통이다. 그러나 서양의 경우에는 식전주, 식중주, 식후주 등 다양한 술을 마시며, 술의 종류에 따라 술잔의 모양도 다양하다.
- 술자리의 분위기를 띄우는 것은 좋지만 지나친 농담이나 품위 없는 대화로 상대에게 무례하게 보여서는 안 된다.
- 즐거운 분위기가 될 수 있도록 술자리에서의 대화 소재 선택에 유의한다. 정치, 종교, 타인에 대한 험담 등의 대화를 하지 않는다.
- 건배 후에 잔을 그대로 내려놓는 것은 결례이므로, 입에 살짝 대는 등의 예의를 갖추는 것이 좋다.
- 건배를 할 때는 상대방과 눈을 마주치며 밝은 표정으로 하되, 자신이 건배사를 하게 될 경우를 대비하여 건배 멘트(toast)를 미리 준비해 가는 것도 좋은 방법이다.

2) 와인 매너

(1) 와인의 다양한 분류

① 색에 따른 분류

화이트 와인	보통 생선 음식(White meat), 과일, 채소, 담백한 요리와 잘 어울림 7~10℃로 차게 마심
레드 와인	육류 음식(Red meat)이나 맛과 향이 깊은 음식과 잘 어울림 17~19℃가 적당
로제 와인	보존 기간이 짧고 오래 숙성하지 않고 마시는 와인 다채로운 요리나 뷔페 요리에 적당

② 당분 함량에 따른 분류

드라이 와인	단맛이 없고 타닌의 떫은맛이 있는 와인
미디엄 와인	약간의 단맛이 있는 와인
스위트 와인	달콤한 맛의 와인

③ 식사 용도에 따른 분류

식전주	드라이한 화이트 와인, 샴페인, 세리주
식사 중	테이블 와인
식후주	단맛의 화이트 와인, 포트와인(와인에 브랜디를 첨가하여 도수와 당도를 높임)

④ 무게감에 따른 분류

라이트 바디 와인	입안에 머금었을 때 물과 같은 무게감을 나타냄
미디엄 바디 와인	물보다는 무거운 듯하지만 가볍거나 무겁게 느껴지지 않는 와인
풀 바디 와인	입안에 머금었을 때 묵직한 느낌이 들고 맛과 향이 농축된 두유 정도의 무게감을 갖는 와인

⑤ 제조법에 따른 분류

비발포성 와인 (still wine)	와인 양조 시 발생되는 탄산가스를 제거시켜 만든 와인으로 일반적인 테이블 와인을 말함
발포성 와인 (sparkling wine)	와인 양조 시 발생되는 탄산가스를 제거시키지 않고 그대로 함유시킨 것으로 샴페인 등이 포함
주정 강화 와인 (fortified wine)	독특한 향신료나 약초 등을 첨가해서 만든 와인

(2) 와인 마시기 전 해야 할 일

① 라벨 확인

와인의 라벨에는 포도의 품종, 브랜드명, 와인 생산 지역, 포도 수확 연도, 알코올 함량 등 와인에 대한 다양한 정보가 포함되어 있다. 따라서 자신이 마시는 와인의 정보에 대해 확인한 후 마시는 것이 좋다.

② 코르크 마개 확인

코르크 마개는 와인의 보관 상태를 가늠할 수 있는 잣대가 된다. 보통의 경우 좋은 상태로 보관되어 있었던 와인이라면 코르크의 아랫부분, 즉, 와인과 닿았던 부분만 살짝 젖어 있어야 한다. 또한 코르크 마개가 부스러지거나 깨진 경우, 갈라진 경우 모두 보관 상태가 좋지 않은 것이다.

③ 와인병 따기

- 버터플라이형 코르크스크루: 코르크에 스크루를 박아 넣어 양 날개가 올라가면 내리는 힘으로 코르크 마개를 뽑는 방식이다.
- 지렛대형 코르크스크루: 스크루 부분을 코르크의 정중앙에 돌려서 박은 후 'ㄱ'자로 꺾인 부분을 병 입구에 걸어 지렛대의 원리로 코르크 마개를 뽑는 방식이다.

(3) 와인 주문

- 소믈리에를 통해 식사와 예산, 본인이 선호하는 맛에 적합한 와인을 선택한다.
- 소믈리에가 와인을 가져와서 호스트에게 라벨을 보여 주면, 호스트는 라벨을 확인하고 고개를 끄덕이며 긍정의 말을 하는 것이 매너이다.
- 와인 테이스팅은 호스트가 하므로 보통 소믈리에가 호스트에게 먼저 와인을 따라 준다.
- 호스트는 소믈리에가 따라 준 와인의 색을 확인하고, 잔을 돌려 가며 향을 맡은 후, 맛을 본다.

와인 테이스팅의 순서

1. See: 와인의 색상 확인
2. Swirl: 잔 안의 와인 돌리기
3. Smell: 향기 감별하기
4. Sipping: 향미 확인을 위해 한 모금 마시기
5. Savoring: 촉감과 여운을 판단하며 맛보기

시각 → 후각 → 촉각의 순서로 와인을 체험

- 테이스팅 후에는 특별한 이상이 없는 한 고개를 가볍게 끄덕이며 긍정의 표현을 한다.

(4) 와인 따르기, 마시기

- 와인 잔에 음식 찌꺼기나 소스 등이 묻지 않도록 와인을 마시기 전 냅킨으로 입술을 살짝 닦은 후 와인을 마신다.
- 음식이 입안에 있을 경우 입안에 있는 음식을 다 삼킨 후 와인을 마신다.
- 와인을 받을 때는 술잔을 들지 않고 테이블에 와인 잔을 놓은 채로 받는다.
- 와인 잔의 Base 부분에 가볍게 손을 올리고 있는 것도 좋다.
- 상대에게 와인을 따를 때는 가득 채우지 않고 잔의 60~70% 정도만 따른다. 이

는 와인 향이 감돌게 하고 공기와의 결합을 효과적으로 하게 하기 위함이다.

- 와인을 따를 때는 사람의 오른편에서 따른다.
- 상대가 와인을 권할 때 더 이상 마시고 싶지 않을 때는 글라스 가장자리에 손을 가볍게 얹는다.
- 술을 마시지 않더라도 건배를 위해 조금 따라 놓는 것이 예의이다.
- 와인 잔은 줄기(stem) 부분을 잡아 손의 체온이 와인에 전달되지 않도록 한다.

와인 잔의 부분별 명칭

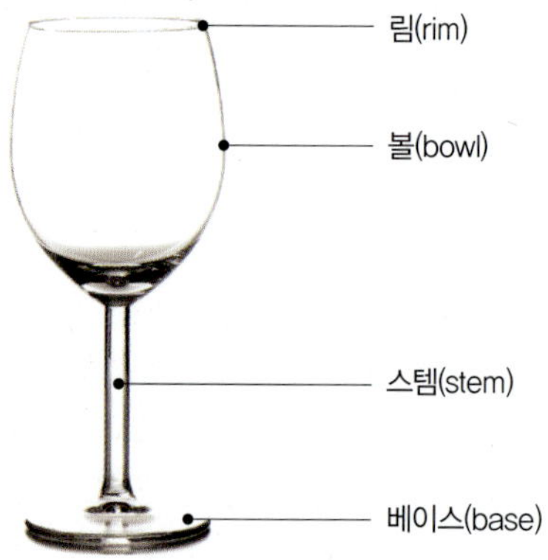

(5) 와인 음미

① 색

- 잔을 약간 앞쪽으로 기울여 흰 식탁보를 배경으로 관찰한다.
- 좋은 포도주일수록 색이 선명하며 반짝이듯 광택이 난다.

② 향

- 잔을 천천히 돌리면서 향기를 판단한다.
- 와인이 신선할수록 꽃이나 과일 향기가 난다.
- 향기가 쾌적하지 않고 코르크 냄새가 나는 것은 좋은 것이 아니다.

③ 맛

- 와인을 마실 때는 처음부터 많이 마시지 않고 약간만 입속에 넣고 혀끝으로 굴리면서 맛을 본다.
- 단맛, 짠맛, 신맛, 쓴맛을 느끼되 네 가지 맛이 균형과 조화를 이룬 것이 좋다.

(6) 와인 보관

- 와인은 빛에 약하므로 햇빛을 피해 어두운 곳에 보관하는 것이 좋다.
- 9~13℃의 일정온도를 유지하여 보관해야 변질되지 않는다.
- 연중 내내 뉘어서 코르크 마개가 젖어 있도록 저장한다.
- 진동이 없도록 보관하는 것이 와인의 품질과 맛을 보존하는 데 유리하다.
- 다른 냄새를 빨리 흡수하므로 마늘과 같이 냄새가 강한 물건은 멀리해서 보관한다.

(7) 디켄팅(Decanting)

- 오래 묵은 와인은 익는 동안 타닌 성분이 병 바닥으로 침전되어 찌꺼기가 생긴다.
- 병에 담겨 있는 와인을 마시기 전에 침전물을 없애기 위해 다른 용기에 옮겨 담는 것을 말한다.
- 와인을 옮겨 담는 용기를 디켄터(decanter)라고 한다.
- 디켄팅의 주된 목적은 찌꺼기를 걸러내고 투명한 와인을 얻기 위함이다.
- 디켄팅의 또 다른 목적은 와인이 전혀 익지 않았을 때 와인을 부드럽게 만들 수 있다.
- 디켄터에 담으면 공기와 닿는 표면적이 병보다 넓어져 더 많은 공기와의 접촉이 가능하다.
- 디켄팅을 하면 와인의 맛과 향을 제대로 즐길 수 있다.

(8) 빈티지(Vintage)

- 와인의 제조 연도를 말한다.
- 포도는 매년 기후 변화에 큰 영향을 받으므로, 기후가 적절했던 해에 생산된 포도로 빚은 와인이 풍미가 좋다.
- Vintage wine은 그해에 생산된 포도의 95%를 사용해서 만든 것이다.
- Nonvintage라고 한 것은 여러 해 동안 수확된 포도로 만든 것을 의미한다.

(9) 콜키지(Corkage)

- 콜키지는 코르크 차지(cork charge)의 줄임말이다.
- 손님이 와인을 레스토랑에 가져 오면 병마개를 따주고 와인잔 등을 제공해 주고 받는 돈을 말한다.
- 콜키지 프리(corkage free)는 손님에 레스토랑에 와인을 가지고 가면, 레스토랑에서 무료로 잔을 제공하고 코르크를 개봉해 주는 서비스이다.

3) 커피와 차 매너

(1) 커피와 차를 마실 때의 매너

- 커피를 대접하기 전에는 상대방의 기호나 취향을 묻는 것이 매너이다.
- 머그잔이 아닌 일반 커피 잔의 경우 잔 받침을 받쳐서 대접하는 것이 좋다.
- 커피에 설탕, 크림을 넣을 때나 내용물을 저을 때 사용하는 티스푼은 입에 넣지 않는다.
- 설탕을 넣을 때 공용의 스푼이 있다면 개인용 스푼보다는 공용의 스푼을 사용한다.
- 커피를 저은 후 스푼을 털거나 입으로 빨아 먹지 않고 잔 뒤쪽에 놓는다.
- 티스푼을 거피 잔에 넣은 채 커피를 마시지 않는다.
- 찻잔은 권총 잡듯이 고리에 손가락을 넣어 잡지 않으며 손잡이 부분을 엄지,

검지, 중지로 가볍게 쥐는 것이 매너이다.

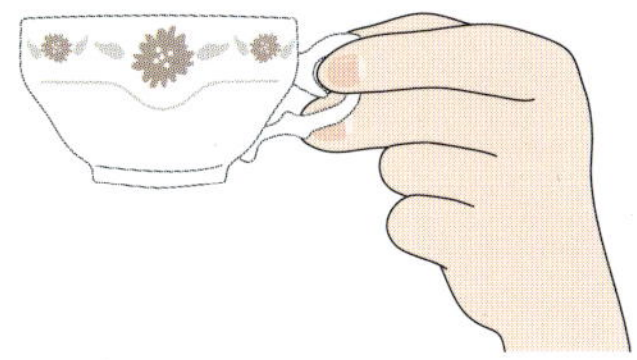

- 찻잔을 들었을 때 새끼손가락을 들어 올리지 않고 나머지 손가락과 함께 가지런히 하는 것이 좋다.
- 머그잔의 경우는 손가락을 손잡이에 넣어 잡는데, 잔의 크기와 무게에 따라 잡는 방법이 달라진다.
- 회의용 탁자나 일반적 테이블에서 커피를 마실 때는 컵 받침은 들지 않고 커피 잔만 드는 것이 좋다.
- 무릎 아래에 있는 낮은 테이블이나 테이블 없이 앉는 자리에서는 잔 받침을 왼손으로 들고 커피를 마신다.
- 커피가 뜨겁다고 '후후' 불어 가며 마시는 것은 매너에 어긋나며 적당한 온도로 식을 때까지 기다렸다가 마시는 것이 좋다.
- 차를 티백으로 우려냈을 경우 티백은 찻잔 뒤쪽에 놓는다.
- 찻잔은 오른손으로 잡되 왼손은 아랫부분을 받쳐서 마신다.
- 차는 한 번에 모두 마시지 않고 색, 향, 맛을 음미하면서 천천히 마신다.

(2) 커피에 관한 상식

① 로스팅(Roasting)

- 커피나무에서 수확한 열매를 가공한 생두(green bean)에 열을 가하여 볶는 것
- 커피 특유의 맛과 향을 생성하는 공정
- 온도, 속도, 시간 등에 따라 맛과 풍미가 달라짐

② 블렌딩(Blending)

- 커피의 원산지, 품종, 로스팅 정도, 가공 방법 등이 다른 두 가지 이상의 커피를 혼합하는 것
- 커피의 새로운 맛과 향을 만들어 내는 과정

③ 더치커피(Dutch Coffee)

- 더치커피의 가장 큰 특징은 긴 추출 시간
- 여과식으로 추출하는 커피의 경우 시간이 3~4분이 걸리는 데 반해, 더치커피는 짧게는 3~4시간, 길게는 12~24시간이 걸림
- 낮은 온도에서 오랫동안 추출되기 때문에 독특한 향미를 가짐
- 저온 추출 방식으로 추출되었기 때문에 맛과 향미가 오래 감

④ 콜드브루 커피(Cold Brew Coffee)

- 더치커피가 독특한 향미를 가지고 있고 장시간 보관할 수 있는 장점이 있으나 추출 시간이 길어 대량 생산이 불가능한 단점을 보완한 커피
- 커피 원두를 미세한 크기로 갈아내어 커피를 추출하는 방식

⑤ 고양이 배설물 커피, 코피 루왁(Kopi Luwak)

- 사향 고양이의 배설물로 만든 코피 루왁은 세계에서 가장 비싼 커피
- 커피를 만들기 위해 커피 열매의 껍질을 벗겨야 하는데, 고양이가 생두를 먹으면 껍질은 소화시키고 씨만 배설하게 됨
- 배설된 생두를 이용해 만든 커피의 맛과 향이 좋아 고급 커피로 인식
- 코피 루왁은 고양이의 체내 효소 분해 과정에서 아미노산이 분해되고 커피의 독특한 향미가 더해짐

(3) 차에 관한 상식

- 차는 세계 40여 개국에서 연간 267만 톤 정도 생산되는 세계인의 음료
- 차의 최대 생산국은 인도이며, 중국, 스리랑카, 케냐 등이 주요 생산국
- 전 세계 차 생산의 75% 정도가 홍차

① 차의 가공 방법에 따른 분류

- 일반적으로 가공 방법에 따라 6가지로 분류하며 차의 발효 정도에 따라 색, 향, 맛의 차이가 있다.

- 6가지 분류: 녹차, 백차, 황차, 청차, 홍차, 흑차

② 블렌딩 티(Blending Tea)

- 각기 다른 맛과 향을 지닌 찻잎을 섞거나 기본 찻잎에 과일, 꽃, 허브, 향 등을 첨가하여 만든 것이다.
- 17C 후반 영국 귀족들에게 차는 부의 상징이었는데, 귀족들이 손님 접대를 할 때 두 가지 차를 섞어서 우려내는 것이 최고의 접대인 데서 유래하였다.
- 차를 거래하는 상인들이 값비싼 차에 저렴한 감초나 약재 등을 섞어 가격 경쟁에서 우위를 차지하기 위해 블렌딩이 성행하였다.
- 가격 경쟁에서 시작된 블렌딩 티의 효용이 입증되며 다양한 블렌딩 기술이 생기게 되었다.
- 최근에는 애플티(apple tea), 밀크티(milk tea) 등 다양한 블렌딩 티가 트렌드로 자리 잡고 있다.

③ 티백 티

- 티백(tea bag)은 찻잎을 여과지, 그물망 등의 주머니에 넣은 형태이다.
- 찻잎을 직접 뜨거운 물에 우린 후 건져 내야 하는 불편함을 해소할 수 있다.

④ 차이 티(Chai Tea)

- 인도인들은 차이라고 불리는 독특한 밀크티를 즐겨 마신다.
- 우유, 시나몬, 정향 등의 향신료를 넣고 끓이는 것이 특징이다.
- 인도인들은 향신료를 섞은 음료를 마살라(masala)라고 부르기 때문에 차이, 혹은 마살라 차이라고 부른다.
- 마살라 차이는 향신료에서 우러나온 자극적이고 강한 향과 달콤한 맛이 특징이다.
- 인도인들에게 마살라 차이는 감기에 효과가 있다고 알려져 있다.

REVIEW

1. 와인 테이스팅 순서에 대해 말해 보세요.
2. 와인의 라벨에서 확인할 것은 무엇인지 말해 보세요.
3. 다양한 커피의 종류와 마셔 본 맛에 대해 말해 보세요.

Quiz

Q1 디켄팅(Decanting)이란 무엇인가요?

Q2 콜키지(Corkage)란 무엇인가요?

Q3 인도인들이 마시는 독특한 밀크티를 무엇이라고 하나요?

3 파티 매너

1) 파티 문화

파티는 우리나라의 잔치와 유사한 개념으로 소규모 모임부터 결혼식과 같은 대규모 모임까지 폭넓게 사용된다. 외국인뿐 아니라 우리나라도 소규모의 가벼운 홈 파티를 자주 즐길 만큼 글로벌 시대를 살아가고 있는 현대인들에게 파티라는 용어는 매우 친숙한 게 사실이다. 지인들과 가벼운 와인이나 칵테일을 즐기면서 담소를 나누는 소규모 파티를 자주 접하게 되기 때문이다. 최근에는 비즈니스 상황에서도 만찬 형태의 파티를 많이 하고 있고, 외국인도 많이 초대되고 있으므로 세계 시민이라면 격식에 맞는 파티 매너를 익힐 필요가 있다.

또한 파티는 성공의 중요한 요소로 꼽히는 인간관계를 확장시킬 수 있는 좋은 자리이기도 하다. 따라서 세련된 파티 매너로 호감 가는 이미지를 형성할 수 있어야 할 것이다.

2) 초대장

(1) R.S.V.P.

- Répondez s'il vous plait.(=Please Reply)의 약자로 참석 여부를 알려 달라는 말이니 되도록 빨리 회신을 해야 한다.
- R.S.V.P.는 해도 되고 안 해도 되는 차원이 아니라 반드시 해야만 하는 매너이다.
- 회신을 하지 않고 파티장에 참석하거나, 참석한다는 회신해 놓고 참석하지 않는 것 모두 결례이므로 반드시 약속을 지키도록 한다.
- 'Regrets only'라고 기재되어 있는 경우라면 파티에 참석하지 못하는 경우에만 답변을 하면 된다.

3) 드레스 코드

파티에서의 드레스 코드(dress code)는 매우 중요하다. 초청장에 명시된 드레스 코드를 통해 그 파티의 성격에 대해 이해할 수 있고, 사람들과의 조화, 재미 등을 느낄 수 있다. 따라서 파티의 취지와 분위기에 맞는 드레스 코드를 지키는 것은 파티의 중요한 매너라고 할 수 있다. 보통 초청장 우측 하단에 복장(dress)의 종류를 표시한다.

(1) 드레스 코드별 분류

① 야회복(White Tie)

상의의 옷자락이 제비 꼬리 모양을 하고 있어 연미복(燕尾服)이라고도 하는데 무도회나 정식 만찬 또는 저녁 파티 등에 사용한다. 연미복은 제비 연, 꼬리 미의 한자에서 보듯, 뒷면이 제비 꼬리 형태인 격식 있는 포멀한 정장으로 테일코트(tail coat) 또는 이브닝드레스 코트(evening dress coat)라고도 한다. 연미복의 원형은 프랑스 혁명 직후인 1790년경에 등장했으며, 오늘날의 연미복은 1850년경부터 입기 시작한 것으로서 코트의 전면을 허리 라인에서 비스듬히 잘라 낸 형태를 말한다.

② 약식 야회복(Black Tie)

일종의 만찬복인 black tie는 연미복을 간소화시킨 준예복으로 1930년대 미국에서 크게 대중화되었다. 19세기 뉴욕에 있는 턱시도 파크의 컨트리클럽 사교계 신사들이 당시 정식 예복이었던 모닝코트를 대신해 착용한 데서 '턱시도(tuxedo)'라는 이름으로 부르게 되었다. 예식적인 정식 만찬 이외의 모든 저녁 파티, 극장의 첫 공연, 음악회, 고급 레스토랑이나 유람선에서의 만찬 등에 입는 편리한 약식 야회복이다. 흑색 상하의, 흑색 허리띠, 백색 셔츠(주름무늬), 흑색 양말, 흑색 구두가 1조를 이룬다. 턱시도는 몸매를 잘 드러내게 하는 스타일로, 평상시에도 입을 수 있어 대중들에게도 인기가 높고 특히 우리나라에서는 대표적인 신랑의 결혼 예복으로 애용되고 있다. 턱시도가 슈트 재킷과 다른 점은 라펠이다. 턱시도는 새틴 소재 등으로 선을 두른 라펠이 특징적이다. 턱시도를 입었다면 클립온 보타(clip on bow tie)이 대신, 보타이를 직접 매는 방법 정도는 배워 두는 것이 좋다. 검은색 보타이와 함께 갖춰 입는 것이 정석이다. 또한 허리에는 천을 두른 것 같은 벨트인 '커머번드(cummerbund)'를 착용한다.

예복에 반드시 갖추어야 할 소품

- 베스트: 예복을 입을 때 재킷 안에 받쳐 입는 베스트는 필수 아이템이다. 재킷의 색상과 비슷한 톤으로 맞추는 것이 좋으며 주로 실크 소재가 사용된다.
- 행커치프: 파티에서 세련되고 멋진 분위기를 연출하고 싶다면 행커치프를 왼쪽 가슴 포켓에 꽂는 것도 좋은 방법이다. 청결함을 상징하는 흰색부터 의상에 맞춘 컬러풀하고 화려한 색상까지 가능하다. 타이와 맞는 색상으로 선택하면 세련된 느낌을 준다.
- 커머번드: 허리에 두르는 두꺼운 띠를 말한다. 주름진 것이 원칙이고 주름이 위로 가게 해서 주머니 역할을 하게 한다. 보타이와 색상을 맞추어 함께 입는다.
- 부토니에르: 결혼식 날 신부가 부케에서 꽃을 뽑아 신랑에게 꽂아 주는 것에서 유래한 것으로 생화로 만든다. 부토니에르는 예복 재킷에 꽂는 포인트 아이템으로 유용하다.
- 윙 칼라 셔츠: 예복을 입을 때는 에스코트 타이나 보타이를 매치하여 입어야 한다. 이를 위해서는 셔츠 칼라의 끝부분이 밖으로 조금 꺾인 윙 칼라 셔츠를 선택하는 것이 좋다.
- 구두: 예복에는 에나멜 소재의 검은 구두가 좋고, 발등 쪽에서 끈을 매는 옥스퍼드화를 선택하는 것이 좋다.

③ 평복(Lounge Suit, Sack Suit, Business Suit)

평복은 평상시 입는 정장을 의미한다. Lounge Suit의 경우 Informal이라고도 한다. 과거에 엄격하게 예복을 입어야 할 자리, 즉, 결혼식, 만찬, 방문, 오찬, 다과회 등에서도 현재는 평복도 허용되는 분위기로 변해 가고 있다. 따라서 평복은 일상 업무와 중요한 행사에 공용으로 가능하다고 보면 된다. 단, 이때 예복으로 대신할 수 있는 정장의 색은 검은색이 가장 무난하다.

(2) 파티 종류별 분류

① 만찬(Dinner Party)

- 만찬에 초대되었다면 호스트에 대한 예의로 격식을 차린 옷차림을 하되, 초대장에 드레스 코드가 있는 경우 그에 맞는 옷차림을 하면 된다.
- 특별한 드레스 코드에 대한 명시가 없다면 남성은 턱시도 재킷 또는 디너 재킷에 검은 바지, 흰 셔츠, 검은색 나비넥타이를, 여성은 소매가 없고 발끝까지 내려오는 검은색 롱 이브닝드레스를 입는 게 무난하다.
- 무릎길이 드레스나 클래식하면서 심플한 블랙 새틴 드레스 등도 좋은 아이템이다.

② 약식 만찬

- 남성은 턱시도를 입는다.
  - 드레스셔츠는 흰색의 윙 칼라(wing collar)
  - 나비넥타이
  - 조끼는 백색
  - 검은색 양말
  - 에나멜 슈즈
- 여성은 칵테일 드레스를 입는다.
  - 롱드레스 혹은 세미드레스
  - 이브닝 슈즈 혹은 펌프스 하이힐

- 스타킹의 올이 나가지 않도록 주의하고 여분의 것을 준비
- 파우치(pouch: 작은 백)

③ 칵테일 및 와인 파티

초대장에 특별한 드레스 코드에 대해 명시가 없다면 포멀한 옷차림보다는 가벼운 칵테일 드레스나 세미 정장을 하는 것이 좋다.

실크나 벨벳, 레이스와 같은 비교적 자유로운 소재를 선택하되 자리에 참석하는 이들의 연령대나 참석자들의 취향을 고려하여 적절한 컬러와 소재, 액세서리를 매치하는 것이 좋다.

④ 연회(Reception)

- 연회는 규모와 형식을 중요시하는 자리이므로 드레스 코드가 따로 명시되지 않더라도 반드시 정장을 입어야 한다.
- 여성들은 드레스를 입거나 정장을 입는다.
- 한복과 같은 국가별 전통 복장도 무난하다.

⑤ 연말 파티

- 여성은 크리스마스와 어울리는 화려한 색상의 드레스도 무난하다.
- 남성의 경우, 정장 차림보다 캐주얼한 재킷을 활용하는 것도 좋다.
- 산타 복장이나 크리스마스 분위기를 살리기 위한 소품 등으로 센스 있게 코디한 복장도 가능하다.

4) 준비물

(1) P.B.A.B.

'Please Bring A Bottle'의 약어로 자신이 마실 술을 가져오라는 뜻이다. 보통은 와인을 가져가나 자신이 좋아하는 술이 있다면 다른 술도 무방하다. 단, 마시다가

모자랄 경우를 대비해 술은 여유 있게 준비해 가는 것이 좋다.

(2) 초콜릿

파티에 초대를 받았을 때는 선물을 준비하는 것이 좋다. 이때 초대자가 부담을 갖지 않는 선에서 간단한 초콜릿이나 쿠키류 정도면 무방하다.

5) 좌석 배치

- 주최자는 참석자들 중 누구를 상석에 앉혀야 할지를 고려해야 한다. 이때 주빈, 연장자, 상급자 등을 고려하여 상석으로 자리 배치를 하면 된다.
- 주빈의 자리는 일반적로 테이블의 중앙이나 출입구에서 가장 먼 안쪽, 혹은 외부 전망이 좋은 자리이다.
- 주최자는 주빈과 마주보거나 주빈의 왼쪽에 나란히 앉는다.

6) 시간

- 주최자가 준비하는 시간이 필요하므로 정시에 맞추어 가거나 5~10분 정도 늦게 도착하는 것이 좋다.
- 파티 준비를 하는 중에 손님이 도착하면 호스트가 당황하고 더 분주할 수 있다. 따라서 정시보다 5~10분 정도 늦게 도착하는 것이 좋으나 20분 이상 늦는 것은 실례이다.

7) 파티 종류와 매너

파티는 규모와 내용에 따라 다양한 종류가 있다. 파티를 형식별로 나눈다면 보통 식사를 주로 하는 만찬, 가벼운 식사를 하는 조찬과 오찬, 차와 술을 위주로 하는 칵테일파티, 댄스를 즐기는 댄스파티, 공식적인 목적을 위해 개최되는 연회 등이 있다. 파티 형식별 성격이 다르므로 파티에서의 매너에도 차이가 있다. 적절한 파티 매너는 파티의 분위기를 더욱 즐겁게 하고, 호감 가는 이미지를 전달하여 인맥을 넓히는 데도 도움이 될 수 있다.

(1) 만찬(Dinner Party)

- 식전주, 전채 요리, 메인 요리, 디저트까지 풀코스로 진행되는 최고의 격식을 갖춘 파티이다. 손님을 초대하여 저녁 식사를 겸하는 파티를 말한다.
- 만찬에서는 호스티스의 역할이 매우 중요한데, 손님들을 서로 소개하고 필요한 것이 없는지를 챙기는 등의 역할을 해야 한다.
- 홈파티 형태의 만찬은 보통 뷔페 형식으로 열린다. 각자의 접시에 원하는 만큼 음식을 담아와 테이블이 따로 마련되어 있다면 앉아서 먹고, 그게 아니라면 거실에서 각자의 무릎에 올려놓고 편안하게 대화하며 먹는다.
- 일반 가정에 초대되었을 때에는 먹을 만큼만 덜어 음식을 남기지 않는 것이 여주인에 대한 예의이다.

뷔페

- 뷔페는 옛날 스칸디나비아 반도의 바이킹들이 먹던 smorgasbord(전채)에서 유래되었다 하여 바이킹이라고 하기도 한다. 스웨덴 사람들은 스모르가스보르드라고도 부르는데 이는 집에서 만든 음식을 펼쳐놓고 손님들을 초대한 데서 유래했다.
- 전채류, 수프류, 생선 요리, 고기 요리, 디저트 순서로 먹는 것이 좋다. 이때 찬요리와 뜨거운 요리를 한 접시에 같이 담지 말고, 디저트는 따로 담는다.
- 댄스파티의 buffet supper 때는 남자가 여성 파트너를 위해 접시에 요리를 담아서 서비스를 하는 것이 매너이다.
- 뷔페는 sit down과 standing 형태로 나뉜다. 초대 인원이 많을 때는 standing으로 하는 것이 좋으며 이 스타일은 여러 사람을 만나 인사와 대화를 나누기에 수월하다.

(2) 조찬과 오찬(Breakfast, Luncheon Party)

- 조찬과 오찬은 주로 비즈니스 미팅으로 많이 이루어진다. 주중 아침이나 점심 식사 시간에 시간을 절약하기 위하여 손님을 초대하여 식사하는 것을 말한다.
- 조찬은 단정하고 깔끔한 정장을 입어 프로다운 느낌을 전달하는 것이 중요하다. 정기적인 조찬 파티는 간단한 코스 요리와 함께 강연 등을 곁들이기도 한다.
- 조찬이나 오찬은 약식 코스 요리가 제공되지만 업무상 미팅이나 공식적인 자리는 저녁만큼이나 형식적인 경우도 있으니 파티의 성격과 내용을 미리 확인하고 의상에 신경을 쓰는 것이 좋다.

(3) 칵테일파티(Cocktail Party)

- 핑거 푸드와 함께 음료, 와인, 칵테일 등을 내는 간단한 파티로 보통 스탠딩(standing)으로 진행된다.
- 칵테일파티는 간단히 먹는 파티이므로 파티 참석 전 식사를 하고 가는 것이 좋다.
- 칵테일은 한 번에 마시는 것이 아니라 잔을 기울여서 조금씩 마시는 게 예의이며, 혼자서 너무 많이 마시지 않는다.

(4) 포트럭 파티(Potluck Party)

- 포트럭 파티는 '냄비(pot) 속에 어떤 음식이 있는지 행운(luck)에 맡긴다'는 의미에서 붙여진 이름으로 파티 참석자들이 각자 요리 하나씩 준비해 와서 즐기는 캐주얼한 파티를 말한다.
- 파티 전 미리 가져올 요리를 분배하면 더욱 풍성하고 다채로운 음식의 파티가 될 수 있다.
- 파티에 준비할 와인의 총 합계를 10으로 보았을 때, 기포가 있는 스파클링 와인 1, 화이트 와인 2, 레드 와인 6, 디저트 와인 1 정도의 비율로 준비하는 것이 좋다. 단, 여성이 많으면 단맛의 와인을 늘리고, 남성이 많으면 드라이한 와인을 늘리거나 하는 등 참석자들의 특성에 맞게 적절히 준비한다.

(5) 연회(Reception)

- 연회는 칵테일파티와 유사한 개념이지만 좀 더 형식적이고 규모가 크고 특정한 행사를 위한 파티를 말한다.
- 회사의 창립 기념일, 결혼식 등과 같은 공식적인 목적을 손님과 나누기 위한 행사이다.
- 연회는 리시빙 라인(receiving line: 주최 측이 30분 정도 문 앞에 줄을 서서 손님을 맞는 것)이 필요하다. 리시빙 라인에서 주최자와 손님들 사이에 간단한 축하의 말이나 덕담 정도를 나눈다.
- 연회는 보통 핑거 푸드 혹은 뷔페식이 제공되는데, 항상 스탠딩으로 진행되고 한 손에 와인이나 음료를 들고 한 손으로 접시를 들어야 하기 때문에 요리는 적당히 담는 것이 좋다.

(6) 티 파티(Tea Party)

- 티 파티는 다과회와는 달리 폭넓은 범위로 초정장을 발송하는 것이 보통이다.
- 티 파티는 애프터눈 파티(afternoon party)라고 칭하며 보통, 오후 4시부터 7시까지 진행한다.
- 초청장에 파티가 시작되는 시간과 끝나는 시간이 명시되는 것이 이브닝 파티(evening party)의 초청장과 다르며 초청장 발송은 2~3주 전에 한다.
- 초청장에는 호스트(host, 주인) 이름은 기재하지 않고 호스티스(hostess, 여주인) 이름만 기재하는 것이 상례이다. 그러나 호스트도 호스티스와 함께 손님을 맞이하고 대접해야 한다.
- 티 파티에서 호스티스는 외국인이나 처음 오는 손님 외에는 참석자 개개인을 서로 소개할 필요는 없다.

(7) 가든파티(Garden Party)

- 가든파티란 정원을 이용한 대규모 다과회로, 1년 중 가장 날씨가 좋은 계절에 특히 정원이 가장 아름다울 때 열린다.
- 가든파티에는 초대하는 손님의 규모가 크고 정원 여러 곳에 천막을 치고 음료와 음식을 준비하여 즐길 수 있도록 한다. 다양한 엔터테인먼트를 준비하기도 한다.
- 가든파티의 초청장은 격식을 갖추어 하되, 초청장은 at home 형식을 취한다.
- 가든파티는 보통 오후 3시 전후에서 연다.
- 초청장에 R.S.V.P.가 없더라도 참석 여부를 알리는 것이 예의이다.

REVIEW

1. 저녁 만찬에 초대받았을 경우, 입고 갈 남녀 복장에 대해 말해 보세요.
2. 칵테일파티에 초대받았을 경우, 입고 갈 남녀 복장에 대해 말해 보세요.
3. 파티 종류와 지켜야 할 매너에 대해 말해 보세요.

Quiz

Q1 R.S.V.P.란 무슨 뜻인가요?

Q2 P.B.A.B.란 무슨 뜻인가요?

참고문헌

국내 서적

강우진(2018). 글로벌매너. 탑북스.

고정원, 장용운, 황지현(2012). 문화인을 위한 글로벌 매너와 에티켓. 대왕사.

김경호(2005). 이미지메이킹의 개념정립과 프로그램의 효과성 분석연구. 명지대학교 대학원 박사학위논문.

김미경(2012). 리더의 스타일에 표현된 패션 폴리틱스 현상이 대중문화에 미치는 영향. 패션비즈니스, 16(5), 88-105.

김미경(2014). 여대생의 퍼스널 이미지가 자기효능감에 미치는 영향. 패션비즈니스, 18(1), 37- 49.

김영인(2010). 청소년 시민 역량 개념과 강화방안 탐색. 시민청소년학연구, 1(2), 29-60.

김영찬(2013). 글로벌 매너 및 에티켓. 백산출판사.

민혜련(2012). 마담 민의 매너살롱 파티·와인 매너. 21세기 북스.

박혜정(2012). 서비스맨의 이미지메이킹. 백산출판사.

송은영(2009). 얼굴 이미지메이킹 프로그램이 자아존중감, 긍정적 사고, 얼굴 이미지 효능감에 미치는 효과분석. 명지대학교 대학원 박사학위논문.

애덤 그랜트 저/윤태준 역(2013). 기브앤테이크: 주는 사람이 성공한다. 생각연구소.

원융희(2007). 글로벌 시티즌을 위한 에티켓. 자작나무.

유발 하라리 저/조현욱 역(2015). 사피엔스 – 유인원에서 사이보그까지, 인간 역사의 대담하고 위대한 질문. 김영사.

이승은, 윤민희(2014). 한식 젓가락의 문화적 특성에 관한 연구. 한국디자인문화학회지, 20(4), 481-491.

이유주(2003). 한·중·일 식공간에서의 취식문화(取食文化) 비교. 韓國食生活文化學會誌, 8(3), 279-291.

KOTRA(2007). 이 책 들고 해외 출장가자. 넥서스.

SONG FANGFANG(2016). 중국 남·북방지역의 식문화에 따른 식사섭취실태와 식사패턴 관한 연구. 이화여자대학교 대학원 박사학위논문.

국외 서적

Cogan, J. J. (2000). *Citizenship for the 21st century : an international perspective on education* . London: Kogan Page.

Han, C. M. (1990). Testing the Role of Country Image in Consumer Choice Behaviour. *European Journal of Marketing, 24*(6), 24-40.

Lazarus, R. S., & Folkman, S. (1984). *Stress, appraisal, and coping*. New York: Springer.

Leary, M. R., & Kowalski, R. M. (1990). Impression Management: A Literature Review and Two-Component Model. *Psychological Bulletin, 107*, 34-47.

Lefkowitz, M., Blake, R. R., & Mouton, J. S. (1955). Status factors in pedestrian violation of traffic signals. *The Journal of Abnormal and Social Psychology, 51*(3), 704-706.

참고사이트

https://en.oxforddictionaries.com

http://kto.visitkorea.or.kr

http://stdweb2.korean.go.kr

http://visitbeijing.or.kr

https://www.businessinsider.com

https://www.kotra.or.kr

http://www.mofa.go.kr

https://www.quora.com

경향신문(2007. 8. 26). CEO '성공습관' 사자성어는 '순망치한'

MBC 스페셜(2009. 1. 4). 첫인상.

저자 소개

김선주 성신여자대학교 문학박사
(현) 성신여자대학교 교양학부 교수
(전) LG그룹 매너 강사

김우정 성신여자대학교 문학박사
(현) 성신여자대학교 외래교수
킴앤킴 면접코칭 아카데미 대표
(전) LG그룹 매너 강사

세계 시민이 알아야 할 글로벌 매너

첫째판 1쇄 발행 | 2019년 3월 8일
첫째판 2쇄 발행 | 2021년 1월 13일

지 은 이 김선주·김우정
펴 낸 이 어진용
책임편집 태선옥
디 자 인 이은경
펴 낸 곳 어가
10449 경기도 고양시 일산동구 장백로 20, 102동 202호(백석동, 동문굿모닝힐1차)
전화 031) 901-4222, 6318
팩스 031) 901-6319
이메일 uhga@uhga.co.kr
홈페이지 www.uhga.co.kr
등 록 2016년 7월 4일·제2016-000133호

ISBN 979-11-87971-61-0 (93380)
정가 19,000원

이 도서의 국립중앙도서관 출판예정도서목록(CIP)은 서지정보유통지원시스템 홈페이지(http://seoji.nl.go.kr)와 국가자료공동목록시스템(http://www.nl.go.kr/kolisnet)에서 이용하실 수 있습니다. (CIP제어번호: 2019008175)